COLLECTION
FOLIO ACTUEL

Marcel Gauchet
avec Éric Conan et François Azouvi

Comprendre le malheur français

Gallimard

Dans la même collection

LA RELIGION DANS LA DÉMOCRATIE. Parcours de la laïcité, *n° 394*.

LA CONDITION HISTORIQUE. Entretiens avec François Azouvi et Sylvain Piron, *n° 465*.

LE DÉSENCHANTEMENT DU MONDE. Une histoire politique de la religion, *n° 466*.

LA RÉVOLUTION MODERNE (L'AVÈNEMENT DE LA DÉMOCRATIE I), *n° 577*.

LA CRISE DU LIBÉRALISME (L'AVÈNEMENT DE LA DÉMOCRATIE II), *n° 590*.

À L'ÉPREUVE DES TOTALITARISMES (L'AVÈNEMENT DE LA DÉMOCRATIE III), *n° 623*.

© *Éditions Stock, 2016.*

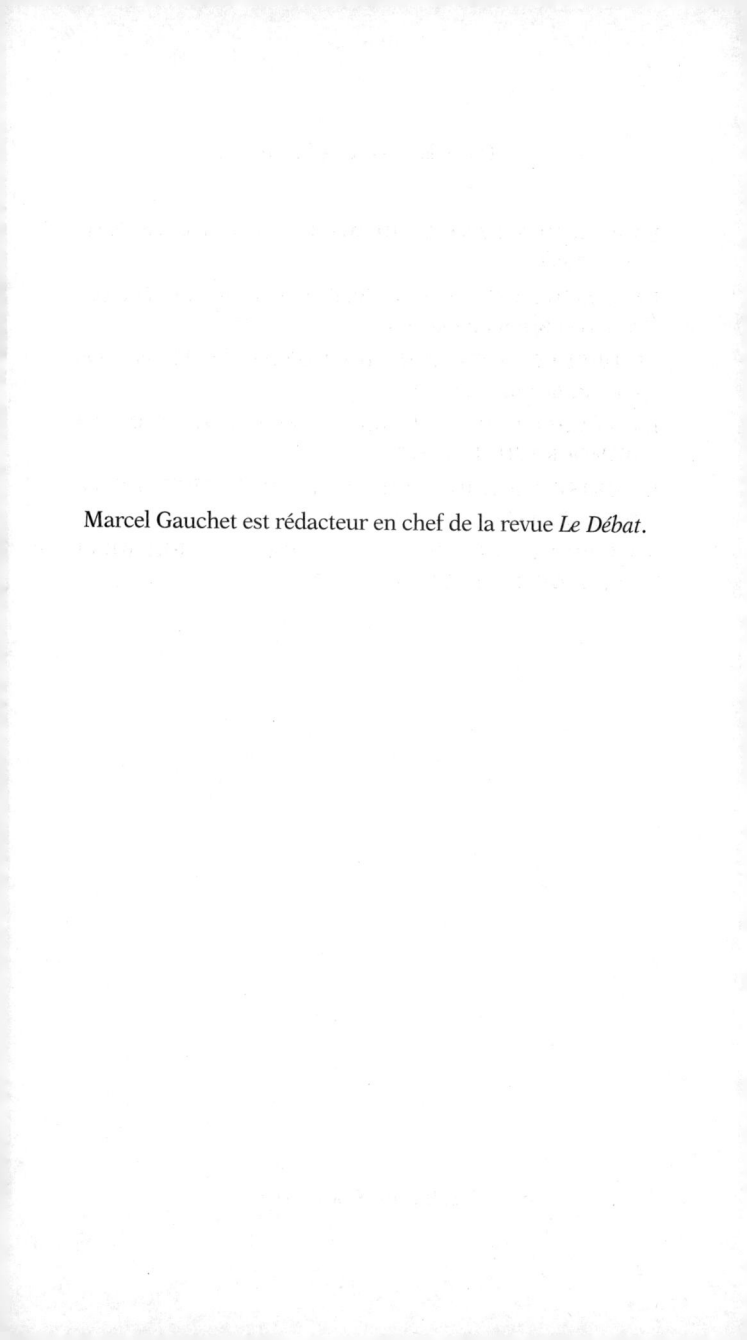

Marcel Gauchet est rédacteur en chef de la revue *Le Débat*.

Introduction

POURQUOI CE LIVRE ?

Les Français sont-ils devenus fous ? On pourrait le croire à entendre les prêches quotidiens qui les exhortent à se délivrer du navrant pessimisme dans lequel ils se complaisent, alors qu'ils ont tout, paraît-il, pour être heureux — à quelques détails près. Et nos augures de ressasser la liste des « atouts » qui devraient les convaincre du bel avenir qui les attend.

Rien n'y fait. La prédication tombe dans le vide. La thérapie n'embraie pas. En dépit de ces bonnes paroles, les Français persévèrent diaboliquement dans leur négativisme. Ils continuent de broyer du noir et de se croire malheureux. Faut-il en conclure à un cas d'aberration collective, de refus en masse de la réalité pour lequel le traitement reste à inventer ?

On se rassure : ils sont capables de distinguer leur sort personnel, qu'ils jugent plutôt favorablement, et le destin collectif, dont ils ont une sombre vision. Ils se sentent encore heureux dans l'ensemble à titre individuel et malheureux quand ils pensent à l'avenir de leur pays, qui sera celui de leurs enfants. Relevant ce décalage, les plus subtils parmi nos doctes en concluent qu'il ne convient de voir là qu'une lubie malsaine, ou une fantaisie inconséquente à laquelle il ne faut surtout pas s'arrêter. Une raison d'optimisme de plus ! Il ne s'agit pas d'une psychose, juste d'une névrose, qui peut se révéler handicapante, mais dont il n'y a pas lieu de trop s'alarmer. Aux gens de raison d'aller de l'avant dans l'exploitation de nos fameux « atouts » !

Et pourtant si, il y a un malheur français qui mérite d'être pris au sérieux. Il a de solides motifs, qui n'ont rien de déraisonnable. Le refus de le considérer auquel il se heurte de la part du pays officiel n'est pas le moindre de ses facteurs aggravants. C'est à l'explication de ce malheur que ce livre voudrait s'essayer, y compris le divorce qu'il creuse entre la base et le sommet, entre les peuples qui le crient et les élites qui le nient.

Ce qui achève de le rendre désespérant, c'est qu'il est devenu presque impossible d'en parler rationnellement. Comme il est inévitable en pareil cas, en effet, cet abîme des perceptions entre la France d'en haut et la France d'en bas a ouvert un boulevard à la démagogie protestataire. Il a permis l'ascension effrayante du Front national. Celle-ci a créé en retour un fonds de commerce de la dénonciation du péril fasciste. Elle a suscité une troupe de procureurs bénévoles chargés de veiller à la pureté des opinions et de traquer tout propos suspect de « faire le jeu du Front national ». Les interdits appellent à leur tour des transgresseurs, de sorte que l'on a vu apparaître d'avisés entrepreneurs en provocation qui ont raflé le marché de la mal-pensance, tout en portant à leur paroxysme les cris d'orfraie des gardiens de l'orthodoxie. La boucle est bouclée, le jeu de rôle est verrouillé, la discussion publique est bloquée par une hystérie médiatique qui ne laisse le choix qu'entre le délire et le déni. Un blocage qui ne contribue pas peu à entretenir le découragement collectif.

Échapper à ce couple infernal : telle est l'ambition de ce livre. Son pari est qu'il est possible d'aborder cet objet passionnel qu'est devenue la situation de la France avec le recul de l'analyse et de le soumettre à une exploration raisonnée, sans anathèmes tonitruants ni excommunications définitives. Le propos est souvent rude, mais c'est que le mal est grave et qu'il appelle un examen sans complaisance. Une remise en question générale s'impose pour sortir de l'ornière. Elle est à la portée des citoyens de bonne foi, voudrait-on contribuer à montrer.

On le verra : une reconstitution réfléchie du parcours français permet de comprendre assez simplement les raisons du marasme actuel. La France a négocié dans de très mauvaises conditions le tournant de la mondialisation : telle est l'hypothèse principale développée dans ces pages. Les repères qui lui viennent de son histoire sont pris à contre-pied par la marche d'un monde où elle peine à se reconnaître. Elle est victime de son passé, en un mot, soit que les nouvelles normes en vigueur dénoncent le caractère obsolète de ses habitudes, soit qu'elles amplifient au contraire certains de ses héritages les plus discutables.

Si le diagnostic est juste, il définit une ligne de conduite assez claire pour remonter la pente.

Je ne me serais jamais lancé de moi-même dans ce livre, par un mélange de crainte devant l'ampleur du travail exigé et de doute sur son utilité. C'est la conviction de François Azouvi qui m'a tenu lieu de confiance en moi. Il a cru que les quelques ballons d'essai que j'avais lancés ici et là méritaient un approfondissement et c'est son insistance amicale qui a eu raison de mes incertitudes. Le questionnement pressant d'Éric Conan m'a obligé à aller au bout de mes intuitions et à préciser des vues qui restaient à l'état d'esquisse. Je leur suis infiniment reconnaissant à tous les deux de leur exigence et de leur patience.

Il me faut souligner en outre tout ce que l'inspiration de ce livre doit à trente-cinq ans de discussions avec mes complices du *Débat*, Pierre Nora et Krzysztof Pomian. Les lecteurs de *L'Europe et ses nations* et des *Recherches de la France* y retrouveront des thèmes qui leur sont familiers. Mes appréciations n'engagent évidemment que moi, je sais qu'ils sont loin de les partager toutes, mais elles se sont nourries de leur conversation et de leur jugement. Qu'ils me permettent de leur dédier ces réflexions où ils sont si présents en témoignage de ma chaleureuse amitié.

Chapitre premier

LE PESSIMISME FRANÇAIS

C'est un enseignement récurrent des sondages : les Français sont les champions du monde du pessimisme, une grande majorité d'entre eux pensent que la situation de la France s'est dégradée, qu'elle va continuer de se dégrader, et ils le pensent de manière beaucoup plus inquiète que les habitants de pays apparemment beaucoup plus mal en point que le leur.

C'est cela même le mystère. Quelles raisons spécifiques les Français ont-ils d'être inquiets ? Car leur inquiétude est assez précise. En gros, ils s'inquiètent pour leur pays plus que pour eux-mêmes. C'est une dimension que tous les sondages corroborent d'une manière ou d'une autre. Si l'on interroge les Français sur leur bonheur personnel, ils se sentent majoritairement heureux. Mais ils pensent qu'à l'échelle collective les choses ne peuvent qu'empirer. Ils pensent que leurs enfants vivront moins bien qu'eux. En gros, on peut dire que c'est un pessimisme quant à l'avenir collectif. C'est cela qu'il faut essayer de déchiffrer.

Il faut commencer par inventorier ce qui inquiète les Français. La chose la plus frappante, celle qui probablement synthétise toutes les autres, c'est qu'ils voient la France mal placée dans la mondialisation. Et, dans l'actualité la plus récente, cette inquiétude se concentre sur le grand voisin avec lequel on les a habitués à se comparer en permanence : l'Allemagne. Le décrochage vis-à-vis de l'Allemagne accentue cette perception pessimiste de nos chances dans le bain de la mondialisation. Là où les élites tiennent le discours de nos atouts par rapport à nos concurrents, la perception collective est au contraire celle de nos vulnérabilités et de l'érosion inéluctable de nos chances. Avec un partage qu'il faut d'emblée souligner : celui que constituent les diplômes. Autant les bac + 5 pensent que la France a des atouts, autant les autres, et en particulier ceux qui n'ont pas le bac, sont très majoritairement convaincus que les choses ne peuvent qu'empirer pour eux.

Viennent à l'appui de ce sentiment de déclin économique deux autres facteurs : le déclin, sans cesse rappelé, du rôle du français dans le monde et le constat que nous n'avons pas les moyens politiques pour réagir contre cette situation. La langue française et son inéluctable déclin symbolisent cette manière qu'ont les Français de percevoir le plus douloureusement le monde nouveau.

Tous les Français ? Y compris les peu diplômés ?

Tous les Français, absolument. Que dit-on à un chômeur de 45 ans pas très diplômé ? Vous ne savez pas l'anglais ! La perception du handicap linguistique assène quotidiennement la démonstration que le français a disparu comme grande langue de culture. Au lieu d'une langue universelle, nous n'avons plus qu'un patois local. Pour être barman dans une station touristique, il faut savoir l'anglais ! Le faible rayonnement de la langue crée un fort sentiment de marginalisation et de provincialisation à l'échelle du monde. C'est là un élément très important du sentiment de déclin. Nous n'avons plus que quelques îlots dans le monde pour nous faire croire que le français est parlé hors de France.

La présence française ne se réduit pas à l'importance de la francophonie, dont la plupart des Français ignorent le périmètre exact...

Certes, mais les Français voient bien que l'histoire récente s'écrit de moins en moins dans leur langue et ils ont surtout la conviction qu'elle se fait de plus en plus en dehors d'eux. Le rôle de la France dans le monde — dont le rétablissement avait été le grand acquis du gaullisme, la France comme puissance nucléaire, siégeant au Conseil de sécurité, au moment pourtant où nous perdions l'Empire et où le continent européen était placé sous la cotutelle américano-soviétique — est en train de s'effondrer dans l'esprit des gens. Et l'on voit combien cela compte quand, *a contrario*, on mesure l'écho qu'a eu en son temps le discours de Dominique de Villepin à l'ONU au moment où se déterminait l'intervention américaine en Irak.

Cela a été un moment très révélateur, qui a montré combien le sentiment d'un rôle indépendant de la France reste puissant : c'est le sentiment de la souveraineté, tout simplement. La France n'est pas le client d'une autre puissance. À cet égard, je suis convaincu que la décision furtive de Sarkozy de nous ramener au sein du commandement intégré de l'OTAN a marqué une date très significative du point de vue de la conscience collective. En gros, c'était la reconnaissance de notre subordination définitive, la reconnaissance qu'il n'y avait plus lieu de faire semblant d'être indépendant.

En somme, les Français refuseraient une normalité dont s'accommodent depuis longtemps la plupart de nos voisins ?

Refus est un trop grand mot. Disons qu'ils se résignent mal à ce qu'ils ressentent comme une diminution et qu'ils ont le sentiment d'être dépourvus d'instruments d'action pour contrer ce mouvement de déclin. D'abord en raison de la perception tout à fait nouvelle de l'Europe comme une ratière. Elle se présente comme un piège où nous sommes désormais coincés et dont il est très difficile de sortir. Aucune marge de manœuvre politique ne semble être à la disposition des citoyens ni même exister de ce côté-là. D'autre part, ils ont le sentiment de ne pas pouvoir compter sur leur personnel politique, quel qu'il soit, pour les tirer de là. Cette perception crée du pessimisme en ce qu'elle alimente l'impression que nous sommes sans bras ni jambes, sans aucun relais politique. Quant aux médias, ils ne parlent pas des vrais problèmes, sinon sur un mode complètement biaisé. Du coup, comment les choses pourraient-elles s'arranger puisqu'il n'y a pas de formes d'action disponibles ? Le sentiment d'impuissance est évidemment un formidable démultiplicateur du pessimisme. Les citoyens n'ont aucun moyen de se battre. Et aucun leader politique ne semble porteur d'une politique plausible de redressement, de réajustement. Il ne reste que la protestation, dont on pressent en même temps qu'elle est vaine.

Vous insistez beaucoup sur le poids du regard extérieur dans la construction de ce pessimisme national, du fait de l'insertion européenne et du décrochage par rapport à l'Allemagne. Mais en prêtant attention au détail des sondages, il semble aussi alimenté par des inquiétudes internes au pays : l'école ne fonctionne plus, le chômage touche une large partie des jeunes, l'intégration des immigrés connaît des ratés, etc. Vous privilégiez les craintes extérieures plutôt que ces préoccupations internes au pays.

Je crois en effet que, contrairement à ce qu'on dit souvent, les gens raisonnent prioritairement par rapport à l'extérieur. Pour une raison déterminante : la France est un pays qui a intégré la dimension de la mondialisation d'une manière très particulière. N'oublions pas qu'elle est depuis toujours tournée vers l'extérieur en raison de sa tendance universaliste. Elle a eu une expérience coloniale mondiale, une tradition de projection dans le monde. Par rapport à beaucoup de pays européens, les Français sont particulièrement obsédés par l'extérieur. À quoi s'ajoute la présence en France d'une immigration très importante et très variée.

Cela étant, je ne dis pas que le regard intérieur ne compte pas. Les choses se passent à des niveaux différents. Il n'est pas douteux que le regard intérieur constitue le niveau le plus profond, qui alimente puissamment le pessimisme. Je dirais que le mouvement dépressif part de l'extérieur et va vers l'intérieur. Et il est aggravé par le sentiment d'une collusion entre les hommes politiques et les médias sous la forme d'un discours du type : les hommes politiques ne s'intéressent pas à notre sort et les médias n'en parlent pas.

Il semble au contraire que les médias aient pour habitude de répandre toutes les mauvaises nouvelles : les chiffres calamiteux, les courbes du chômage, le « retard français », etc.

Bien entendu ! On ne peut pas dire que les problèmes ne sont pas énoncés ! Les symptômes sont claironnés du matin au soir. Mais cela n'empêche pas l'impression que l'expérience des Français n'est pas prise en compte. C'est cet écart qu'il faut explorer, parce qu'il conduit vers le vrai sujet : ce qui est perçu le plus profondément, c'est que le monde et sa marche vont contre ce que nous sommes et que, face à ce rouleau compresseur, nous ne sommes pas défendus. C'est le cœur du reproche principal fait à la fois aux hommes politiques et aux médias : les élites ne nous défendent pas parce qu'elles sont les alliées du mouvement de modernisation et de mondialisation dans lequel la spécificité française est appelée à se dissoudre. On ne voit pas comment cette manière d'être originale que l'on appelle le « modèle français » pourrait perdurer...

Le modèle ou l'exception ?

Exception est un très mauvais terme. Les Français n'ont jamais vécu leur manière d'être comme une exception, mais bien plutôt comme quelque chose destiné à s'universaliser. Le sentiment français n'a jamais été celui du village gaulois assiégé par les Romains. Ce que les Français ont toujours ressenti, c'est l'idée d'une singularité *bonne*, donc susceptible d'être désirée hors de France, d'être universalisée. C'est exactement cela qui est mis en question aujourd'hui par une situation qui fait de ce qui pouvait être regardé comme une norme une exception. Une singularité en voie d'érosion.

Quelle est la conscience précise de ce modèle singulier ?

Personne ne sait le définir, et sa conscience est aussi confuse qu'elle est forte. On devine qu'il est fait d'une espèce de civilisation à la fois politique, sociale, culturelle, et qu'il s'investit dans l'école, dans les services publics, dans le fonctionnement de l'État, dans une certaine manière de faire de la politique. Or ce produit d'une histoire à la pointe du mouvement général paraît aujourd'hui condamné par le rouleau compresseur d'une mondialisation qui le rend obsolète, marginal, provincial. La profonde inquiétude des Français porte sur leur singularité appelée à se dissoudre dans une mondialisation dont les élites, globalement, épousent le modèle. Leur inquiétude s'exprime à l'occasion d'incidents ponctuels : par exemple à propos de la laïcité, ou de l'école et du principe méritocratique, ou encore à propos du rôle attendu des services publics.

Qu'est-ce qui vous fait penser que le mouvement n'est pas inverse : que ce n'est pas d'abord la perception des maux français qui alimente la comparaison avec les voisins supposés s'en sortir mieux ?

La perception interne est première au titre de l'expérience. Il suffit de voir la liste des préoccupations prioritaires des Français : le chômage, le pouvoir d'achat, etc. Mais ce qui est frappant, en considérant ces préoccupations une à une, c'est le fait qu'arrive très vite l'explication par l'extérieur. Les gens ne se contentent pas de vivre le chômage : ils ont d'emblée une explication. Il n'est pas nécessaire de demander un long discours à un ouvrier de Goodyear sur ce qu'est la mondialisation : les pneus chinois, les pneus américains, la délocalisation, tout cela, pour lui, est une réalité quotidienne et très bien comprise. On ne se rend pas assez compte à quel point les salariés sont très concrètement confrontés à la pénétration du monde économique extérieur. Ils sont sans illusion sur le fait que les délocalisations vont se poursuivre et que les entreprises vont s'établir dans des pays à faible coût de main-d'œuvre. Mais on peut élargir le spectre : pour quantité de gens, la mondialisation signifie l'obligation d'acheter des produits importés et de mauvaise qualité parce que le produit français de bonne qualité est devenu hors de prix.

De même, la perception de l'immigration. Par définition, l'immigration arrive de l'extérieur, mais elle pose d'emblée à tous un problème domestique : l'école. Ce n'est pas que les Français aient forcément quelque chose contre les immigrés, mais ils savent que s'ils mettent leurs enfants dans une école où il y en a une proportion importante, le niveau sera misérable. Ce n'est pas de la grande politique mais cela fait partie de l'expérience la plus quotidienne.

Le fait qu'à tout moment, dans quantité de métiers, une directive européenne soit introduite pour obliger à faire autrement qu'auparavant aboutit à écraser les uns et les autres sous des contraintes ubuesques. J'en ai été indirectement témoin à propos d'un domaine comme la psychiatrie. L'aile marchante de la profession avait réussi en France à réformer un système de soins qui partait de fort loin, et du plus sordide, notamment au travers de la formation d'une élite d'infirmiers. Nous avions en France, pas partout bien entendu, un remarquable modèle de l'infirmier psychiatrique. L'harmonisation européenne a balayé tout cela en éliminant cette particularité française au profit d'une catégorie unique. Comme si soigner un cancéreux en phase terminale et un schizophrène au long cours c'était la même chose ! Ce genre de normes dictées par des objectifs stratosphériques est simplement absurde, mais on ne peut rien faire contre. C'est un exemple, mais je ne crois pas qu'il y ait aujourd'hui une seule profession qui échappe à cette folie bureaucratique, y compris maintenant la carrière universitaire !

Alors que les gens avaient le sentiment d'avoir fait de considérables progrès dans toute une série de domaines, voilà que ces progrès semblent frappés de nullité par une insertion aussi incontrôlable qu'irréversible dans un monde extérieur qui les lamine. Avec, au premier chef, l'injonction quotidienne et universelle de faire de l'argent à court terme. En France, le rapport à l'argent était réglé par une sorte d'alliance tacite entre le monde de l'État et le monde catholique. Qu'est-ce qui unissait profondément les laïques et les catholiques, sinon l'idée que, bien sûr, il faut vivre dans une économie moderne, mais que l'argent ne doit pas prendre l'avantage parce qu'il y a des considérations plus hautes, à commencer par l'intérêt supérieur de la collectivité. Ne sous-estimons pas ce point : c'est un élément clé de l'identité française. Aujourd'hui, pareilles considérations passent pour du dernier ringard et il n'y a plus que des inconscients pour s'y risquer dans l'espace public !

À peu près plus rien de ce qui faisait qu'il y avait un sens à être fier de se dire français n'a encore cours. À peu près tout ce qui définissait la spécificité du modèle français semble condamné, à court ou moyen terme, par le rapport de forces auquel nous sommes quotidiennement soumis. Les gens qui nous dirigent n'ont pas l'air de s'en apercevoir, ou bien ils y sont favorables. Chacun en est réduit à bricoler sa petite niche écologique pour préserver des lambeaux de vie confortable.

Cela se traduit dans les sondages par une autre particularité nationale : les Français sont les plus pessimistes dans leur regard sur leurs concitoyens. Nous avons le taux le plus bas de personnes déclarant faire confiance à autrui — moins d'un quart de la population — contre le double (50 % ou plus) dans les autres pays européens...

C'est un des diagnostics favoris de nos élites. Les Français seraient pessimistes parce qu'ils ne se font pas suffisamment confiance les uns les autres. Je vous renvoie au livre de Yann Algan et Pierre Cahuc, *La Société de défiance*, qui a donné une version solide et populaire de ce thème. Le constat est acquis, la question est de savoir à quoi renvoie ce trait. Il me semble que c'est la rançon d'une culture française des rapports sociaux marquée par un extrême individualisme, qui conduit à une extrême discrétion vis-à-vis des autres et qui débouche sur un sens de l'anonymat particulièrement développé. Prévaut chez nous un culte farouche de l'indépendance et du retrait personnel, accolé à un modèle universaliste de la vie sociale. D'où la franche hostilité des Français à tout ce qui est communauté. Nous voulons des individus, nous ne voulons pas de communautés. Cela implique comme revers que l'on n'a aucune raison de faire confiance à quelqu'un dont on ignore tout. Pourquoi feriez-vous confiance à votre voisin, alors que vous mettez un point d'honneur à ne rien savoir de lui ? C'est peut-être un bandit de grand chemin, un proxénète de haut vol, un terroriste dormant… Raymond Boudon soulignait dans un de ses livres que les Français étaient, d'après une enquête, ceux qui montraient le moins d'opposition à l'idée de voisiner avec un repris de justice. Mais cette largeur d'esprit apparente a pour contrepartie réelle la plus grande réserve vis-à-vis de ces voisins qui peuvent être n'importe qui. Il y a un prix à payer pour ce modèle culturel qui a ses vertus, et c'est en effet la défiance. Dans les sociétés de confiance, le prix à payer est au contraire le fort contrôle de la part de l'environnement. Ce n'est pas le phénomène clé de la vie sociale, mais il n'est pas sans importance. Prenez un enseignant français moyen. Sa terreur est que ses collègues se mêlent de ce qui se passe dans sa classe. Or cela peut être très dommageable, spécialement dans des établissements difficiles où l'intérêt de chacun serait de mettre les problèmes sur la table plutôt que de les taire, afin de les affronter ensemble. Les professeurs vivent alors dans la honte silencieuse le fait qu'ils n'arrivent pas à faire cours.

Notre modèle d'individualisme, il ne faut pas l'ignorer, a un coût élevé en termes de solitude, d'isolement, de malheur des personnes.

Cette manière française de se comporter les uns vis-à-vis des autres n'est pas facteur de pessimisme, mais ne l'arrange pas...

Non, et d'autant moins qu'elle se conjugue avec l'effet délétère de la disparition des organisations collectives : les églises, les partis, les syndicats. La vague d'individualisation récente a amplifié le phénomène au point de lui donner une dimension quasi pathologique. Car il y avait au moins des lieux où il était possible de se croiser, de se retrouver, de faire bloc. Cette sociabilité qui rendait les choses supportables a été remplacée dans le pire des cas, dans les zones périurbaines, par la solitude du pavillon de banlieue perçu comme un fort Chabrol. Cela contribue à la fabrique de l'impuissance, au sentiment de n'avoir aucun relais politique. C'est la part de vérité de cette explication du pessimisme par la défiance. Une norme enracinée des rapports sociaux, amplifiée par le contexte actuel, contribue à renvoyer chacun à un isolement sans prise sur le destin collectif. Comment croire à un changement possible de trajectoire dans ces conditions ?

Ne faut-il pas distinguer deux sortes de pessimisme : celui des élites et celui du peuple, qui appellent des analyses très différentes ? Le pessimisme populaire renvoie à l'impression qu'il y a des forces considérables contre lesquelles on ne peut pas se battre, tandis que le pessimisme des élites consiste à dire que notre pays ne va pas bien parce qu'il ne se réforme pas assez, qu'il est crispé dans son immobilisme. Discours qu'on peut lire toutes les semaines dans Le Point *et dans* L'Express, *mais qui a son exacte réplique à gauche...*

C'est une question essentielle. Les élites ne font que confirmer, au travers de leurs discours sur le pessimisme, qu'elles sont complètement déphasées par rapport aux gens qui l'éprouvent. Elles ne risquent pas de les convaincre. Elles sont déphasées parce que le discours qu'elles tiennent se ramène à un discours de déploration de ce pessimisme, un discours qui vante au contraire nos atouts divers et variés : nous avons une main-d'œuvre hautement qualifiée, une démographie exemplaire, nous sommes la cinquième puissance économique du monde, etc.

Ce n'est pas un discours absurde, il est raisonnable dans son ordre, mais il ne prend pas en compte les raisons pour lesquelles les gens vivent dans cette ambiance de pessimisme. De sorte que c'est un discours sans prise, qui ne fait qu'aggraver la coupure entre la base et le sommet, quand il n'est pas en plus ressenti comme un discours de mépris social. Car nous retrouvons ici la coupure du diplôme. Ce sont les gens éduqués, ceux qui dirigent au nom du savoir, qui tiennent ces propos ressentis par ceux à qui ils s'adressent comme une insulte. Le langage des élites en France, pénétré par une culture aristocratique, est en effet volontiers méprisant. Il y a dans ce pays une culture du mépris social très ancrée. Le pessimisme des élites se résume dans l'idée de « blocage ». La société française, répètent-ils à longueur de temps, est bloquée parce qu'elle résiste au changement et qu'elle refuse de se moderniser. En quoi en fait ce pessimisme n'en est pas un. Car derrière ce discours il y a une thèse optimiste : si les Français acceptaient de faire les réformes qu'on leur propose pour accroître leur compétitivité, s'ils consentaient à rendre le marché du travail plus souple, s'ils admettaient de renoncer à leurs vieilles lunes étatistes, tout irait très bien. Bref, la solution est à portée de la main. Ce discours est devenu chez nous une véritable scie : la recette pour sortir de la crise est connue, mais on ne peut pas l'appliquer pour des raisons politiques. Ce fut d'ailleurs la clé du succès de Sarkozy en 2007. Il a réussi à faire croire qu'il allait opérer la grande rupture, faire les réformes impopulaires nécessaires, en somme le sale boulot. D'où le grand consensus dont il a bénéficié de la part des élites, y compris de gauche. Son échec n'a pas entamé la conviction que la clé du problème réside dans l'incapacité des Français à se réformer ; il a seulement renforcé l'idée que la tâche est très difficile, puisque même quelqu'un comme lui, dont l'énergie est proverbiale, a échoué !

Le pessimisme du peuple est, lui, authentiquement un pessimisme. Il est encore renforcé par le discours des élites, lequel lui paraît, à bon droit, décalé et inopérant. C'est précisément avec ce discours soi-disant réformateur qu'on entretient chez lui le sentiment de l'incompréhension. Il donne à la plupart de ceux qui l'écoutent l'impression de ne pas vivre dans le même monde que ceux qui leur parlent d'adaptation, de changements nécessaires, d'assouplissement des normes, etc.

Un autre diagnostic est souvent évoqué par les élites : la nostalgie. Les Français sont nostalgiques et la nostalgie est forcément coupable...

De fait, les élites nous expliquent qu'il y a en France un parti majoritaire, gauche et droite confondues, dont la formule est : « C'était mieux avant. » Le grand parti du retour en arrière. C'est le diagnostic favori de nos essayistes. Non que ce soit entièrement faux, puisque justement le malaise collectif est fait de la conviction que nous ne pouvons plus être ce que nous étions. Simplement, il y a des motifs tout à fait sensés de vouloir rester ce qu'on était ! La naïveté progressiste de ces discours dénonçant la nostalgie est d'ailleurs confondante. Comme si ce qu'il y a après était forcément mieux que ce qu'il y avait avant ! Qui nous le montre ? Accordons même aux progressistes qu'il y a des bénéfices de la mondialisation, ce qui n'est pas niable. Mais compensent-ils les pertes ? Rien n'est moins sûr dans l'esprit des populations.

On peut dire que ce malentendu politique fondamental s'est parfaitement exprimé dans le discours sarkozyste de la « rupture ». Il pouvait se résumer à peu près de la manière suivante : la France doit cesser d'être ce qu'elle est pour devenir quelque chose comme le cinquante et unième État américain. Les élites françaises ne croient plus à ce qui les a fabriquées ; elles pensent qu'il y a une manière et une seule désormais d'être et de vivre, celle que définit la première puissance du monde : la manière américaine. Donc il faut s'inspirer de ce modèle. Il domine partout ailleurs. Comment ne pas s'y rallier ? Qu'il s'agisse des universités, du marché du travail, du système judiciaire ou de quoi que ce soit d'autre, le modèle ne peut être qu'à l'extérieur, et de préférence outre-Atlantique ! Or, à l'opposé, la population la plus démunie culturellement et économiquement attend avant toute autre chose une actualisation de ce modèle français auquel elle tient. Les gens savent bien que le monde a changé, mais leur rêve serait que nous restions ce que nous sommes en devenant modernes. Pour eux, la priorité est de préserver un héritage dans lequel ils se reconnaissent, tout en le mettant à jour. Là est le malentendu politique français. Et ce malentendu a une source principale : les élites françaises ne connaissent plus l'histoire de leur pays et ne s'en sentent plus solidaires. Elles sont incapables, du même coup, de conduire les ajustements nécessaires entre la tradition et la nouveauté. Les ajustements réussis procèdent toujours d'un héritage dont on arrive à donner une version accommodée aux circonstances nouvelles.

La vulgate des élites consiste au contraire à répéter que le changement est bon en soi, à commencer par celui qu'elles ne maîtrisent pas et qui s'impose à elles...

C'est tout ce qui leur reste de l'idée de progrès. Dans l'idée du progrès qu'un homme de la IIIe République pouvait entretenir, il y avait la vision lointaine mais assez précise d'un avenir meilleur, où les gens seraient plus éduqués, dans une société plus pacifiée, mieux organisée. Dans la conviction d'aujourd'hui, il ne reste que l'impérieux désir d'aller de l'avant sans savoir ce que cet avenir impliquera. C'est le discours du progrès sans le contenu du progrès. Comment cela pourrait-il convaincre qui que ce soit d'un peu sensé ? L'idée de progrès a subi une métamorphose cancéreuse. Classiquement, le vecteur du progrès était la raison dans toutes ses dimensions. Désormais, il se réduit au pur progrès technique des objets, des manières de faire. La cohérence qui associait à parts égales progrès humain et progrès matériel pour définir un niveau de civilisation a été perdue en route. L'idée de progrès a éclaté entre élargissement des droits, avancées techniques et augmentation des richesses, sans qu'on ne voie plus le tableau que composent ces éléments. Il ne faut pas s'étonner que son pouvoir d'entraînement se soit sérieusement émoussé.

Le pessimisme se nourrit d'une défiance à l'égard des journalistes, des politiques. Ne voit-on pas apparaître une nouvelle forme de défiance, celle qui vise les patrons d'entreprises ?

En effet. Elle est d'autant plus vive qu'elle succède à un mouvement de réhabilitation du rôle de l'entreprise entamé dans les années 80, à la faveur de l'alternance ; ce fut une de ses retombées imprévues. Elle a obligé à mesurer que les entreprises nationalisées n'étaient peut-être pas la panacée, contrairement à une foi enracinée dans les vertus de la gestion publique. C'est la gauche qui a fait découvrir malgré elle l'économie à la société française. L'économie est faite d'entreprises, et dans ce cadre la fonction entrepreneuriale est décisive. Mais ce moment positif a été suivi d'un retournement. Tout s'est cristallisé autour d'un symbole, comme c'est souvent le cas dans les sociétés politiques : les rémunérations des grands patrons. Ce qui s'est signifié par là touche avant tout à la représentation du fonctionnement collectif : il y a des gens qui s'exceptent du sort commun. Dans un pays comme la France, où le souvenir des privilèges et de l'arbitraire de l'Ancien Régime est omniprésent, cela se traduit par une réactivation de la figure de l'aristocratie.

Est-ce leur prétention de s'abstraire par l'argent d'un monde de semblables qui importe, ou leurs résultats particulièrement médiocres ?

Les deux, évidemment. Mais l'aristocratie d'Ancien Régime a eu aussi contre elle d'amener le pays à la faillite. Si ces patrons avaient réussi d'une manière éblouissante, s'ils créaient en France des emplois en quantité, s'ils avaient opéré une métamorphose de l'économie française, ils bénéficieraient sans doute d'un autre crédit. Mais ce n'est pas le cas. Chacun peut constater le piètre état du pays. Ce sont les mêmes qui obtiennent des résultats plus que médiocres et qui s'attribuent des revenus sans aucune commune mesure avec ceux des salariés moyens. Leur rémunération est un modèle de l'arbitraire pour la raison qu'elle juge non pas la qualité de leur travail mais la haute idée qu'ils se font d'eux-mêmes. Ils apparaissent comme une caste nobiliaire recomposée, qui est souvent, de surcroît, une noblesse de cour devant ses positions à la faveur du prince. Ces gens n'ont pas fait leurs preuves sur le tas : il leur a suffi d'être bien placés pour bénéficier d'une place qui les met à vie à part du reste de l'humanité. Si un salarié commet une faute, il est licencié. Si un grand patron fait de même, il est promu dans une sinécure ou il est débarqué avec une retraite en or qui lui assure une vie de nabab jusqu'à la fin de ses jours.

Cela conduit-il à conclure que ce pessimisme français possède un noyau rationnel particulièrement consistant ?

Je le crois. À sa façon, au milieu de ses approximations, il témoigne d'une grande lucidité ! Je crois de la même façon qu'on ne peut le combattre que si l'on se préoccupe vraiment de tous ses éléments, un par un. C'est le point capital à trancher : ou bien l'on voit dans ce jugement négatif le signe d'une sorte de dérèglement intellectuel collectif, comme le répètent à l'envi les commentateurs officiels, ou bien l'on admet qu'il capte une réalité. Là-dessus, je n'ai pas de doute : les Français ne sont pas fous, ce sont les commentateurs qui sont aveugles et sourds. Maintenant, ce pessimisme est à décrypter et à décortiquer par le menu, car il procède plus d'un ressenti confus que d'une appréciation exacte des données. Mais globalement il est le fait d'un peuple qui reste politisé en profondeur, derrière sa dépolitisation de surface, et qui possède une perception assez juste de sa situation et des évolutions en cours. On pourrait dire dans un esprit pascalien : le peuple voit juste en gros sans savoir les détails, tandis que les grands savent les détails, mais jugent mal en gros.

Même s'il ne manque pas de pertinence et de lucidité, n'y a-t-il pas du nombrilisme dans cette polarisation régulière sur ce pessimisme national : il n'est pas si isolé qu'on le dit ; il s'inscrit dans un moment de perception d'un déclin propre à l'Europe et même à l'Occident...

C'est certain. *Time* a fait sensation en publiant fin 2011 un sondage qui montrait que 71 % des Américains étaient convaincus que les États-Unis étaient en déclin. Il est clair que le pessimisme français est à insérer dans un cadre beaucoup plus large. C'est la crise financière qui a fait apparaître, comme c'est toujours le cas à l'occasion des grandes crises, un reclassement des puissances. Derrière la crise financière, il y a une crise de réajustement des blocs économiques planétaires. C'est le contrecoup de la mondialisation : l'Occident s'en révèle le grand perdant alors qu'il l'a initiée. L'ébranlement est ressenti avec d'autant plus de force que partout la globalisation avait été annoncée à grands sons de trompe comme la bonne nouvelle grâce à laquelle nous allions nous tailler un avantage compétitif conséquent, puisque nous allions abandonner les travaux sommaires, pénibles et rudes aux autres, à ceux que nous allions accueillir à la table du banquet, en échange de quoi nous allions penser pour tout le monde et nous réserver les tâches à haute valeur ajoutée, pour employer le jargon économique, les tâches de créativité véritable : faire de la recherche, susciter l'innovation, concevoir de nouveaux produits, etc. Ce qui rend le choc très sévère, c'est que cette promesse est infirmée par la marche des événements : finalement, les Asiatiques se montrent parfaitement capables de monter en gamme et d'acquérir toutes ces activités que nous pensions pouvoir nous réserver, sur la base, d'ailleurs, d'une sorte de racisme inconscient.

Cette promesse de division internationale du travail entre les inférieurs et les supérieurs que proposaient aussi bien Alain Minc, Michel Rocard ou Dominique Strauss-Kahn atteste la rémanence d'une pensée coloniale !

Il y avait derrière l'idée que les nouveaux venus arrivaient de très loin et qu'ils auraient besoin de beaucoup de temps pour nous rattraper. On n'allait pas transformer du jour au lendemain des coolies analphabètes en ingénieurs de haut niveau et en traders performants. Or la mutation a été beaucoup plus rapide que prévu. Et la conséquence en est la perception d'un déclassement relatif et susceptible de s'aggraver tout aussi rapidement, car le dynamisme n'est plus de notre côté. D'où le grand désarroi du monde occidental.

Mais il y a un autre aspect de la mondialisation, un second effet qui me paraît encore plus important. C'est le choc *identitaire* qu'elle inflige à tous les pays engagés dans ce processus, et spécialement aux pays occidentaux. Car elle entraîne une redéfinition de l'identité de toutes les sociétés qui s'ouvrent sur le monde : elle impose une relativisation générale des identités historiques, un changement complet de leurs modes de définition. Aucune société impliquée dans ce processus ne peut plus désormais définir son identité historique comme elle l'avait fait jusqu'alors. C'est à cela qu'il faut attribuer le surgissement du thème identitaire.

En gros, les nations se définissaient autrefois de l'intérieur, sur la base de leur histoire, de leurs conflits, de leurs vicissitudes, etc., tandis que la mondialisation leur impose l'extraversion de leur identité historique. C'est par rapport à l'extérieur qu'il faut mesurer la singularité qui vous fait ce que vous êtes. Cette relativisation est encore plus vive pour les pays qui se sont construits sur un mode universaliste ou sur un mode dominateur : la France et la Grande-Bretagne, notamment, en Europe. L'une et l'autre se sont voulues missionnaires de la civilisation à l'échelle du globe. C'est le genre de prétentions que la mondialisation remet radicalement en question. Elle met tous ses acteurs dans l'obligation d'accepter une diversité au sein de laquelle aucun modèle ne s'impose absolument.

Cette ouverture à la mondialisation a été d'abord un choix économique, celui que résume le slogan de la « mondialisation heureuse ». Jusqu'à quel point ce mot d'ordre était-il sincère ?

Le mélange de calcul et de naïveté est indémêlable, comme toujours dans de telles situations. Dans le cas américain, les choses sont claires. Le but était d'imposer son modèle, en vertu de l'axiome : ce qui est bon pour les États-Unis est bon pour le monde, point final. Dans le cas européen, les motivations étaient plus complexes. L'ouverture était d'abord supposée fournir le moyen de réformer en douceur les sociétés européennes et en particulier de les guérir de cette particularité fâcheuse qu'elles avaient développée : l'État-providence. Particularité jugée handicapante, inviable à terme, et à ramener à des proportions beaucoup plus limitées. Les contraintes de la compétition internationale étaient censées conduire à ce dégonflement sans douleur de la dépense sociale, sans passer par une étape politique propre à chaque pays, jugée impraticable. Et puis, derrière, il y avait l'idée d'opérer la convergence entre les deux rives de l'Atlantique, d'aller vers l'« Euramérique », dont personne ne doutait, dans les sphères éclairées, qu'elle apporterait la félicité générale. C'était ne pas compter avec la résistance des sociétés, s'illusionner sur la possibilité d'une telle convergence et se méprendre sur ce qu'allaient être les résultats réels de l'entreprise.

Pourquoi la convergence ne pouvait-elle pas marcher ?

Parce que les objectifs n'étaient pas les mêmes des deux côtés, en réalité. Les Européens voyaient avant tout un levier puissant pour transformer leurs sociétés, alors que le but des États-Unis était avant tout de préserver le leadership du pays dans le monde. Politique d'abord, même quand elle passe par l'économie. C'est là le but patriotique de n'importe quel responsable américain. Entre Barack Obama et le plus fou des partisans du Tea Party, il n'y a aucune différence sur ce point. Il y a à leurs yeux une vocation naturelle des États-Unis à la prééminence et il faut en maintenir la vitalité. Le souci des Européens était au contraire avant tout interne. Ils ne se sont pas tracassés de la position de l'Europe dans le monde. Ce pourquoi ils sont allés beaucoup plus loin en matière d'ouverture que ce dont les Américains auraient jamais eu l'idée, avec les conséquences que l'on peut constater.

Cette instrumentalisation de l'ouverture à des fins politiques internes a eu des effets catastrophiques sur la vulnérabilité des économies européennes, aujourd'hui les moins protégées dans le monde. Ces apprentis sorciers ont-ils conscience de leur erreur fatale de perspective ?

Rien n'est moins sûr ! Mais ce qui complique singulièrement le tableau, c'est que les situations nationales sont très contrastées. Le cas le plus notoire dans le sens positif est évidemment celui de l'Allemagne, qui, en fonction d'une tradition mercantiliste, a trouvé là l'occasion de développer une spécialisation économique sans équivalent, au prix, d'ailleurs, d'un très grand écart entre les travailleurs. Cependant, l'idée qu'il y aurait un modèle allemand dont les autres devraient s'inspirer est une plaisanterie ! Sa force est dans sa singularité. On ne crée pas à volonté une société industrielle de type allemand. Elle est le produit d'une histoire particulière, d'une façon de faire collective, dont les Français, par exemple, n'ont pas du tout les éléments. La spécialisation allemande sur le créneau des biens d'équipement vient de loin et s'appuie sur une organisation du travail spécifique. C'est un avantage compétitif par définition unique.

De manière générale, il y a une division en Europe, sur ce chapitre, entre les grands et les petits pays. On a mis ensemble, avec voix égales, le Luxembourg et l'Allemagne. C'est le côté sympathique de la construction européenne. Mais sur le plan économique c'est absurde. Ces petits pays ont des cultures économiques et politiques peu comparables avec celles des grands. Leur histoire est par définition très différente car construite en fonction de l'observation des grands voisins, potentiellement hostiles. Cette situation a créé chez eux une forte cohésion sociale, et une très grande ouverture sur le monde extérieur parce qu'ils ont compris que les affrontements intra-européens les menaçaient et qu'il fallait aller chercher ailleurs des soutiens. Ce sont des pays qui ont très tôt joué la carte de l'ouverture commerciale parce que c'était leur atout par rapport à des pays qui se consacraient à la recherche de la puissance. D'où une haute spécificité, qui a pesé beaucoup dans la construction européenne, dont l'histoire pourrait être retracée sous la forme de l'alternance entre la domination des petits pays et des grands.

Avant la crise de 2008, on était dans une phase de dictature des petits pays, moins autocentrés que les grands sur le plan économique tout en étant beaucoup plus cohérents sur le plan identitaire, voire communautaire. Les pays scandinaves, par exemple, ont une force de cohésion étonnante sur le plan de la vie collective, une tradition politique consensuelle très différente des grands pays, qui ont tous été des pays du conflit politique. L'un d'entre eux, l'Allemagne, a été mis hors jeu, par son histoire tragique, en tant que grande puissance. Après 1945, il s'est rabattu sur l'économie, justement, et il y a trouvé une réussite compensatoire. Tandis que les deux autres, le Royaume-Uni et la France, sont dans une situation très difficile par rapport à leur passé. Ce sont de vieilles gloires diminuées. Encore les Anglais s'en tirent-ils mieux que nous parce qu'ils disposent de la langue de la mondialisation, et qu'ils ont une tradition commerciale qui nous fait défaut. La France, au contraire, est typiquement une ex-grande puissance sans emploi, qui ne parvient pas à renoncer à son ancien statut, dont elle conserve les apparences : l'arme nucléaire, la présence au Conseil de sécurité. Mais les apparences sans les moyens d'une ambition planétaire. Pour les Français, la mondialisation est donc une rupture majeure. À l'intérieur du déclassement général de toutes les autres nations européennes, la France subit le choc frontal de son héritage historique avec une provincialisation à laquelle elle ne se résigne pas. C'est sûrement l'une des clés du pessimisme français.

Chapitre II

LA FRANCE ET SON HISTOIRE

Vous avez identifié, au fond du pessimisme national, le sentiment que le « modèle français » est de plus en plus souvent présenté par les élites comme « problème français ». Et que ce qui a fonctionné se défait. Mais vous avez aussi relativisé géographiquement ce pessimisme en le resituant dans la crise du leadership occidental, tant sur le plan économique que culturel. Ne doit-on pas également le relativiser historiquement ? Il ne semble pas nouveau en France et fait depuis longtemps l'étonnement de beaucoup d'observateurs qui décrivent, à toutes époques, cette particularité française : un pays qui pense qu'il ne cesse de s'effondrer. C'est même un vieux thème littéraire...

Il constitue la moitié de la littérature française, en effet ! La figure hautement paradoxale et fondatrice du pessimisme français, on a tort de l'oublier, est Jean-Jacques Rousseau. Il est présenté dans les manuels scolaires comme l'incarnation des Lumières, mais en réalité c'est un pessimiste profond et il a introduit toute une série de thèmes hors desquels on ne peut pas comprendre ce qui se passe aujourd'hui. C'est dire que ce pessimisme vient de loin. C'est le fil rouge de l'histoire de ce pays depuis plus de deux siècles. Il y a à cela une explication assez simple : les Français partent de très haut. Leur pessimisme a sa racine première dans la déconstruction progressive par l'histoire de ce moment glorieux de leur passé, où ils furent la première puissance mondiale.

De quand date ce sommet français ?

Le point de départ se situe dans la période que les historiens ont l'habitude de repérer comme « la prépondérance française » et à laquelle Voltaire a donné son identité définitive sous le nom de « siècle de Louis XIV ». La France connaît alors un moment culminant depuis lequel elle n'a cessé de décliner, mais aussi de se battre contre ce déclin par une série de sursauts. Déclins et sursauts vont dès lors rythmer l'histoire française. La France, depuis très longtemps, est une ancienne puissance hégémonique qui ne parvient pas à se résigner à ne plus en être une. La situation actuelle ressemble à beaucoup d'égards au *terminus ad quem* de ce long parcours placé sous le signe d'un sentiment menaçant de perte relative de grandeur et de puissance.

Comment définir ce « moment Louis XIV » ?

Il est lui-même l'aboutissement d'un processus de réaction et d'affirmation contre un péril de dissolution. Il marque en effet la sortie victorieuse du traumatisme fondateur de l'histoire de ce pays que constituent les guerres de Religion. C'est cela l'« absolutisme » que le sommet louis-quatorzien couronne après la pacification opérée par Henri IV et la grande politique de Richelieu contre l'hégémonie espagnole.

Il faut mesurer la profondeur de la fracture qu'ont représentée les guerres de Religion. Elles créent une situation apparemment sans issue, puisque les calvinistes ne sont pas assez forts pour l'emporter, et les catholiques pas assez puissants pour éliminer les calvinistes. Le pays est menacé dans son existence, car les divisions religieuses conduisent le parti catholique à faire appel à la grande puissance mondiale de l'époque, qui est l'Espagne, au nom du principe « plutôt espagnol que protestant ». Les Français se trouvent alors devant une épreuve qui va faire naître le sentiment national : que faire passer en premier, l'identité religieuse ou l'identité politique ? La solution absolutiste va consister à faire de l'État l'arbitre supérieur qui domine les clivages religieux. Louis XIV est le monarque qui parachève cette construction entamée par ses prédécesseurs et clôt ainsi l'épreuve terrible des guerres de Religion. Il pose une fois pour toutes ce qui va rester la colonne vertébrale de l'identité politique française : l'État central, l'autorité souveraine qui régente d'en haut la vie collective. Ce sacre de l'État à l'intérieur intervient au moment où l'éclipse de la puissance espagnole et de l'empire des Habsbourg, au terme de la guerre de Trente

Ans, fait de la France la puissance dominante en Europe. Elle est le pays le plus peuplé, le plus puissant militairement. Ce moment hégémonique est aussi celui où la culture française se fixe comme élément de la politique nationale et de son rayonnement international, au titre de la gloire du monarque. Cela passe par une politique de la langue, avec l'Académie française, et par l'encouragement officiel des lettres, des arts et des sciences. Inutile d'insister sur l'éclat durable qui va entourer la formation du canon esthétique classique et l'œuvre de ses grands exemplificateurs, les Corneille, Racine, Molière et tant d'autres. Sans parler du cortège des réalisations bien connues, de Versailles au canal du Languedoc en passant par les forteresses de Vauban, qui donnent au règne de Louis XIV tout son lustre. C'est alors que sont posées les bases de l'universalisme français.

Mais l'empreinte la plus profonde et la plus durable qu'a laissée ce moment classique réside sans doute dans le modèle humain qui s'y est forgé. Il est toujours vivant et il constitue un trait identitaire français : une vision idéale de l'homme accompli — « l'honnête homme » — qui est un homme de culture sans être un pédant, un homme qui sait converser et qui sait se conduire avec les femmes — la galanterie. L'honnête homme ne vient pas de rien : il procède de l'humanisme renaissant, mais il s'incarne là sous la forme d'un modèle qui va imprégner toute la culture française — la littérature, les arts, la philosophie, les sciences elles-mêmes, dans une certaine capacité des savants à expliquer leurs résultats au public non spécialiste. Ce qu'on va appeler « l'intellectuel » à partir de l'affaire Dreyfus est une réincarnation de ce modèle dans un autre contexte où la politique passe au premier plan. Il vit encore aujourd'hui dans un certain idéal de l'expression publique auquel l'exercice scolaire de la dissertation est supposé former — raison de l'attachement pas toujours très rationnel dont il fait l'objet de la part des milieux cultivés, mais qui a des racines profondes. Nos hommes politiques, par une singularité souvent notée, ne se croient pas obligés pour rien d'écrire des livres. La médaille a son revers : une propension à la superficialité, la primauté abusive du bien-dire et des belles manières sur la solidité du fond — autre débat typiquement de chez nous. Mais quoi qu'on conclue au sujet de l'héritage de ce modèle, force est d'en enregistrer l'enracinement et la fécondité.

Comment passe-t-on de l'État par nécessité pacificateur à l'État pourvoyeur d'une culture à visée universelle ? Les deux phénomènes sont-ils seulement concomitants ou sont-ils liés ?

En l'occurrence, il y a un lien consubstantiel entre les deux. Le but n'est pas la domination pour la domination (la fameuse « monarchie universelle »), mais la préséance d'une vision politique qui s'appuie sur un rayonnement culturel, une alliance que l'on peut résumer par le terme de « grandeur ». Elle a son théâtre dans la société de

Cour. La Cour est l'instrument avec lequel s'opère la domestication de la noblesse militaire dont les guerres de Religion avaient montré le danger pour l'autorité centrale, et l'estrade où est mise en scène l'autorité du monarque. Scène ambiguë à souhait, puisqu'elle exalte d'une certaine manière les Grands, sauf que l'importance de ceux-ci est en même temps mise au service de la gloire du monarque. C'est le lieu primordial de ce rayonnement culturel annexé par l'État comme un moyen de l'affirmation de son autorité. On est là en présence d'une véritable structure fondamentale pour la suite de l'histoire du pays. S'y nouent l'affirmation d'une autorité souveraine en mesure d'éteindre les dissensions intérieures au nom de l'intérêt supérieur du pays, la capacité de faire modèle vers l'extérieur, et ce théâtre du pouvoir, la Cour, où se donne à voir l'excellence sociale. C'est un complexe absolument original, un authentique système dont on ne voit pas l'équivalent ailleurs. Ce moment louis-quatorzien marque l'advenue de la France au sommet. Et aussi le début de la descente...

Ce sentiment d'être au sommet est-il vécu comme tel par les contemporains ?

C'est un point âprement discuté. Les historiens de la dernière période ont mis l'accent sur la distance entre le sommet et la base. Pierre Goubert le résume dans le titre de son ouvrage, *Louis XIV et vingt millions de Français* — sous-entendu, les vingt millions de Français vivent très loin de ce qui se passe à Versailles et dans les alentours. Est-ce si sûr ? La part de vérité de ce discours démystificateur lui a fait méconnaître, à mon sens, la participation de ces masses paysannes analphabètes à une communauté politique, le royaume, dont elles commencent à se sentir partie prenante. L'historienne Myriam Yardeni cite le pamphlet d'un huguenot de l'époque, qui, contestant ces prétentions à la grandeur, dit à peu près : les paysans les plus misérables applaudissent ce roi qui les ruine ! Ils sont fiers de ses victoires qui les déciment ! L'observation touche juste. Je pense que ce sentiment d'une grandeur malgré tout partagée entre profondément dans la conscience collective, par tous les canaux possibles. Il passe par le rapport à l'autorité, mais aussi par le rapport à l'Église : Louis XIV est également celui qui achève le travail de ses prédécesseurs en absorbant l'Église dans l'État. Se mettent en place simultanément un modèle religieux, qu'on va appeler le « gallicanisme », un modèle politique, et un modèle culturel marqué par le rôle attribué aux sciences, aux arts et aux lettres. Tout cela compose un ensemble à multiples entrées, où chacun peut trouver son compte. Commence à se constituer une conscience politique commune, même si elle reste très diffuse et très fragmentaire. N'oublions pas que les guerres de Religion avaient auparavant fait pénétrer profondément le sentiment politique, sous la forme du dilemme : la priorité est-elle de se conduire en « bon Français » ou en catholique ?

Comment s'articule précisément le rapport à l'Église ?

C'est un autre élément clé de la construction louis-quatorzienne. Il accomplit d'une certaine manière le programme des « politiques » du temps des guerres de Religion, ceux qui disaient : « Nous ne sommes ni catholiques ni protestants, nous sommes "bons Français". » C'était déjà l'âme de la politique pacificatrice d'Henri IV. Je le disais, l'idée centrale de l'absolutisme est que l'autorité religieuse suprême doit résider dans le pouvoir politique, car si on laisse faire les prêtres et les Églises, c'est la guerre perpétuelle des opinions. D'où la nécessité d'établir une autorité de rang supérieur, afin d'assurer la pacification civile. C'est ce qui se réalise dans ce qu'on peut appeler « l'État souverain de droit divin ». Cette notion de droit divin est généralement mal comprise. On y voit une sorte d'alliance du trône et de l'autel allant de soi. En fait, elle a été le moyen d'une sacralisation du pouvoir qui érige le roi en représentant de Dieu sur terre, en mesure dès lors de subordonner l'Église. C'est pourquoi celle-ci en France a commencé par s'y opposer vigoureusement. La réussite de Louis XIV en la matière sera non seulement de pousser loin en pratique l'absorption de l'Église dans l'État, mais de lui faire admettre explicitement ce principe du droit divin qu'elle récusait. C'est l'objet de la « Déclaration des quatre articles » de 1682, rédigée par Bossuet, qui restera comme le manifeste du gallicanisme. En deux mots, l'Église de France est d'abord soumise au Roi avant d'obéir à Rome. C'est d'ailleurs cette obsession de l'unité religieuse sous son autorité qui va pousser Louis XIV à commettre deux de ses erreurs les plus graves : la révocation de l'édit de Nantes, contre les protestants, et la fameuse bulle *Unigenitus*, contre les jansénistes. Les séquelles de ces deux décisions empoisonneront tout le XVIIIe siècle.

Cette captation de la légitimité religieuse par le pouvoir politique laissera une empreinte déterminante dans l'histoire de France. Elle n'empêche pas d'être catholique. Louis XIV est très catholique, il finira même dévot, comme on sait. Mais ce catholicisme est subordonné aux nécessités de l'État, qui ont leur justification religieuse propre. Sans cette racine, on ne peut pas comprendre la Constitution civile du clergé de 1790, qui pousse le raisonnement à ses dernières conséquences. Aux yeux de ses promoteurs, quand la nation rentre dans ses droits et conquiert sa souveraineté, il est normal qu'elle absorbe le clergé en son sein et fasse de l'Église l'Église de la nation. On est là en présence d'un élément clé de l'identité française, dans la longue durée, qui explique le rapport particulier des catholiques français à l'État. En somme, Louis XIV a tué dans l'œuf la possibilité d'une démocratie chrétienne en France. Le programme d'une christianisation de la politique a été d'avance supplanté par l'appropriation politique de la religion.

Pourquoi, pour parler de cette synthèse louis-quatorzienne, ne pas utiliser le terme de « nation » ?

Pour éviter l'anachronisme. On ne peut parler de nation qu'à partir du moment où ses membres sont conçus comme des citoyens et où elle est posée comme souveraine. Son acte de naissance, c'est 1789. Avec Louis XIV, on en est encore loin. On peut parler tout au plus d'un embryon de nation, d'une « proto-nation », en langage savant. La vraie originalité de ce régime ambigu réside dans le glissement de la simple autorité royale vers l'autorité impersonnelle de l'État. Le dernier mot de Louis XIV, bien connu, est : « Je meurs, mais l'État demeurera toujours. » Lui-même, à sa façon, se pense comme le serviteur de l'État dont il n'est que le représentant. Le tournant historique est là : nous quittons la monarchie traditionnelle et le pouvoir patrimonial sans en être déjà pour autant à la nation souveraine. Ce n'est pas parce que les sujets du roi se sentent un destin commun qu'ils se sentent citoyens au sens moderne du mot. Mais il est sûr que nous sommes entrés dans la phase préparatoire de ce qui va se passer en 1789. Il se produit sous Louis XIV une prise de conscience d'une communauté politique de destin. Le sort de la monarchie devient le sort de tout le monde, et la grandeur de la monarchie, la grandeur de tout le monde. Cela veut dire que le service du roi dépasse la fidélité envers sa personne pour s'étendre à la responsabilité envers la chose commune. C'est à ce moment-là que le service de l'État devient une des spécificités françaises, avec cette dimension culturelle qui en fait une fonction plus éminente que toute autre. À cet égard, les Anglais empruntent une voie exactement opposée : au sortir d'une histoire révolutionnaire qui aurait pu connaître après tout une issue similaire à celle de la France, l'absolutisme échoue et ce sont les Grands qui s'instituent représentants de la société pour limiter le pouvoir du roi. Le secret de l'histoire anglaise n'est pas ailleurs. En France, ceux qui auraient été le plus naturellement en position de s'opposer à l'autorité suprême sont formés par la société de Cour à penser que la plus haute dignité est de servir le roi et l'État. Avoir commandé à Fontenoy ou dans une autre grande bataille du règne est le sort le plus estimable qui se puisse concevoir dans la France de Louis XIV !

Mais d'où vient l'ambition universaliste de cette nouvelle monarchie d'État ?

La dimension intérieure ne peut être séparée du rapport à l'extérieur. Sur ce terrain-là aussi, nous sommes dans une phase ambiguë de décantation entre nation et empire, la nation étant cette entité qui accepte ses limites et reconnaît l'existence des autres nations, alors que l'empire vise à la domination universelle. C'est loin d'être clair dans l'esprit des contemporains et dans la tête de Louis XIV. Ses ennemis ont dénoncé ses prétentions à la « monarchie universelle », et il n'est pas faux qu'il y avait quelque chose de cette aspiration impériale dans sa politique. En même temps, le reproche est sans doute excessif. Il n'ambitionnait pas d'absorber les royaumes et principautés d'Europe dans une entité unique, mais d'imposer une prééminence française d'une autre nature que la domination politique. C'est ici qu'on entre sur le chemin qui conduit à la nation. La nation, en effet, est animée elle aussi par une visée universaliste, mais une universalité d'un genre différent, tenant à ses principes politiques et intellectuels, et cela à l'intérieur de ses limites. C'est ce qui fait irruption en 1789. À l'époque de Louis XIV, la transition est engagée, mais elle est encore marquée par une grande confusion.

Tous les rois de France n'ont-ils pas déjà dit auparavant que la France était « le royaume élu » ?

Toutes les nations se sont construites en s'appropriant le thème biblique du peuple élu de Dieu. La question, à partir de là, concerne la nature de cette élection. Elle est pour partie religieuse. Le roi de France se dit « très chrétien ». Mais, chrétiens, ses rivaux le sont aussi. Il peut juste l'être un peu plus qu'eux. De la même façon, la puissance hégémonique peut se prétendre mieux dotée culturellement que les autres, à l'instar de la Rome antique, dont l'empire ne se résumait pas à la force armée des légions, mais incarnait la civilisation face aux barbares. Sauf que la situation n'est plus la même : les Espagnols ou les Anglais ne sont pas des barbares. Ils partagent les mêmes valeurs et les mêmes repères. C'est de cette manière qu'on va passer du projet impérial de domination à la compétition entre des nations comparables. À la mort de Louis XIV, le processus est déjà bien enclenché et la France, à défaut d'empire, est incontestablement à la tête de la compétition européenne. Comme le dit Voltaire, dont *Le Siècle de Louis XIV* reste le meilleur témoignage de ce sentiment d'apogée, tel qu'il a pu être vécu par les contemporains (Voltaire avait vingt ans à la mort de Louis XIV) : « Je porte les yeux sur toutes les nations du monde, et je n'en trouve aucune qui ait jamais eu des jours plus brillants que la française depuis 1655 jusqu'à 1704. »

Pourquoi cet apogée n'a-t-il pas duré ?

Le paysage de ce que l'on commence à appeler l'Europe bouge. La prépondérance française avait supplanté la prépondérance espagnole. Elle va être remise en question par la montée de la puissance anglaise. Le XVIIIe siècle sera celui de l'Angleterre. Au XVIIe siècle, les Anglais sont occupés à l'intérieur par leurs révolutions — l'absolutisme ne passe pas, chez eux. Mais au sortir de la « glorieuse révolution » de 1688, qui marque le point de stabilisation entre une monarchie limitée et la représentation parlementaire, l'Angleterre s'affirme comme le pays qui monte, en même temps que comme le pays modèle du point de vue des nouvelles exigences de l'esprit du temps. Le pays de la liberté politique, que Montesquieu célébrera avec éclat dans *L'Esprit des lois*, en 1748, et le pays qui a trouvé le secret de la création des richesses, grâce au grand commerce, à l'inventivité de ses artisans et à la science financière de la

Banque d'Angleterre, bref, le pays de ce qu'on va se mettre à appeler « l'économie » dans la seconde moitié du XVIIIe siècle. En regard de ce dynamisme, la monarchie administrative française, coiffant autoritairement une société figée dans ses hiérarchies, prend un air archaïque. À l'extérieur, la puissance anglaise est assise sur l'hégémonie maritime, qu'elle arrache aux Hollandais, puis aux Français. Cela débouche, au milieu du siècle, sur le duel au sommet de la guerre de Sept Ans. Le traité de Paris sur lequel elle se clôt, en 1763, consacre le triomphe de l'Angleterre. Les Français sont à peu près chassés d'Amérique, l'Inde devient anglaise, la France n'est plus qu'une puissance coloniale de second rang. Avec cette défaite, elle subit la première humiliation *nationale* de son histoire.

La France est passée derrière. Certes, elle conserve son rayonnement culturel. Le français est la langue des élites européennes, les philosophes sont les porte-parole les plus écoutés du mouvement des Lumières, le monde des salons parisiens donne le ton en matière à la fois d'idées et de raffinement de la sociabilité. De ce point de vue les Anglais font figure de rustres. Mais la rudesse de leurs manières est celle d'hommes pratiques qui, sans se payer de mots, mettent en œuvre les véritables idéaux modernes. Leur régime parlementaire donne l'exemple pionnier d'une vie politique associant le pays et le public à la conduite du gouvernement. C'est vers cette Constitution anglaise que tous les yeux sont tournés. Là où l'État royal, en France, est embourbé dans une crise financière chronique qui finira par lui être fatale, la Banque d'Angleterre donne l'exemple d'un maniement efficace de cette nouvelle force décisive de la vie collective qu'est la circulation des capitaux. Les débuts de la révolution industrielle et de l'âge de la machine à vapeur viendront confirmer cette suprématie pratique. Sur tous ces terrains d'avant-garde, la France est à la traîne. Le pays modèle, désormais, c'est l'Angleterre.

Cette relative relégation est très mal vécue en France. La guerre de Sept Ans a fourni l'occasion d'une première cristallisation en bonne et due forme de cette autre puissance inédite qu'est « l'opinion publique » — celle qui sert par ailleurs de chambre d'écho aux philosophes. Sur cette scène, le ressentiment à l'égard de l'Angleterre est vif. Il déterminera un peu plus tard l'appui enthousiaste à la Révolution américaine. Le trouble de l'opinion est d'autant plus grand que la guerre a déterminé un renversement des alliances en Europe. La montée de l'Angleterre à l'ouest et l'irruption de la Prusse à l'est bouleversent l'équilibre des forces. Héritage du grand affrontement avec l'Espagne, la France avait traditionnellement pour ennemi principal les Habsbourg d'Autriche. Pour répondre à la situation nouvelle, la diplomatie française change de cheval. Elle renonce à la Prusse, qui s'allie à l'Angleterre, et pactise avec l'ennemi d'hier, l'Autriche. Ce revirement est mal compris et très contesté par beaucoup de gens, en France. On en verra les effets, par exemple, dans l'impopularité et l'hostilité toute particulière qui se cristalliseront autour de Marie-Antoinette,

« l'Autrichienne », autrement dit une ennemie indûment associée au trône de France.

Comment les différents Français réagissent-ils à cette relégation ?

De manière décisive avec 1789 ! C'est une des sources généralement sous-estimées de la Révolution française. Une part importante de l'espoir de régénération qui anime celle-ci procède d'une volonté de sursaut par rapport à cette situation d'abaissement relatif, en particulier vis-à-vis de l'Angleterre. Cela saute aux yeux quand on se plonge dans les débats initiaux de l'Assemblée constituante : les Anglais nous ont surpassés sur le plan des libertés et des lumières publiques ? Nous allons faire mieux qu'eux ! Notre Constitution sera la revanche de la rationalité sur leur empirisme balbutiant et d'ailleurs corrompu. Là où les Anglais sont enfermés dans leur provincialisme, les Français vont parler pour toutes les nations. L'universalisme de la Révolution française est une réponse directe à l'appropriation anglaise des libertés. Il est dicté par l'émulation envers un modèle à supplanter. Il s'agit d'inventer, à partir des droits de l'homme, le régime politique exemplaire qui va redonner à la France un rôle politique analogue à son rôle intellectuel. Ce que les philosophes ont fait, Rousseau surtout, en dégageant les principes fondamentaux du régime politique moderne, les révolutionnaires le font sur le plan politique en donnant les clés du règne de la Raison, laquelle a son siège naturel dans ce pays : la France devient l'avant-garde du genre humain.

La reprise de l'ambition universaliste de Louis XIV ?

Sur un tout autre plan. L'universalisme ici est explicite. Il est celui des principes juridiques et politiques destinés à devenir la base de fonctionnement de nos régimes. De ce point de vue, la suite a ratifié les ambitions des révolutionnaires. Ces principes, les droits de l'homme, pour faire court, se sont bien imposés comme universels. Et puis l'universalisme révolutionnaire est un universalisme pacifique qui consiste en la recherche d'une exemplarité conçue pour faire école. Cela dit, comme la nostalgie de la puissance perdue et l'aspiration à la recouvrer sont très présentes dans l'enthousiasme révolutionnaire, ce pacifisme peut aisément se retourner, comme va le montrer l'enchaînement des guerres sur lesquelles débouche la Révolution. Au départ, la guerre est défensive, dans l'esprit des populations du moins — je laisse de côté les motivations des leaders politiques qui poussent en ce sens. Il s'agit de faire face aux puissances hostiles coalisées contre la France, au premier rang desquelles l'Autriche. Et puis, victoires aidant, ces guerres vont prendre un tour d'universalisme conquérant. Leur justification devient de diffuser et d'imposer ces principes qui valent pour le genre humain, tout en effaçant, accessoirement, la tache sur l'honneur français qu'a représentée l'alliance avec l'Empire autrichien, la monarchie la plus rétrograde d'Europe.

Bonaparte ne fera que poursuivre à sa façon ce programme, en l'infléchissant et en consolidant ses bases politiques. Il affiche ouvertement la couleur : c'est de l'Empire français qu'il s'agit. Un empire qui se réclame des principes politiques modernes, revus et corrigés à la lumière du réalisme politique le plus cru. Les chimères de la liberté en sont bannies au profit d'une valeur plus sûre et plus conforme au génie de l'histoire de France : l'organisation rationnelle de l'État, qui en rend l'autorité plus efficace.

C'est une dimension de la Révolution française et de son prolongement dans l'empire napoléonien qui est trop négligée. De façon très compréhensible, l'attention des historiens se concentre sur la dynamique interne des événements — et il y a de quoi. Mais depuis le départ, la Révolution est une entreprise qui, dans la tête des acteurs de tout rang, se déroule sous les yeux du monde et en vue du monde. Elle est prophétique et prédicatrice. Elle continue de l'être à la pointe des baïonnettes dans l'expansion militaire de la « grande nation ». Elle représente aussi un formidable sursaut national, qui rétablit la France comme capitale des idées politiques, comme puissance de premier rang et comme laboratoire de ce que la civilisation peut produire de plus avancé. Paris connaît sous l'Empire un moment de rayonnement scientifique exceptionnel, vivement encouragé par l'Empereur. Ce sont toutes les ambiguïtés de cet étonnant régime et de ce personnage hors norme. Il est à lui seul un concentré des contradictions françaises. La dictature et le pouvoir sans partage, mais au nom de la consolidation des acquis de la Révolution et de l'autorité de la raison dans l'État et dans la société. Ce qui n'empêche pas par ailleurs de chercher le compromis avec l'Église catholique, à l'usage des masses, mais en la plaçant sous le ferme contrôle du pouvoir politique.

Il fallait pour cela, après Louis XIV, un nouvel homme fort incarnant l'État. Ce fut Napoléon à défaut de celui que n'a pas su faire émerger la Révolution.

Ce balancement entre l'appel à une autorité personnifiée et l'aspiration de la puissance publique va rester l'un des traits marquants de la politique française. Avec l'enchaînement des événements qui conduit de 1789 au 18 Brumaire, dix ans plus tard, de la Déclaration des droits de l'homme à Bonaparte, la scène est campée et la pièce ne va cesser de se rejouer. La culture politique qui se forge de Louis XIV à Napoléon, et dont la Révolution est le moment de décantation, se caractérise d'un côté par le culte d'une autorité anonyme et désincarnée, celle des lois, de l'État et de ses grands serviteurs qui entendent gouverner au nom de la raison, et de l'autre côté par le besoin récurrent de voir cette autorité s'incarner dans une personne afin de lui donner toute sa force, de la rendre véritablement effective. L'histoire française, depuis, oscille entre ces deux exigences, faute de trouver un moyen terme. Le seul qui y parviendra vraiment, c'est de Gaulle. Avec Napoléon, on verse rapidement dans l'aventure personnelle d'un conquérant anachronique, embarqué dans une entreprise de domination épuisante et sans issue — sans autre issue que la chute. Mais en dépit de cet échec il aura consolidé, ne serait-ce qu'un moment, l'aspiration révolutionnaire au retour de la France à la première place ; c'est ce que retiendra sa légende à travers tout le XIXe siècle et au-delà. Les nostalgies qui entourent sa mémoire dans de larges pans de l'opinion sont éloquentes quant au vœu profond qui portait son entreprise, si folle qu'elle fût.

Il faut dire que le retour à la normale a été brutal !

En 1815, le retour sur terre est rude, en effet. Les Français commencent leur apprentissage de la politique représentative dans le cadre d'une monarchie parlementaire à l'anglaise peu faite *a priori* pour les séduire. Ils s'y convertissent tant bien que mal. Mais le plus grave, pour la situation du pays, du point de vue de la grande histoire, est qu'il passe à côté de la révolution industrielle. Entendons-nous. La France n'est pas en dehors du mouvement. Elle a des régions d'industrialisation intense, comme le Nord, des réussites importantes. Mais du point de vue de la culture globale, des repères fondamentaux de la vie nationale, l'élément industriel demeure une sorte de corps étranger. Il existe, ô combien. Les mines, la sidérurgie, les chemins de fer, les filatures sont dans le paysage. Mais ils ne sont pas assimilés par l'identité collective, et cette résistance se répercute en sous-performance. Par rapport à la supériorité écrasante qu'acquiert l'Angleterre dans ce domaine, la France est à la traîne.

Il reste tout de même deux domaines où le pays continue de disposer d'atouts décisifs : la culture et la politique. Paris reste la capitale culturelle du monde. C'est toujours en France que les lettres, les arts et les sciences ont leur terre d'élection. Et, par ailleurs, Paris s'impose comme la capitale mondiale de la Révolution. 1830-1848 : les événements se chargent de rappeler l'existence du « peuple de Paris », nullement désarmé dans sa soif de liberté et de justice. La lutte entre l'Ancien Régime et la Révolution reprend de plus belle. Elle acquiert un nouveau visage avec les premiers pas de la doctrine socialiste. Tous ceux pour qui l'histoire s'écrit au futur ont les yeux tournés vers la France. Si les Anglais ont la science économique du présent, les Français ont la science politique de l'avenir. C'est ce fil rouge révolutionnaire qui fera conclure à Marx, dans sa perspective d'une histoire de la lutte des classes, que l'histoire de France est « l'histoire classique ». Belle erreur de diagnostic, qui érige l'exception en modèle ! Mais elle est révélatrice. La France, c'est la révolution, et à ce titre elle est le véhicule de la grande prophétie moderne, celle qui porte sur la société à naître des batailles actuelles.

Tout le monde, naturellement, ne partage pas ces perspectives ! Il n'empêche qu'elles nourrissent, même du côté du parti de l'ordre, au milieu des déplorations, le sentiment de vivre une grande histoire. Un sentiment qui va de pair avec un sentiment de frustration par rapport au déclassement relatif du pays. C'est en fonction de cet arrière-fond qu'il faut comprendre à mon sens l'épisode du Second Empire. Fondamentalement, il s'agit à nouveau d'un sursaut et d'une tentative de rattrapage de la part d'élites exaspérées par le retard du pays sur le plan de ce qu'elles estiment être la chose importante, c'est-à-dire l'économie. Elles ont à leur disposition pour ce faire un modèle politique, le bonapartisme et son autoritarisme modernisateur. Cela va donner ce régime bizarre, appuyé sur les forces les plus rétrogrades à l'intérieur et soutenant le mouvement des nationalités à l'extérieur, tout en encourageant avec vigueur le développement capitaliste. Ce mélange ne s'explique, avec l'adhésion majoritaire dont il va bénéficier pendant une bonne quinzaine d'années, que par le désir éperdu de ramener la France au premier rang. Mais le régime a contre lui deux handicaps qui lui seront fatals, indépendamment de la fortune des armes : il est politiquement réactionnaire, au regard des aspirations de l'époque, et il est culturellement nul. Or en France, un régime sans rayonnement culturel reste sans racines.

Pourtant, le Second Empire joue un rôle décisif dans l'industrialisation du pays, son équipement en infrastructures et la promotion des sciences et des techniques, tout n'est pas nul dans le règne de « Napoléon le petit », que l'on a pris l'habitude de dénigrer.

C'est parfaitement vrai, mais le Second Empire était incapable de capitaliser ces succès. Il est affecté par une incohérence incurable. Il se veut l'agent du progrès, et il l'est en effet sur certains plans. Mais le progrès, aux yeux des contemporains, dans ce second XIXe siècle, est un tout. Il associe le progrès des sciences et le progrès des libertés politiques. Et le Second Empire n'est pas seulement un régime autoritaire, c'est un régime d'ordre moral, lié à l'Église catholique alors dans le pire moment antimoderne de son histoire. Il veut être à l'avant-garde du siècle, et il va à contre-courant de l'esprit du siècle. Napoléon III finira par le comprendre, d'ailleurs, mais ses tentatives de libéralisation arriveront trop tard.

Peut-on vraiment donner une telle force à l'idée de progrès ?

Dans ce moment libéral du second XIXe siècle, elle devient véritablement l'idée dominante. Mais cela ne veut pas dire qu'elle est la seule en lice. En réaction à son hégémonie, on voit se former un pessimisme lui-même à plusieurs variantes, du reste, dont on retrouvera régulièrement les expressions par la suite, dans des proportions et des combinaisons diverses.

Quelles sont ces variantes ?

La plus facile à repérer est le pessimisme proprement réactionnaire, qui comporte lui-même plusieurs sous-variétés : nobiliaire (l'aristocratie balayée par l'égalité), religieuse (la France a cessé d'être la fille aînée de l'Église, et en perdant sa foi, elle perd aussi son âme), sociale (bien représentée par quelqu'un comme Le Play, qui dénonce le chaos moral créé par la dissolution de l'ancien ordre familial et patriarcal).

À côté de ce pessimisme réactionnaire, il y a un pessimisme culturel très spécifique et très enraciné, reposant sur l'idée que le capitalisme est l'ennemi intrinsèque de l'esprit. La civilisation industrielle et urbaine ne peut que détruire ce qu'il y a de plus précieux dans l'héritage du passé, à savoir le culte des œuvres de l'esprit, et, s'agissant de la France, son génie artistique et littéraire. Flaubert en est l'incarnation parfaite. Ce pessimisme dessine une figure qui ne va plus cesser d'occuper le devant de la scène française, jusqu'à aujourd'hui où on le retrouve derrière le discours de certains défenseurs de l'exception culturelle.

Enfin, il y a un pessimisme des élites bourgeoises et libérales qui porte sur le destin de la France, supposée être incurablement « étatiste » et incapable de comprendre ce qu'est une société économique moderne. Contrairement à ce qu'on pourrait penser, ce pessimisme de déplorateurs du retard français, très représenté aujourd'hui, naît comme les autres au XIXe siècle.

Peut-on vraiment parler de pessimisme pour les réactionnaires et les libéraux anti-État ? Leurs constats sont peut-être pessimistes, mais ils promettent tous deux une solution avec des programmes optimistes ; le retour en arrière pour les premiers, la fuite en avant libérale pour les seconds.

Ils sont en fait les uns et les autres divisés entre des volontaristes et des défaitistes. Il y a ceux pour qui le pessimisme du diagnostic est un appel à l'action — c'est le cas d'un Maurras par exemple, dans le camp réactionnaire, avec son projet de restauration de la monarchie — et ceux qui considèrent que la messe est dite. Ces derniers sont la grande majorité. C'est d'ailleurs ce qui explique que Maurras ne parviendra jamais à passer pour un personnage crédible auprès des élites françaises. Même ceux qui sont sensibles à ses philippiques contre la République sont persuadés que le pays s'est enfoncé dans une voie dont il n'est plus possible de le sortir. Quant au pessimisme des élites libérales, il donne lui aussi lieu à des discours de deux sortes : les réformistes et les désespérés. Mais quelles que soient leurs nuances, ces trois formes de pessimisme surgies au cours du siècle du progrès vont demeurer des éléments fondamentaux du discours politique français : la France est un pays qui, depuis le XIXe siècle, doute profondément de son destin historique.

Cela ne l'a pas empêchée de finir par établir solidement la République...

C'est précisément pour cela qu'il faut parler de miracle républicain. Comment la République, qui a eu le mal qu'on sait à s'implanter, a-t-elle réussi à triompher pour s'imposer comme le moins mauvais des régimes possibles aux yeux du plus grand nombre, en dépit des multiples adversités que nous venons d'évoquer ? Raison négative : les expériences peu concluantes des régimes concurrents. Elle est importante. Mais la raison principale me semble tenir au fait que la République redonne à la France son rôle d'avant-garde politique dans le monde. En 1879, quand advient la « vraie » République, la République des républicains, il n'y a qu'une autre république en Europe : la Suisse. Il y a bien, de l'autre côté de l'Atlantique, la grande république des États-Unis, mais c'est un autre monde. Les Anglais ont certes la liberté, mais mélangée avec un fatras monarchique et aristocratique d'un autre âge. Les Français sont plus conséquents. Ils vont au bout de l'idée. Comme par ailleurs le mouvement du siècle a naturalisé des nouveautés qui paraissaient inouïes en 1789 et en 1848 encore, à commencer par le droit de vote, et que le développement du socialisme a repoussé la République du côté des modérés, les craintes qu'avait laissées derrière elle la grande Révolution se sont estompées. Le pays peut largement s'identifier à une forme politique qui à la fois le réconcilie avec son passé et le met à la pointe des espérances du siècle. L'exemplarité républicaine devient un élément essentiel de la fierté nationale. Et cela d'autant plus que l'image est ratifiée de l'extérieur par tous les peuples, dans l'est de l'Europe en particulier, en lutte pour leur indépendance et leur liberté. Pour cette internationale des opprimés, *La Marseillaise* est le chant révolutionnaire par excellence.

Dans cette ligne, il faut retrouver le sens du retentissement qu'a pu avoir à l'époque un événement comme la séparation de l'Église et de l'État de 1905. La République ose affronter l'Église et aller explicitement au bout de son principe d'indépendance par rapport à toute tutelle transcendante. Cela nous paraît tellement aller de soi aujourd'hui que nous ne comprenons plus la portée d'un tel geste et les passions qu'il a soulevées. Dans son contexte, il était d'une audace qui forçait l'attention générale.

Comment se répand la bonne nouvelle ?

La République n'a pas de rayonnement culturel par elle-même, mais elle bénéficie du fait que le Paris de 1900 est un endroit exceptionnellement fécond sur les plans artistique, culturel, littéraire, scientifique. Et elle possède un ressort particulier, essentiel : son rayonnement culturel s'exerce vers le bas. Elle est le régime de l'école pour tous. Autrement dit, le régime qui se préoccupe de permettre l'accès de l'ensemble du peuple à ce qui se crée au sommet, le régime de la mairie et de l'école au village qui joint au pouvoir des citoyens à la base les instruments élémentaires de la participation aux ouvrages de la raison. Là encore, gardons-nous de l'anachronisme. Aujourd'hui, nous ne voyons plus rétrospectivement que les limites de cette entreprise scolaire. Ce qui était avant tout perçu à l'époque, c'était la direction du mouvement et la promesse qui s'y incarnait. C'est un aspect capital de l'universalisme républicain.

Il ne se contente pas des succès au sommet et du rayonnement vers l'extérieur. Il s'efforce d'associer l'ensemble du peuple à ce rayonnement. Il se veut fédérateur et intégrateur. Après, on peut discuter du degré auquel il parvient effectivement à l'être.

C'est sur fond de cet universalisme qu'il faut comprendre l'impact, non seulement français, mais international, de l'affaire Dreyfus. Chez les dreyfusards, la motivation de leur engagement est l'exemplarité de la République. Elle est ce régime où une injustice flagrante, commise de surcroît sur la base d'un préjugé racial, ne peut être acceptée — et le régime, va-t-il se révéler, où une telle cause peut finalement l'emporter. La justice sert mieux l'intérêt du pays, au bout du compte, qu'une vision étriquée de la raison d'État derrière laquelle se retranchent paresseusement les importants, y compris une bonne partie du personnel républicain.

Il y a au moins un autre élément qu'on ne peut pas ignorer dans les titres de gloire de la République : l'empire colonial qu'elle se taille. C'est plutôt aujourd'hui son principal titre d'infamie. Mais, de nouveau, dans le contexte de l'époque, c'est l'une des expressions éminentes de la grandeur du pays. L'Empire fait de la France non pas la première puissance mondiale, car encore une fois l'Angleterre est devant, mais la seconde. Et par rapport aux Anglais, la République a sa version propre de l'entreprise coloniale. Dans la droite ligne de son universalisme, elle est une projection de sa « mission civilisatrice ». Cela donne parfois des caricatures qui nous semblent aujourd'hui si naïves ou si odieuses, comme enseigner « nos ancêtres les Gaulois » aux petits Sénégalais. Il faut se souvenir de cet universalisme naïf — d'ailleurs moins criminel qu'on ne le dit — dès qu'on veut bien y réfléchir sérieusement, un universalisme qui a été largement consensuel jusque dans les années 1930, pour mesurer dans l'autre sens le choc du décentrement que représente l'actuelle mondialisation pour la bonne conscience occidentale et en particulier pour les anciennes métropoles impériales. C'est une donnée cruciale de nos problèmes actuels. Toujours est-il, pour en revenir à notre République, qu'une part notable de l'adhésion qu'elle a suscitée est liée à cette projection universelle.

La France a donc retrouvé un point haut. La Belle Époque, vision rétrospective, n'est-elle pas analogue à ce que deviendront les Trente Glorieuses : la nostalgie d'une économie en marche, d'une mobilité sociale, d'une culture florissante, d'un rôle international ?

Il y a sûrement quelque chose de cet ordre. Les années 1900 sont en outre des années d'expansion, après une longue phase de dépression dans les deux dernières décennies du XIXe siècle. C'est le moment où la seconde révolution industrielle commence à porter ses fruits. Les Français s'en sortent mieux que de la première, notamment dans l'électricité, l'automobile ou l'aviation. Le progrès par la science commence à se concrétiser en grand.

Pourtant, on ne s'en souvient guère. Le pessimisme français ne viendrait-il pas du fait que nous nous souvenons trop peu de nos périodes positives ?

Les ruptures et les épreuves sont par nature plus mémorables que les phases de tranquillité relative et de consolidation. L'époque ne se résume pas dans un personnage d'exception ou dans des coups d'éclat. C'est un moment de grande paix, une paix armée mais une paix tout de même. La République est un régime anonyme, elle ne s'identifie pas à un homme. Mais il reste que la République est profondément ancrée dans l'imaginaire français, ne serait-ce qu'avec l'école et avec la laïcité. Voyez la force de ce mot de laïcité, dont les gens savent à peine ce qu'il veut dire, mais qui a une valeur de principe fondateur. La République, c'est son tour de force discret mais capital, réalise la récupération de la grandeur passée à l'intérieur du monde moderne, industriel et libéral. Avec une face d'ombre : si la France est à nouveau à l'avant-garde, elle est aussi à l'avant-garde de la contestation du régime parlementaire, dont le moins qu'on puisse dire est que son fonctionnement est loin d'être optimal !

Vous faites durer ce haut moment républicain jusqu'en 1914 ?

Il débouche sur l'été 14, brève explosion d'euphorie patriotique sous le signe de la revanche de 1870, avant le tunnel d'une guerre interminable.

Mais au bout de cette saignée effroyable, la France est dans le camp des vainqueurs. 1918 consacre, avec la victoire, même chèrement payée, le triomphe de la synthèse républicaine. Elle trouve sa forme aboutie avec l'intégration des catholiques et le dépassement des particularismes régionaux. Les paysans sont devenus pleinement des Français, pour reprendre le fameux titre d'Eugen Weber (*Peasants into Frenchmen*). Le terrible effort de la guerre, l'amalgame des combattants, la solidarité du pays avec son armée ont parachevé l'unité de la nation sous l'égide de la République. Car, il ne faut pas l'oublier, cette guerre a été vécue intensément comme une « guerre du droit » contre la politique de la force et de l'autorité incarnée par les Empires centraux. Le traité de Versailles marque aussi la fin de l'Ancien Régime en Europe et le triomphe du principe démocratique, dont la France a été le laboratoire d'avant-garde sur le continent. Avec son Empire intact, son armée tenue, au sortir du conflit, pour la plus puissante du monde, avec son exemplarité politique, la France est en apparence au sommet. 1918 est le moment tragique de la grandeur retrouvée, tragique parce que les esprits lucides voient bien que cette guerre a été en fait le suicide de l'Europe. Le prix à payer a été tellement lourd, d'ailleurs, que le pacifisme s'implante de manière irréversible.

La victoire a-t-elle été surinterprétée ?

C'est ce que le tableau que je viens d'esquisser voulait suggérer. Or cette interprétation triomphaliste de 1918 s'est s'installée profondément dans l'imaginaire français. Aussi, par contraste, la descente aux enfers des années 1930 sera-t-elle vécue de manière particulièrement douloureuse, et plus encore le choc de 1940, qui sera carrément ressenti comme un K.-O. définitif. En quelques années, le pays va passer de l'illusion euphorique de la victoire des victoires — la « der des ders » — au point le plus bas de son histoire. Certes, la France échappe au fascisme comme au communisme, mais elle est politiquement bloquée. Le régime parlementaire dysfonctionne gravement, cela se vérifie dans son impuissance face à la crise de 1929 et dans l'aveuglement des élites dirigeantes devant la montée des totalitarismes. Mais enfin, les Français continuent de se reposer sur l'image d'invincibilité de leur armée. Et voici que celle-ci s'effondre à son tour, en quelques semaines, au premier choc avec un ennemi dont la mesure n'avait pas été prise. Le traumatisme de 1940 est l'un des plus profonds de l'histoire du pays. Il retentit jusqu'à aujourd'hui. Beaucoup de Français auront l'impression que la France était finie — une expérience d'anéantissement. D'où, d'ailleurs, le caractère ultra-minoritaire de la Résistance en 1940. Les gens avaient le sentiment qu'il n'y avait plus rien à faire ni à espérer. Je ne vois de comparable que ce qui a pu être éprouvé lors de certains épisodes des guerres de Religion : des moments où l'on a le sentiment que l'existence même du pays est en cause. Mais ce sentiment était le fait, à l'époque, d'une élite étroite, alors qu'en 1940 il touche le pays tout entier.

1945 et le miracle du rétablissement national au sein de la victoire des Alliés n'ont-ils pas changé la donne ?

À peine. Certes, la France est dans le camp des vainqueurs, mais à condition de ne pas y regarder de trop près. Les institutions sont vacillantes. Le personnel politique, dans sa majorité, n'a rien appris ni rien oublié et a réussi à perpétuer, avec la Constitution de la IVe République, les bons vieux errements du régime parlementaire. L'économie tourne moyennement. Le pays est en proie au doute, avec un Parti communiste extrêmement puissant, qui capitalise la frustration collective. Que nous reste-t-il, alors ? Notre fonds de commerce traditionnel : la culture. Picasso, Aragon, Mauriac, Sartre, Camus. Avec, toujours, l'espoir révolutionnaire, qui nous permet de maintenir le fil d'une tradition importante, dont, du reste, 1936 avait été un moment fort. Mais le fait nouveau, essentiel, impossible à méconnaître, est que la France est devenue un petit pays dans une confrontation des blocs où elle n'a pas son mot à dire.

Un changement notable s'est tout de même produit : le renouvellement des élites, nombre de résistants entrant en politique à la place d'une génération largement compromise sous l'Occupation.

Le changement des élites est en effet important. Mais c'est un phénomène qui ne va faire sentir ses répercussions à plein qu'un peu plus tard, avec le gaullisme. Dans ce pays gérontocratique, les élites issues de la Résistance trouvent d'abord sur leur chemin de vieux crabes solidement installés, qui sont bien décidés à ne pas leur céder la place, et un régime politique où leur marge de manœuvre est très limitée. Les idées de la Résistance ont fait très vite long feu à la Libération. C'est un épisode de désillusion qui attend d'être raconté comme il convient. La jeune technocratie modernisatrice fait ses classes en rongeant son frein. En attendant, l'ambiance est morose. Entre ces blocages internes et la peur d'une Troisième Guerre mondiale — nucléaire ! — entre l'Union soviétique et les États-Unis, guerre dont la décision nous échappe, l'horizon est bouché, en dehors de ceux qui militent pour une révolution dont le modèle stalinien fait horreur au plus grand nombre. C'est dans ce climat qu'arrive la décolonisation, rude affaire qui ne va pas arranger les choses !

Elle aurait pourtant pu être vécue comme le triomphe des idées françaises des Lumières, le fruit de l'universalisme libérant les peuples. Pourquoi est-elle vécue comme un échec ?

Parce que la gauche anticolonialiste est extrêmement minoritaire au départ. Les esprits n'étaient pas mûrs. La gauche démocratique était majoritairement acquise à une colonisation dégagée de ses aspects oppressifs. Et aussi parce que, dimension qu'on oublie trop aujourd'hui, la décolonisation se fait dans le contexte de la guerre froide. Elle est surdéterminée par la confrontation Est-Ouest et elle est vécue comme un exemple supplémentaire de notre marginalisation. Du coup, elle alimente des crispations nationalistes. Quand la France essaie de jouer ses propres cartes, cela donne l'expédition de Suez en 1956, avec les Israéliens et les Anglais, en réaction à la nationalisation du canal par Nasser. Le test est sans appel : elle est méchamment renvoyée dans ses buts par les deux grands, les États-Unis en tête.

La chute inéluctable qui transcende le clivage droite-gauche...

Et dont la France ne sortira que par l'épisode de Gaulle, qui marque l'ultime sursaut dans l'histoire du déclassement français et des tentatives pour y résister, l'ultime moment de l'universalisme français. De Gaulle parvient à liquider la colonisation sans que l'État s'effondre. D'autre part, il nous remet dans le jeu mondial, grâce à la stratégie nucléaire, et redonne à la France une position indépendante dans l'affrontement Est-Ouest. Son régime réussit la modernisation industrielle du pays tout en réaffirmant les valeurs les plus spécifiques de la tradition française : le rôle pilote de l'État et la recherche d'une organisation rationnelle de la société, l'ambition scientifique. En même temps, il résout le problème politique français en réconciliant l'autorité personnelle et le régime républicain. Quoi qu'on pense aujourd'hui de la Constitution de la Ve République, il faut reconnaître qu'elle nous a rendu à sa date un service éminent. Les années de Gaulle, 1958-1969, resteront comme celles d'un vaste programme national en grande partie réussi. C'est une période historique positive, dont les Français ont la nostalgie. Elle mérite une analyse précise...

Chapitre III

LA FRANCE GAULLIENNE

De Gaulle n'était pas un pessimiste, mais il n'hésitait pas à rappeler la grandeur passée de la France, comme dans cette allocution de 1960 où il évoque avec nostalgie un pays « naguère le plus peuplé, le plus riche, le plus puissant de ceux qui tenaient la scène ». Cette position ancienne de rayonnement national, dont nous avons retracé l'histoire dans le chapitre précédent, était bien perdue en 1958, dans une France en pleine convulsion algérienne ! Que pouvait bien vouloir pour son pays de Gaulle à son retour au pouvoir ?

Il y a là un mystère, mais il est déjà présent en 1945 : que de Gaulle souhaite-t-il exactement pour la France au lendemain de la guerre ? On voit qu'il est habité par un projet, mais celui-ci n'est pas clair. Ce qui émerge, c'est la dimension institutionnelle, avec le discours de Bayeux de 1946. Là, les choses sont précises. Il s'agit enfin d'accorder la légitimité populaire avec l'intérêt supérieur du pays grâce à un chef de l'État arbitre au-dessus des partis et à la prépondérance de l'exécutif. Mais pour le reste ? Je ne parviens pas à me le figurer. Et je ne vois pas davantage comment, en 1958, il se représente la situation. Ni les témoignages des uns et des autres, ni les travaux des historiens ne nous aident beaucoup à imaginer ce qu'il avait en tête. Il pense sans aucun doute que la France a été grande et qu'elle peut le redevenir. Mais je crois aussi qu'il a peu de propositions concrètes pour rendre cette idée effective. Même sur l'Algérie, il n'a pas d'idées claires quand il arrive au pouvoir. Il a certainement bien anticipé la force de l'impératif décolonisateur, mais le problème de l'Algérie reste pour lui très spécifique. Ce n'est pas une colonie comme les autres. Autant, sur l'Afrique noire, on perçoit qu'il imagine une politique de style britannique, émancipation et association, autant, sur l'Algérie, on sent qu'il n'a pas d'idée arrêtée. Il semble même engagé, jusqu'en 1960, dans une direction qui ne peut apparaître rétrospectivement que comme une impasse, en pensant qu'il y a moyen de trouver un *modus vivendi* pour maintenir l'Algérie dans l'orbite française tout en faisant droit à des revendications de type décolonisateur vis-à-vis de la population arabe.

En 1958, son objectif premier est en tout cas de sortir de la guerre d'Algérie et de mettre fin à la situation d'impuissance politique dans laquelle les acteurs de la IVe République s'étaient installés. Il a sans doute une idée à peu près claire des institutions auxquelles il veut parvenir, mais il n'est pas encore question pour lui d'une élection au suffrage universel du président de la République. D'autre part, il a des idées assez traditionnelles sur l'économie, qui s'expriment notamment dans son obsession du franc fort. C'est pourquoi il va chercher des gens tels que Jacques Rueff ou Antoine Pinay comme garants du redressement. Tout cela reste encore à l'état de perspectives générales. Mais il a un sens aigu des opportunités politiques et, en outre, il va avoir de la chance : autant il en a manqué en 1945-1946, autant en 1958 les circonstances vont lui être favorables. En 1945, il a affaire à un pays qui avait de bonnes raisons de se méfier de ses incantations à la grandeur nationale. En 1958, après douze ans de IVe République, il tombe au contraire dans un pays réceptif où ces idées de grandeur prennent sens par contraste. Sa ligne de force politique peut s'incarner. Et autant, en 1945, la situation géopolitique n'était pas claire, autant elle l'est en 1958 : l'Europe est le champ de bataille des deux grands, et entre les deux la France n'existe tout simplement pas.

En 1956, la piteuse expédition franco-anglaise de Suez contre les manifestations d'autonomie de l'Égypte met fin aux velléités de l'Europe de jouer au troisième acteur.

Exactement : Anglais et Français sont priés par les deux grands de rentrer à la niche d'une manière dépourvue de toute ambiguïté. Européens, vous n'existez plus, et estimez-vous heureux qu'on vous traite gentiment ! L'Europe est alors dans un statut d'abaissement manifeste. Par ailleurs, l'embrouillamini de la décolonisation paraît insurmontable. La majorité des Français a compris que les priorités ne sont plus en Algérie et que ce n'est pas avec l'Empire français qu'on aura la solution des problèmes du jour. La déconfiture indochinoise a servi de leçon. Les Français ont mis un peu plus longtemps que les Anglais à le comprendre mais ils y sont venus : la page coloniale est tournée.

En 1958, la réceptivité à de Gaulle serait donc inversement proportionnelle à la dégradation politique d'un pays pour lequel il ne pense encore que grandeur ?

J'en ai l'impression. L'attente est d'autant plus forte que c'est le moment du démarrage de la croissance, qui fait sentir aux gens que c'est ailleurs que dans une grandeur coloniale anachronique qu'il faut chercher la clé de la réussite et que la IVe République n'est pas forcément le meilleur régime pour exploiter cette opportunité. D'autant que la dégradation politique du régime est proprement ahurissante. La loi des apparentements, espèce d'assurance-vie cynique des partis du centre aux dépens des partis extrêmes, gaulliste et communiste, en restera à tout jamais le symbole parfait. Celui d'un système capturé par une caste de politiciens qui ont une seule préoccupation : leur intérêt. Alors qu'en 1945 le projet gaullien restait nébuleux aux yeux du grand nombre, il fait figure d'issue en 1958 par rapport à une situation vertigineuse d'enfoncement du pays, et ce sur tous les plans. Le génie de De Gaulle sera de savoir tirer les marrons du feu.

Était-ce si difficile ? Dévaloriser la IVe République est devenu un lieu commun. Mais elle n'a pas si mal assuré la reconstruction et n'a-t-elle pas amorcé la modernisation économique ? Quant à l'embrouillamini algérien, il était surtout le fait de la gauche, et créait donc une situation favorable pour de Gaulle...

Tout n'est pas uniformément médiocre ou désastreux dans la IVe République, en effet. Mais prenez l'exemple qui illustre le mieux les ressources et les carences du régime, celui de l'expérience Mendès France. Mendès France incarne à gauche ce que de Gaulle incarne à droite, avec des vertus très voisines de celles du fondateur de la Ve République : le désir de dire la vérité, le patriotisme, l'intégrité, le souci du bien collectif, la conscience de la nécessité de la décolonisation. Or Mendès France échoue irrémédiablement, parce qu'il n'a pas les moyens de son ambition. Il n'a pas la capacité de se donner les instruments institutionnels indispensables pour mettre en œuvre la politique qu'il préconise. Ce qui achève d'être désespérant car, si même lui, qui a une vision politique forte, et qui incarne le désintéressement et l'honnêteté, s'avère incapable de s'extirper de la culture politique parlementaire dans laquelle il a été formé, à quel saint se vouer ? Cet échec du mendésisme a, par contraste, joué un rôle énorme dans le ralliement à de Gaulle. Cela se vérifie sur le cas de beaucoup de hauts fonctionnaires mendésistes qui iront chercher chez de Gaulle ce que Mendès ne leur a pas offert. Ce sera un élément clé de la réussite gaullienne.

Par ailleurs, vous avez raison de souligner que la tâche de De Gaulle est facilitée par l'atomisation de la gauche. D'un côté, des communistes ultra-staliniens, incapables même d'avaler et le rapport Khrouchtchev et le tournant de la déstalinisation engagé par la direction soviétique. De l'autre, une gauche démocratique très largement discréditée par sa conduite consternante en Algérie. Cette situation de la gauche a ouvert un boulevard à de Gaulle.

Les politiciens de la IVe République restent aussi mal vus que leur contre-exemple Mendès France est adulé. N'y a-t-il pas là un mythe que vous confortez en en faisant le symétrique de De Gaulle à gauche ? Ne faut-il pas plutôt insister sur une différence essentielle entre eux, invalidante pour Mendès : il ne cesse de se dérober à l'engagement, à la décision, au compromis politique quand de Gaulle n'hésite jamais à foncer ? D'ailleurs, ils se sont manqués à deux reprises. De Gaulle a proposé à Mendès de s'associer à lui à la Libération et en 58. Chaque fois, il a refusé. Mendès n'incarne-t-il pas le personnage politique aux « mains pures », mais qui n'a pas fait grand-chose ?

Sans doute. Le personnage est difficile à déchiffrer, mais son comportement s'explique par sa personnalité profonde : c'est un doctrinaire qui préfère les idées au pouvoir. Cela l'honore, mais n'en fait pas un homme politique plausible. Ajoutons une autre face du personnage : il avait un grand orgueil et cela a dû jouer dans son refus de 1958. Je pense qu'il n'avait pas envie de partager avec de Gaulle une fonction qu'il pensait devoir assumer seul. Il rêvait d'une chose : que les Français reconnaissent la sagesse et la vérité de ce qu'il leur disait, et qu'ils lui remettent un mandat du type de celui que de Gaulle incarnera. Mais il y avait un homme de trop pour ce mandat ! De Gaulle était en effet beaucoup plus politique que lui, et prêt à des accommodements auxquels Mendès répugnait par orgueil. Il y avait chez lui un mélange de modestie et de mégalomanie politique très étrange. C'était un candidat sauveur qui ne voulait pas se donner les moyens politiques de son entreprise.

Quand il arrive au pouvoir comme dernier président du Conseil de la IVe République, le général de Gaulle pense-t-il déjà à une Ve République ?

Je le crois, ce qui ne veut pas dire qu'il sache très bien en quoi elle va consister. Dans un premier temps, son souci est de trouver un compromis efficace avec les gens en place. La Constitution de 1958 est somme toute très parlementaire, en accord avec les dignitaires et les caciques de ce qu'on appelait la « troisième force », entre les communistes et la droite compromise par Vichy, du MRP à la SFIO. De Gaulle a une idée fixe quant à la nécessité d'un pouvoir de continuité et d'impulsion placé au-dessus des partis, mais pas une conception d'ensemble précise de l'édifice institutionnel.

Vous insistez, dans le contexte favorable à de Gaulle en 1958 par rapport à 1945, sur la dégradation du climat entre les deux dates. Ne faut-il pas expliquer en partie cette dégradation par l'épuisement de l'espoir de régénération politique qui animait au début de la IVe le nouveau personnel issu de la Résistance ? À la Libération, les chefs de la Résistance intérieure croient qu'ils vont changer la politique et qu'ils vont le faire eux-mêmes, sans de Gaulle, avec lequel leurs rapports furent difficiles et compliqués pendant la guerre. Ils ont largement échoué...

Oui, c'est un élément important sur lequel il faut revenir : la Libération est le moment d'une sorte de révolution intellectuelle et morale. L'espoir est énorme, avec la conviction que l'on est définitivement sorti des marécages de la IIIe République, de ses lâchetés et de ses compromissions. Les gens qui se sont formés dans l'épreuve de la Résistance ont appris à se battre, ils savent ce qu'est le courage, ils représentent une nouvelle génération qui pense balayer les jeux politiciens auxquels la France était habituée. Or, en quelques années, et d'une manière qui reste d'ailleurs mystérieuse, cet espoir s'évanouit. J'ai le souvenir, lointain mais toujours vif, d'une conférence impressionnante du colonel Passy, qui fut chef du service de renseignement de la France libre. Il disait à peu près, en réponse à une question : « Je n'ai jamais compris ce qui nous est arrivé, comment des gens pour lesquels j'avais appris à avoir de l'estime ont pu se conduire d'une façon qui me les a rendus étrangers à tout jamais. »

Le destin de Georges Bidault est à cet égard l'un des plus emblématiques...

Tout à fait. Celui qui succédera à Jean Moulin à la tête du Conseil national de la Résistance devenant l'archétype du politicard magouilleur et finissant à l'OAS ! L'espoir déçu de la Résistance est un élément clé de la vie et des sensibilités de toute une génération. D'ailleurs, de Gaulle et son RPF, d'une certaine manière, incarnent également cette dégradation. On reste songeur quand on pense que le chef de la France libre s'était compromis avec des gens aussi peu recommandables, dont beaucoup venaient directement de la France vichyste et s'employaient à rallumer la flamme de l'extrême droite de l'entre-deux-guerres. De Gaulle lui-même a participé de l'écroulement moral de ce qu'a représenté la Résistance. Ce recommencement promis en 1945, c'est en 1958 qu'il va se réaliser.

Et c'est de Gaulle qui le réussit.

D'abord, évidemment, il réussit la décolonisation. Sans entrer dans les détails et la chronologie, soulignons le fait que, au bout d'un certain temps, de Gaulle comprend qu'il faut cesser de considérer l'Algérie comme un cas particulier et que la décolonisation complète doit aussi s'imposer aux départements algériens.

On peut se demander ce que cela signifiait pour lui, personnellement, car ces territoires coloniaux n'étaient pas étrangers à son épopée de la France libre. À défaut de l'Hexagone et de Français de l'intérieur, le chef de la France libre s'est beaucoup appuyé sur les restes de l'Empire et les troupes coloniales, Alger avait été le siège de son gouvernement provisoire. Larguer tout, était-ce un crève-cœur ou au contraire la liquidation d'un mauvais souvenir, celui d'avoir dû prendre appui sur la périphérie exotique au moment où la chère France défaillait ?

Cette expérience a dû beaucoup influer sur sa conception de la décolonisation, mais pour des raisons plus positives, liées à l'estime qu'il avait contractée à l'égard des peuples africains, pendant la guerre, et à l'appui qu'il avait reçu de certains. Émanciper ces peuples était le moyen de reconnaître leur dignité, leur valeur, la vaillance qu'ils avaient montrée dans les deux conflits. La décolonisation est pour lui un acte d'amitié politique avec les populations de l'Empire : une époque est terminée, la guerre nous a permis de nous connaître, nous sommes capables d'avoir avec vous des relations d'égal à égal et c'est le moment de formaliser ces relations.

Peut-on considérer que, pour ces raisons, de Gaulle est moins aliéné par la pensée coloniale dont reste fortement imprégnée la gauche de l'époque, qui a entraîné le pays dans le conflit algérien, au point d'être incapable, par exemple, d'instaurer un droit de vote égalitaire en Algérie ?

Probablement. D'une certaine manière, le progressisme de la gauche entretient celle-ci dans l'idée coloniale, qui s'est redéfinie dans ses rangs au XIXe siècle. L'idée de la mission civilisatrice de la France reste plus vivace chez les bons républicains de gauche, qui ne voient pas comme des égaux les peuples colonisés parce qu'ils croient au progrès de la civilisation et donc à la nécessité d'amener les retardataires à la hauteur des plus avancés ! Tandis que de Gaulle, lui, ne croit que dans les peuples et dans leur identité collective. Paradoxalement, cette vision conservatrice lui rend plus facile de les traiter à égalité. Les hommes politiques de gauche, embourbés dans l'affaire algérienne, craignaient que la décolonisation compromette la grandeur française. Je ne pense pas que François Mitterrand, ministre de l'Intérieur, ou Robert Lacoste, gouverneur à Alger, étaient particulièrement attachés à la colonisation. Mais ils ne voulaient pas être accusés de signer la faillite du pays.

Ce que de Gaulle va réussir à faire, grâce à une combinaison politique bien orchestrée dans le temps, c'est de rejouer le coup déjà joué avec la France libre : en même temps qu'il liquide la tragédie algérienne, il construit sur les décombres de l'Empire une politique originale de grandeur, dans le contexte de la guerre froide et de la confrontation entre les deux grands : force de frappe et politique d'indépendance entre les États-Unis et l'Union soviétique. En contrebalançant le repli par l'affirmation, il peut donner l'impression qu'à nouveau la France compte dans les affaires du monde. Il arrive à faire croire à la plausibilité d'une troisième voie pour un pays qui a connu la défaite de 40, qui vient de perdre son empire colonial et qui est loin de faire le poids au regard des deux géants de la politique mondiale ! Comme tour de magie, c'est une réussite tout à fait extraordinaire, même si l'on doit s'interroger sur les effets à long terme de ce qui est malgré tout un travestissement de la réalité. Le prestidigitateur va être servi par un phénomène inattendu et remarquable, à savoir la rapidité avec laquelle la colonisation s'enfonce dans l'oubli. Essayez de dire à un jeune d'aujourd'hui qu'Alger était une ville française il y a peu, vous verrez sa stupéfaction ! La parenthèse coloniale est donc refermée mais la France retrouve une vraie place dans le monde tel qu'il est, au début des années 1960. Cette politique de la troisième voie n'empêche nullement de Gaulle de s'inscrire clairement dans le camp occidental quand il le faut : au moment de la crise des missiles soviétiques installés à Cuba en 1962, par exemple, il marque sans équivoque que la place de la France est aux côtés des États-Unis. Il n'a pas la démesure de prétendre que la France constitue à elle seule un bloc qui pourrait contrebalancer les deux autres, mais, de la modeste place qui est la sienne, il défend une liberté de parole qui est ce à quoi, dans ce pays, les gens sont le plus attachés. N'être le vassal de personne et le manifester : voilà au moins ce qui reste aux Français de leur histoire. De Gaulle, qui est plus pénétré que quiconque de ce trait capital de l'identité nationale, parvient à le réactualiser dans un contexte où tout paraît le rendre improbable.

La grandeur par l'indépendance et la liberté de parole à défaut de puissance. Mais le fait de doter la France de l'arme nucléaire est tout de même un argument de puissance ! À ce propos, il faut être juste à l'égard de la IVe République et, sur ce point, avec Mendès France, qui en 1954, ne sachant pas s'il était favorable ou non à la détention de l'arme nucléaire, avait pris les décisions de recherche et d'investissement public pour que ses successeurs soient en mesure de décider. Quand de Gaulle arrive au pouvoir, la décision est possible, il n'y a pas de retard.

Il y a tellement continuité que de Gaulle s'en était soucié dès la Libération. Il avait été alerté par des scientifiques français travaillant aux États-Unis sur l'importance de cette arme d'un genre tout à fait nouveau. Le militaire modernisateur qu'il avait toujours été n'avait pas eu de peine à être convaincu de la nécessité pour la France de jouer cette carte si elle voulait exister demain. En 1958, en effet, il lui suffit de recueillir l'héritage, mais ce qui va compter plus que tout, c'est la mise en scène politique qu'il va construire autour de l'arme nucléaire. Celle-ci aurait pu rester une force supplétive relativement indépendante, à l'intérieur de l'OTAN, comme du reste ce sera le cas pour les Anglais. De Gaulle, lui, en fait un levier politique. Il la présente comme l'instrument de l'indépendance française. Elle devient notamment la matérialisation de l'indépendance vis-à-vis du commandement américain. Car, c'est pour lui un axiome, un pays qui n'a pas les moyens de se défendre par lui-même n'existe pas comme une puissance.

Axiome reçu de manière consensuelle par les Français ?

Par une très grande partie d'entre eux. Tout en suscitant l'opposition farouche de la gauche officielle pour des motifs peu intelligibles rétrospectivement. Encore, pour les communistes, on comprend : l'alignement sur le camp soviétique est une bonne raison ! Pour la gauche démocratique, en revanche, le mélange de pacifisme et d'atlantisme qui préside à ce rejet est déconcertant. Il faut y voir un symptôme d'irréalité qui va contribuer à son effacement de la scène pendant longtemps.

La mise en place de nouvelles institutions constitue un autre acquis de la réussite gaullienne.

C'est sans doute le plus durable. Il se construit en deux étapes. D'abord la Constitution de 1958, puis l'élection du président de la République au suffrage universel en 1962. Avec ces nouvelles dispositions, de Gaulle règle le problème français des institutions politiques ouvert par la Révolution. Il clôt le dilemme apparu en 1789, et qui oppose la souveraineté populaire et la nécessité d'un gouvernement stable et efficace. De Gaulle est le réconciliateur des Français avec leur histoire. C'est probablement ce qui est resté la marque la plus saillante de son œuvre politique. Nous aurons l'occasion de revenir sur les défauts de la Constitution de la Ve République, dont il ne pouvait pas anticiper les effets pervers. Mais elle a permis de dépasser sous le signe de la démocratie l'opposition entre un parlementarisme immaîtrisable et des régimes d'autorité dont les bonapartismes avaient été les incarnations. De Gaulle est celui qui stabilise en France la démocratie qui vivait jusque-là dans des convulsions et une contestation plus ou moins permanentes. Ce n'est pas une petite chose, j'y vois l'épisode clé de la vie politique française depuis 1789. Quelque perfectionnement que l'on puisse apporter ultérieurement à ce régime, le principe gaullien est désormais inscrit dans les gènes des Français.

En voyant dans les institutions de la Ve République le parachèvement de 1789, vous inversez totalement le cliché ressassé du « monarque républicain » qui confisque le pouvoir !

De Gaulle s'inscrit en fait dans la grande ligne de l'histoire de France, entamée par la monarchie absolutiste : l'alliance du sommet politique avec le peuple contre les intermédiaires, contre les puissants qui règnent dans la vie sociale. Cela constitue un trait profond des aspirations de ce pays et une réalisation politique unique dans le paysage des démocraties contemporaines. L'originalité de la Ve République réside dans sa capacité à créer un lien direct entre la masse du peuple et le dirigeant responsable. Ce régime a des aspects monarchiques indiscutables, et le comportement altier de De Gaulle a certainement encouragé cette image d'Épinal, mais la dimension monarchique est au service de la lutte contre la captation de la souveraineté populaire, là où la pente naturelle des démocraties libérales est le fonctionnement oligarchique. La Ve République est en réalité dans son esprit un régime antioligarchique !

Pourquoi la plupart des élites françaises ont-elles immédiatement pris l'habitude de travestir cet équilibre démocratique efficace en bonapartisme ? Sans parler des politiques — que cela soit François Mitterrand parlant de « coup d'État permanent » ou Gaston Monnerville, président du Sénat, dénonçant une « forfaiture » à propos du référendum de 1962 sur l'élection du président de la République au suffrage universel —, il faut se souvenir par exemple de la violence des articles que François Furet écrivait alors dans France Observateur.

N'oublions pas que de Gaulle était un général, ce qui est toujours mal vu à gauche ! De plus, le personnage était en effet autoritaire. Mais c'était un homme autoritaire qui avait la fibre démocratique et républicaine. Je ne crois pas qu'il y ait eu un autre président de la Ve République qui ait exercé ses fonctions avec un tel respect de la séparation républicaine entre la personne privée et le mandat public, et un tel respect du suffrage universel. Il reste que la plupart des élites françaises, encore aujourd'hui, détestent ce régime et ne l'estiment pas démocratique. Alors que c'est le régime qui a installé en profondeur la démocratie en France en liquidant les oppositions à la démocratie, réactionnaires et catholiques d'une part, d'extrême gauche et révolutionnaires d'autre part. Il y a là une méconnaissance révélatrice.

Vous n'avez pas encore évoqué l'aspect économique de l'action du Général qui se manifeste dès 1958. Dans ce domaine il donne une efficacité particulière à un héritage plutôt positif de la IVe République.

Ce n'est pas douteux. Ce régime était erratique mais il ne faut pas oublier que, derrière les hommes politiques, il y avait une technocratie qui s'était mise en ordre de marche à la Libération. La direction du Trésor de François Bloch-Lainé, le Commissariat au Plan de Jean Monnet, l'aménagement du territoire lancé dès 1950. Mais de Gaulle, par la force politique qui est la sienne et par la légitimité dont il bénéficie, va susciter un ralliement massif de ces élites technocratiques qui trouvent en lui l'homme qu'elles cherchaient. Il va ainsi capitaliser le bénéfice de ce qui avait été déjà entrepris. Et là aussi, il se passe quelque chose d'historique : de Gaulle est celui qui réconcilie les Français et le monde de l'industrie. Avec lui, pour la première fois de son histoire, la France devient pour de bon un pays industriel.

Mais avec une conception particulière des rapports entre l'État et la sphère économique, que l'on peut résumer d'une de ses phrases célèbres, qui ferait frémir d'horreur aujourd'hui à droite comme à gauche : « C'est la nation, c'est l'État, qui doivent surplomber le marché. » Selon lui, l'économie devait être subordonnée à l'État.

Certes, mais dans l'autre sens l'État a besoin de l'économie. L'esprit saint-simonien de l'« administration des choses » s'accorde à ses yeux avec le « gouvernement des hommes ». Le point fait ressortir l'étrangeté de ce personnage d'un autre âge qui fut en même temps, comme peu de politiques français, l'homme de la modernité technique et industrielle. Sur la question économique, il avait des idées assez simples : l'alliance du marché et du guidage par l'État. Cela va très bien marcher. Il n'a aucun mérite particulier. À l'époque c'est ce qui se passe partout. Sans parler des économies planifiées, ce mode de développement, qui va présider dans le monde occidental à la haute croissance des années 1950 et 1960, est lié au rôle actif de l'État. La régulation keynésienne paraît constituer la martingale permettant d'éviter les crises et de maintenir un taux de croissance optimal. Tout le monde croit à la régulation. Le mot-clé d'alors, qui justifie cette conviction, est celui d'« organisation ». Car si l'économie est une affaire concurrentielle, c'est surtout une affaire d'organisation, et d'abord des entreprises elles-mêmes. N'oublions pas que nous sommes à l'époque des entreprises géantes, aboutissement de la seconde révolution industrielle, dans une économie tournée vers la production de biens de masse, avec les économies d'échelle permises par la standardisation. Tout cela va complètement changer par la suite mais, dans ce cadre-là, le génie français de la rationalisation trouve un foyer d'épanouissement, avec un impact tant économique que culturel. Nos grandes écoles, nos ingénieurs, la tradition scientifique de ce pays se retrouvent pleinement dans ce mode de fonctionnement.

De Gaulle matérialise cela dans ce qu'on appelle à l'époque les « grands projets », dont certains vont aboutir à des échecs retentissants mais dont beaucoup ont pleinement réussi et constituent encore aujourd'hui les fleurons industriels du pays, à commencer par Airbus qui en est l'héritier direct. Le moment gaullien représente une de ces conjonctions heureuses où la culture implicite du pays, son savoir-faire, les repères spontanés de ses acteurs les plus divers se trouvent en accord avec la marche du monde. C'est sur cette lancée glorieuse que l'institution de référence de la futurologie d'alors, le Hudson Institute du « *cold warrior* » Herman Kahn, prédisait « l'envol de la France », au début des années 1970 encore, tellement le pays paraissait adapté à ce qui passait pour la martingale de la réussite.

Ne réduisez-vous pas la particularité de la planification gaulliste ? Elle constituait en soi une institution particulière, notamment dans son mode de décision. Elle se fait selon un processus délibéra-

tif, mais qui n'a pas lieu au Parlement. De Gaulle lui-même la définit comme « la collaboration des organismes qualifiés de la science, de l'économie, de la technique et du travail ». Tous ces acteurs discutent ensemble et, lorsque l'on se replonge dans les textes de l'époque, on sent un élan et un consensus remarquables dont les gouvernements pourraient rêver aujourd'hui...

Dans un pays qui reste profondément divisé politiquement, du fait de la présence des communistes qui représentent en gros un quart de l'électorat, du fait de l'opposition systématique de la gauche à ce qu'elle considère comme un pouvoir personnel, le Parlement est un lieu de clivage sans espoir. Dans ce contexte, le Commissariat au Plan apparaît comme le contrepoint, il fait figure de lieu de la convergence possible et de la recherche du consensus entre ce que de Gaulle appelait « les forces vives du pays ». Il donne naturellement la vedette à une force qui n'apparaît jamais dans les débats publics, à savoir la haute administration. Il fournit le moyen de mettre en présence les patrons et les syndicats hors de leur jeu de rôle rituel. Enfin, il permet d'introduire dans la discussion les sciences sociales, sur lesquelles on fonde alors d'immenses espoirs de rationalisation de la vie sociale. Le Commissariat au Plan fonctionne aux sciences sociales, et une école sociologique française se forme là : Michel Crozier, Henri Mendras, Alain Touraine, pour ne citer qu'eux. Ajoutons que le bilan positif de ce fonctionnement du Plan va paradoxalement conduire de Gaulle à son projet avorté de 1969 qui provoquera son départ ! Il propose en effet de remplacer le Sénat par une nouvelle deuxième chambre qui ressemble fort à une institutionnalisation de ce qui avait fonctionné dans les discussions du Commissariat au Plan, le tout combiné avec une forte décentralisation. À relire aujourd'hui cette intéressante et ambitieuse réforme, on se dit que le cours de l'histoire de France aurait pu être différent...

Pour expliquer cette réussite des discussions autour du Plan, Jacques Julliard a été jusqu'à dire que le Plan était une affaire religieuse parce que beaucoup, parmi la haute fonction publique et les cadres syndicaux, avaient en commun un surmoi spirituel et religieux, catholique, protestant ou juif.

Il force un peu le trait, mais il est vrai que de Gaulle avait créé un cadre politique à l'intérieur duquel beaucoup des clivages qui traversaient la société française se trouvaient relativisés et atténués sans forcément que les acteurs se l'avouent, à commencer par celui des laïques et des catholiques. Patrons protestants et syndicalistes catholiques pouvaient se découvrir des visions convergentes de l'intérêt général, également partagées par de grands commis de l'État juifs ou agnostiques. Mais cela valait aussi bien sur le plan politique.

La question économique, chez de Gaulle, était indissociable de la question sociale. Il faut insister sur ce point, car ce qu'est devenue la droite après le tournant pompidolien a fait oublier la composante populaire, ouvrière, du discours de De Gaulle. Il parlait de « lutte des classes » et ce qu'il en disait vaut d'être cité un peu longuement : « La question principale, celle qui est au fond du drame de notre siècle, je veux dire la question de la condition ouvrière. Un jour la machine a paru, le capital l'a épousée, le couple a pris possession du monde. Dès lors, beaucoup d'hommes, surtout des ouvriers, sont tombés sous sa dépendance. Liés aux machines quant à leur travail, aux patrons quant à leur salaire, ils se sentent moralement réduits et matériellement menacés. Et voilà la lutte des classes. Elle est partout, aux ateliers, aux champs, au bureau, dans la rue, au fond des yeux et des âmes. » Le moins qu'on puisse dire, c'est que ce n'est pas là un propos d'homme de droite. De Gaulle se posait la question de la lutte des classes et proposait de la dépasser par l'idée de la participation, de l'actionnariat et de l'intéressement ouvrier développée par les gaullistes de gauche comme Louis Vallon et Jean Charbonnel. Dans ses vœux aux Français du 31 décembre 1967, il saluait l'année 68 comme l'« étape vers un ordre social nouveau, la participation directe des travailleurs aux résultats, au capital, et aux responsabilités de nos entreprises françaises ». C'était un projet d'envergure, mais on l'a oublié parce qu'il a été habilement saboté et vidé de son contenu par les pompidoliens, et définitivement par l'ordonnance du 17 août 1967, préparée à Matignon par Édouard Balladur, alors conseiller de Georges Pompidou. De Gaulle évoquera cette trahison pour dire que Pompidou avait réduit son grand projet à un

« zakouski ». Aujourd'hui, la participation figure comme seule vraie proposition de réforme un peu osée dans le programme du Parti socialiste alors qu'à l'époque l'idée de participation avait été dénoncée par la gauche comme un projet de collaboration de classe corporatiste et quasi fasciste...

On a oublié cette dimension du personnage, tout simplement parce que cet aspect de son programme n'a pas reçu grande application. La théorie régnante, chez beaucoup de commentateurs, est qu'il s'agissait d'un discours d'accompagnement qui ne correspondait pas à une volonté réelle de sa part. Je tends à en douter, tout en enregistrant les faits. Son référendum de 1969 témoigne du fait qu'il avait la ferme intention de poursuivre un programme de réformes très poussées. Les racines de ce projet se devinent aisément : elles se logent dans le catholicisme social. Une autre chose a beaucoup compté dans son appréciation du problème : l'Allemagne, qu'il connaissait assez bien et où existait un système de cogestion, pour lequel il avait une inclination forte.

L'échec de cette politique ambitieuse est paradigmatique du destin du gaullisme : à travers quels hommes s'est-il matérialisé ? Des bourgeois très traditionnels, qui ne croyaient pas un mot de ce que de Gaulle disait de la participation. Cela leur paraissait parfaitement utopique, naïf, et l'exemple allemand n'était pas le moins du monde considéré comme à suivre dans la droite française. Si de Gaulle était resté quelques années de plus au pouvoir, notre pays aurait pris une allure assez différente de celle qu'il a connue par la suite. Si la France doit être grande, disait-il volontiers, elle doit être généreuse.

Vous n'avez rien dit de son rapport à la construction européenne. Un lieu commun veut qu'il y fût hostile, mais ne peut-on pas dire que dans ce domaine également ses vues ont été mal comprises ou mal relayées ?

C'est un autre élément surprenant du bilan gaullien, très travesti dans les présentations qui en sont faites ordinairement. Il faut quand même rappeler que c'est lui qui a mis en place le principal pilier européen, en effectuant la réconciliation franco-allemande ! Elle était amorcée par la déclaration Schuman, mais il restait à la symboliser hautement comme ce sera fait avec l'invitation solennelle du chancelier Adenauer. Replaçons-nous à l'époque : ce geste avait quelque chose de fortement subversif, car les passions étaient loin d'être éteintes. L'Europe sans cette réconciliation franco-allemande franche et massive eût été simplement impossible. Par ailleurs, de Gaulle reçoit les institutions européennes dans sa corbeille, le traité de Rome ne l'ayant pas attendu pour être signé. Mais il a de l'Europe une idée extrêmement déterminée, qui sera concrétisée dans le plan Fouchet de 1961 : une Europe des États, construite autour du couple franco-allemand et indépendante des États-Unis. C'était se mettre beaucoup de monde sur le dos : les fédéralistes poursuivant l'idée d'un dépassement des nations et les atlantistes attachés par-dessus tout à l'alliance américaine. Au regard de l'europhilie qui s'est développée dans la suite, de Gaulle est invariablement présenté comme le défenseur d'une « Europe de papa » ignorant le génie propre de cette construction politique d'un genre nouveau... Je crains que l'actualité ne soit pas sans lui donner quelques arguments rétrospectifs, relativement à ce qu'on pouvait attendre d'une Europe supranationale. De ce point de vue, si l'on construit une gigantomachie rétrospective opposant de Gaulle, avec son Europe des nations, et Mitterrand, qui ouvre grand la porte à l'Europe supranationale, j'ai peur qu'elle ne valide plutôt la vision gaullienne que la vision mitterrandienne. Je me demande si nous ne sommes pas en train de découvrir que c'est à la façon de De Gaulle que nous aurions dû avancer !

La postérité a été très sévère et injuste avec lui sur ce point, en l'enfermant dans un nationalisme jugé archaïque. Car, qu'avons-nous d'autre aujourd'hui sinon une Europe des nations entravée ? Les nations, affaiblies, demeurent, les institutions supranationales ne fonctionnent pas, et le tout se solde par une absence intégrale de pensée stratégique européenne et de capacité à s'insérer dans le monde d'une manière active. Nous y reviendrons en détail, la crise européenne n'est pas sans donner raison à une vision gaullienne qui a été largement conspuée.

On l'a vu, toutes les élites n'étaient pas antigaullistes. La haute fonction publique et les scientifiques s'étaient majoritairement associés avec enthousiasme aux grands projets. Le refus venait des politiques, dépossédés de leurs jeux de pouvoir, et surtout des intellectuels. Dans le bilan que vous faites de cette France de nouveau dans une position éminente, en tout cas sur le plan de la parole et des symboles, n'oubliez-vous pas la violence de leur contestation ? Alors que les années 1960 constituent un moment de lustre exceptionnel de la pensée française, ses principaux acteurs ont passé leur temps à conspuer le général de Gaulle, l'accusant des pires épithètes : « crypto-fasciste », « pétainiste », « bonapartiste », « boulangiste »... Une violence qui, aujourd'hui, paraît d'autant plus mystérieuse que notre époque s'est convertie à une gaullomania tardive ! Sans faire d'anachronisme, comment peut-on expliquer cette violence antigaulliste des années 1960 ?

Elle s'explique assez simplement, sur le fond, par le décalage entre l'histoire politique et l'histoire intellectuelle : elles n'ont pas les mêmes objets. Mais l'étonnant est qu'elles finissent par se rejoindre, sur un certain plan. Je suis frappé rétrospectivement, si paradoxal que cela puisse paraître, par le caractère gaullien malgré lui de ce dernier moment de rayonnement français sur le plan culturel. Il y a une affinité entre les deux affirmations, si opposées qu'elles soient dans leurs expressions.

Intellectuellement, les années 1960 sont les grandes années de la philosophie du soupçon, du paradigme critique, de la déconstruction. Marx, Nietzsche, Freud n'avaient pas attendu les années 1960 pour avoir des adeptes, mais le fait est qu'ils entrent alors en résonance d'une manière inédite, qu'ils prennent un air de famille, qu'ils se mettent à dessiner une sorte de modèle commun, grâce, notamment, sur le plan philosophique, à un certain Heidegger et à sa critique de la métaphysique du sujet. Pourquoi cela se cristallise-t-il en France sous la forme de la nébuleuse dite improprement « structuraliste » — Lévi-Strauss, Lacan, Althusser, Foucault, Deleuze, Derrida et quelques autres ? Il y aura là un beau problème pour les historiens des idées du futur. On peut hasarder quelques hypothèses. Parce que l'influence du Parti communiste et l'aspiration à en sortir — mais par la gauche, par la surenchère radicale. Parce que la profondeur de la crise de conscience coloniale et de la remise en question de la supériorité de la rationalité occidentale (ne pas oublier le tiers-monde en arrière-fond). Parce que le style des sciences humaines à la française, en commerce intime avec la philosophie, et réciproquement. On n'a pas fini d'en discuter. Plongez ces morceaux de bravoure théoriques dans un bain culturel effervescent, où le principe d'avant-garde est à son zénith — le « nouveau roman » en littérature, Barthes, *Tel Quel*, la « nouvelle vague » au cinéma, et j'en passe. Ajoutez-y la percée de la culture jeune, de la « rock'n'roll attitude » et les débuts de la contre-culture, et vous obtenez une scène en rupture complète avec ce qui se passe au même moment dans les ministères, à l'Élysée ou au Commissariat au Plan. Vu de ces promontoires d'avant-garde, le pouvoir gaulliste fait figure d'autoritarisme archaïque.

Il n'empêche que ce moment culturel d'une extraordinaire vitalité témoigne lui aussi à sa façon d'un pays qui a foi dans ses forces d'invention et qui ne doute pas de son rôle d'avant-garde dans le monde. En cela, ces acteurs sont sur la même ligne que de Gaulle, au-delà de tout le mal qu'ils en pensent. Comme il y a une politique explicite de la grandeur, chez de Gaulle, qui est en fait une politique de liberté et d'indépendance, il y a une politique implicite de la grandeur dans le monde intellectuel de l'époque. Les deux mondes s'ignorent et se détestent, mais ils tirent chacun de leur bord dans la même direction, au point qu'on pourrait presque parler d'une alliance objective. En faisant de la France un laboratoire d'idées à rayonnement mondial, ces intellectuels qui conchient et anathémisent la posture gaullienne apportent malgré eux de l'eau à son moulin.

Je serais même tenté d'interpréter rétrospectivement Mai 68 dans cette perspective ! C'est le dernier épisode par lequel la France se signale au monde comme le pays des révolutions. Une « révolution » atypique, en forme d'adieu à l'âge des révolutions, sans violence autre que théâtrale, sans prise du pouvoir ni répression, hors du moule léniniste-communiste, qui se borne en réalité, on ne peut pas ne pas le voir après coup, à mettre en musique « révolutionnaire » une rupture culturelle qui traverse tout le monde occidental. Mais justement, nous, Français, ne faisons pas les choses comme les autres ! Nous avons quelque chose d'original à dire au monde. Le contestataire soixante-huitard est un gaullien qui s'ignore. Provocation pour provocation, allons jusqu'au bout. La France des années 1960 a produit le dernier théoricien révolutionnaire de grande lignée, en la personne de Guy Debord. Au final, Debord n'est-il pas à la révolution rêvée ce que de Gaulle est à la politique pratiquée ? L'un et l'autre se veulent, chacun dans son registre, les actualisateurs de l'histoire dont ils héritent. D'ailleurs ils ont en commun le même goût stylistique pour le français classique !

Si l'on peut vous suivre sur le plan des postures, les projets sont différents : ces élites antigaullistes se pensaient en dehors de tout cadre français et rejettent l'ancrage national.

Je ne le crois pas. L'internationalisme est de principe, avec la Sorbonne ouverte à tous ; la Révolution française l'était aussi, qui déclarait la paix au monde. Mais l'internationalisme n'est pas la disparition des nations. Les protagonistes de 68 sont très fiers d'être l'avant-garde française du mouvement mondial de la jeunesse. Les deux aspects ne sont pas antinomiques. Du reste, le nationalisme exclusiviste n'est le fait que de l'extrême droite. Il y a un nationalisme républicain, bien exprimé par Michelet, qui se veut prophétique : la France est là pour parler aux autres et pour donner l'exemple. Je suis convaincu que, chez la plupart des protagonistes intellectuels et culturels des années 1960, la fierté française demeure très grande. Nous ne sommes pas encore dans la phase de dénationalisation virulente qui viendra plus tard dans le contexte de la mondialisation.

Dans tous les cas, ce que Mai 68 doit envers et contre tout à de Gaulle, c'est l'apaisement démocratique. Au-delà de la rhétorique, la coexistence des contraires et le droit à la parole de ses adversaires sont entrés dans les mœurs. Le refus de l'autorité qui se retourne contre le régime est aussi son héritage. Il est dépassé par les fruits de ce qu'il a semé. Le caractère pacifique et libertaire des « événements » est le signe paradoxal de la pénétration en profondeur, dans ce pays d'autorité et de guerres civiles, d'un esprit de pluralisme démocratique que de Gaulle a rendu possible avec les institutions de la Ve République.

Ce n'est pas Mai 68 — événement qu'il a politiquement et démocratiquement surmonté — qui a provoqué le départ du général de Gaulle, ni même l'action de la gauche, mais la trahison d'une fraction de la droite : Georges Pompidou et Valéry Giscard d'Estaing. Pourquoi ne voulaient-ils plus de lui ?

La fin de De Gaulle, après 68, illustre un phénomène qui n'est pas sans précédents historiques : à savoir, la façon dont un grand dirigeant perd le contact autant avec son pays — qu'il avait su jusque-là comprendre dans ses aspirations profondes — qu'avec le camp de ses défenseurs et de ses appuis. Au fond, si l'on résume les choses, de

Gaulle a commis l'erreur de prendre Mai 68 au sérieux ! Il a sincèrement voulu y apporter une réponse. Celle-ci était double : la décentralisation et la participation, qu'il se reproche de ne pas avoir fait assez avancer dans les années antérieures. Ces deux thèmes politiques nouveaux sont la réponse que de Gaulle croit nécessaire d'apporter à un Mai 68 qui constitue pour lui un véritable événement. Événement symptôme, qui révèle un malaise français et, plus largement, civilisationnel. Or, dans le camp du Général, cette idée apparaît totalement incongrue. Les étudiants sont retournés à leurs études, les ouvriers à leurs usines, il ne s'est finalement pas passé grand-chose, pense-t-on à droite. Dans son propre camp, à part Malraux, de Gaulle n'est ni suivi ni écouté dans son interprétation de ce qui s'est passé en 68, et c'est ce qui va provoquer finalement son échec au référendum de 1969.

Par ailleurs, ces thématiques ne recueillent aucun écho du côté de la gauche. Le choc des événements l'a regonflée dans une radicalité onirique qu'elle mettra une dizaine d'années à digérer. L'échec du tandem Mendès-Defferre à l'élection présidentielle de 1969 en sera l'illustration pathétique. Des réformes ? Vous n'y pensez pas ! L'idée de participation apparaît comme un pitoyable amuse-gueule à l'usage des niais ; quant à la décentralisation, la gauche y demeure hostile par jacobinisme : elle n'a pas encore effectué sa mue et ne voit pas l'utilité d'une pareille mesure. Inutile pour son camp, et destinée à tromper le monde pour la gauche, la réforme proposée par de Gaulle fait de lui un isolé. Il a perdu le lien avec ces « forces vives de la nation » qu'il voulait exprimer.

Cela nous amène à cerner l'une des faiblesses de De Gaulle : c'est un homme qui s'est fabriqué contre les partis, mais qui ne s'est jamais préoccupé sérieusement d'organiser une force politique qui aurait incarné ses idées, avec des gens capables de les porter. Cette inaptitude avait déjà abouti au fiasco du RPF après la Libération ; fiasco dont il n'a tiré aucune leçon. D'une certaine façon, il recommence avec l'UNR. Il ne dispose pas des forces politiques nécessaires à la poursuite de son action, mais cela ne le préoccupe pas. Pas plus qu'il ne se préoccupe de sa succession ou de la pérennisation de son projet. On ne sait pas ce qu'il pensait vraiment de ses lieutenants, de Pompidou au premier chef, ou de Giscard. Il est visible qu'il ne les prenait pas trop au sérieux et, probablement par orgueil, imaginait mal que l'un ou l'autre lui succède, ce qu'ils feront tous les deux ! Il faut ajouter que, pour orchestrer sa politique de décentralisation et de participation, il n'avait peut-être pas les hommes qu'il fallait. Le seul qui eût été capable de la porter, quoi qu'on en pense par ailleurs, était probablement Edgar Faure. Le gaullisme se termine donc par un échec politique révélateur de certaines failles du personnage et de ce qu'il faut bien appeler ou une absence de réalisme ou un excès de narcissisme.

N'est-ce pas faire, rétrospectivement, trop de cas du contenu très intéressant du référendum de

1969 ? Tout le monde se désintéressait complètement de la participation et de la décentralisation ; si de Gaulle est tombé, n'est-ce pas surtout parce que les Français étaient lassés du personnage, de son style, de ses exigences, de son étrangeté ? L'objet du rejet n'était pas le propos du référendum mais de Gaulle, et lui-même a toujours cherché dans cette forme de consultation une confirmation de sa légitimité.

Bien sûr, et c'est bien là son échec : il n'a convaincu personne de la nécessité des réformes qu'il jugeait essentielles. Sa capacité de conviction était défaillante. Du coup, il a donné le sentiment d'un vieillard enfermé dans un rêve solitaire, persistant dans un style plébiscitaire devenu sans objet. C'est un des points cruciaux pour la compréhension du personnage sur lequel il faut insister. De Gaulle est un démocrate, il estime que le suffrage est le seul facteur de légitimité. D'un autre côté, c'est un homme d'autorité, il compte à ce titre sur l'État, sa conviction la plus profonde est que le pouvoir est avant tout une relation entre un homme et un pays. Donc les partis sont inessentiels à ses yeux. Mais il sait bien qu'on ne peut gouverner qu'avec eux, qu'il faut une force politique pour porter l'homme du pouvoir. Il a en même temps une certaine idée de la France, il l'a assez dit, et il ne pense pas que cette idée se résume à lui. En ce sens, contrairement à ce qu'on lui reprochait, il ne croit pas au pouvoir personnel : c'est à l'idée qu'il incarne qu'il croit, plus qu'à lui-même. Mais cette idée, si on veut lui assurer la pérennité, doit aussi passer par quelque chose comme un parti. Or cela ne l'a curieusement pas préoccupé. Il ne pouvait pourtant pas penser que la formule qui valait pour lui — un homme qui s'adresse à un pays par-delà les partis — allait pouvoir miraculeusement se reproduire au-delà de sa personne historiquement exceptionnelle.

Cela a en fait cessé de fonctionner de son vivant en 1969 ! Ne faut-il pas penser que l'échec de De Gaulle a tenu à quelque chose de plus profond qu'une histoire de parti défaillant ? Une allergie au personnage ? Comme vous le disiez, il s'adressait non pas aux Français, mais à une France éternelle et imaginaire avec un lien particulier à l'Histoire et aux morts. Il parlait ainsi de « la France qui embrasse toutes les générations de Français et d'abord bien entendu les générations vivantes ». Ce langage n'était-il pas devenu exotique pour la société de l'époque ? Les soixante-huitards et ceux qu'ils avaient ébranlés n'étaient plus du tout dans ce rapport à l'Histoire, et c'est peut-être pour cela qu'il y a eu un rejet massif du personnage...

Il est sûr que son discours était sur plus d'un plan décalé par rapport à une société complètement transformée sous l'effet même de la réussite de sa politique. Elle débouche sur ce que le sociologue Henri Mendras appellera « la Seconde Révolution française » qu'il voit démarrer en 1965. À cette société nouvelle, de Gaulle apparaissait ou bien comme l'héroïque survivant d'une époque d'épreuves épouvantables dont tout le monde aspirait à sortir, ou bien comme un reliquat archaïque dont on n'avait plus rien à faire. D'où sa perte de capacité de conviction. Deux ruptures culturelles vont saper à la base l'imaginaire gaullien. D'abord celle de 68, autrement dit la rupture libertaire, particulièrement ressentie en France, en raison de la tradition d'autorité du pays et parce qu'elle contraste fortement, par son côté hédoniste et rigolard, avec le tragique historique incarné par ce grand acteur shakespearien qu'était de Gaulle. Et ensuite dans les années 1970, la réorientation économique sous l'effet de la crise pétrolière, réorientation qui va conduire vers l'univers libéral dans lequel nous vivons depuis lors. Au regard de ces deux nouvelles données, qui surviennent très vite, l'univers gaullien apparaît en total déphasage, et ce sur tous les plans.

Ne faut-il pas ajouter une troisième rupture ? Le rejet de la dette historique vis-à-vis de la Résistance, car, pour le coup, Pompidou et les soixante-huitards pensent exactement la même chose : il faut solder les comptes de la guerre, en finir avec ces vieilleries commémoratives...

Ce rejet fait partie de la rupture libertaire, qui implique le refus du surmoi historique. À cet égard, la révolution libérale qui se déclenchera quelques années plus tard complétera l'œuvre de la révolution libertaire de 68. Elles créeront ensemble un nouveau climat politique où le repère cardinal qu'était l'État-nation cesse d'être prioritaire au regard d'une société qui aspire à la richesse et à la consommation et pour laquelle l'Histoire ne compte plus. On ne peut qu'être frappé par la rapidité avec laquelle l'édifice gaulliste a été déconstruit. À bien y regarder, cette décomposition est à l'œuvre dès avant le départ de De Gaulle. L'affaiblissement de l'État est déjà visible à ses yeux, ce à quoi veut remédier le projet de décentralisation. Mais surtout, la revanche des partis est inscrite dans les institutions définies par lui : dès lors qu'il disparaît, qu'est-ce qui peut assurer l'élection de ses successeurs ? Rien d'autre que le contrôle d'une machine politique capable d'affronter une compétition qui, dès 1965, s'est révélée très ouverte. En fait, les institutions conçues par le Général au-dessus des partis sont faites pour le règne des partis — plus exactement de deux partis, car le choix binaire est imposé par le mode de scrutin.

Y a-t-il véritablement affaiblissement de l'État ? Il demeure encore très puissant dans les années 1970.

Il demeure puissant mais son autorité s'érode. Il perd de sa légitimité. N'oublions pas que c'est aussi la période où l'Église s'effondre, alors que c'était l'institution d'autorité par excellence. Les capacités opérationnelles de l'État demeurent, mais le doute sur sa rationalité et sur ses performances d'anticipation est déjà là. La critique de la technocratie prend son envol. Bien sûr, rien ne se fait du jour au lendemain ; on n'en est pas encore au procès de l'État. Tout cela va mettre environ dix ans à décanter, les dix ans qui séparent le départ de De Gaulle de l'arrivée de Margaret Thatcher au pouvoir en Grande-Bretagne, avant Ronald Reagan aux États-Unis l'année suivante. Mais le point d'inflexion de la courbe est atteint. L'économie dirigée n'est plus le *nec plus ultra* des sociétés occidentales. Et, par ailleurs, la politique de grandeur n'est plus d'actualité. On le voit à la façon dont est reçue la fameuse envolée gaullienne sur le Québec libre ! L'idée de grandeur nationale ne passe plus, le contexte international a changé avec la détente et la vie des sociétés porte dans une autre direction.

Mais sur le plan international, la politique de grandeur aurait pu contribuer à l'émergence d'une troisième force européenne, entre les deux grands, sur un mode que de Gaulle avait défini de façon claire dans une lettre à Paul Reynaud en 1958 : « On peut voir l'Europe et peut-être la faire de deux façons : l'intégration par le supranational ou la coopération des États et des nations. C'est à la deuxième que j'adhère. » Cette coopération des États-nations, la France aurait pu en prendre la tête avec lui. Le rôle qu'il voulait faire jouer à la France, il aurait pu le faire jouer à l'Europe. Pourquoi cela lui a-t-il été refusé ?

« Refusé » n'est pas le mot. De Gaulle a eu un moment de crédibilité auprès de ses partenaires européens, au tout début de son retour, et cela a coïncidé avec la cristallisation du projet européen : si le traité de Rome a été signé juste avant son retour au pouvoir, la réconciliation franco-allemande s'effectue véritablement sous son impulsion. Mais en dépit de cette faveur inaugurale qui devait beaucoup à l'anticommunisme, les Européens n'ont absolument pas cru au projet gaullien. Parce que la majorité d'entre eux trouvaient beaucoup plus facile de déléguer la défense de l'Europe aux Américains et parce que la France ne leur semblait pas faire le poids par rapport à la puissance modèle que constituaient les États-Unis. La France joue un rôle stratégique et politique qu'on peut trouver sympathique, mais en aucun cas elle ne peut s'égaler à cette superpuissance devenue, qui plus est, un modèle culturel que les élites européennes découvrent et adoptent dans les années 1950 et 1960. La conversion américaine des élites européennes est un grand phénomène d'histoire culturelle.

C'est le syndrome JJSS !

Exactement ! Comparez *France Observateur* et *L'Express*, c'est éloquent : le premier fait ringard, le second est déjà aligné sur le modèle des « *news* ». À ce moment-là, se met en place ce que l'on peut considérer comme une aliénation culturelle des élites européennes aux États-Unis, ce qui rendait très peu plausible le modèle d'une Europe indépendante qui eût été de fait dépendante de la force nucléaire française autour de laquelle elle se serait organisée militairement et stratégiquement. Plus le temps passe, plus le projet gaullien de la grandeur perd de sa plausibilité à l'échelle européenne. Ce que Pompidou ratifiera en faisant entrer le Royaume-Uni dans la Communauté européenne : ce fut l'acte de décès de la politique de grandeur française. L'Europe ne peut plus être cette troisième voie indépendante entre les États-Unis et l'URSS qu'imaginait de Gaulle.

L'Europe ne peut plus être une troisième voie, ou ne veut plus l'être ? Une chose est frappante dans les Mémoires de Henry Kissinger : à l'époque les États-Unis prennent très au sérieux les discours d'indépendance stratégique de De Gaulle. Cette indépendance relative n'était-elle pas viable ?

Elle était alors possible, mais à une condition, qui n'était pas au rendez-vous : que les Européens placent l'élément politico-stratégique au premier rang de leurs préoccupations. Si cela avait été la priorité des priorités, le projet gaullien était à la rigueur imaginable. Mais considérons les Six au moment où cette éventualité se présente. L'Allemagne est peu libre de ses mouvements à cause de son passé, et sa division la rive à la seule puissance en mesure de faire face à l'Union soviétique. Les autres ? Le Luxembourg, la Belgique, les Pays-Bas ? Ce n'est pas avec ces petits pays que le projet de défense peut se construire. Quant aux Italiens, l'Europe représente pour eux avant tout une perspective de modernisation économique et sociale. C'est dire que les forces objectives qui auraient pu pousser dans le sens gaullien n'étaient pas au rendez-vous. La France était seule dans ce dessein, comme des adversaires lucides de De Gaulle n'ont pas manqué de le faire valoir. Encore les Français eux-mêmes, un temps épris de cette vision, ont-ils fini par s'en détourner. Les bases intérieures sur lesquelles s'est construite la réussite gaullienne se sont vite effritées. De Gaulle avait contre lui le mouvement de l'Histoire.

Outre le mouvement de l'Histoire, il y avait donc ce vide successoral qu'il avait lui-même négligé et qui s'est traduit d'abord par l'élection de ce personnage singulier, sympathique, mais peu gaulliste, qu'est Georges Pompidou, puis, après le grand moment de cafouillage de l'élection présidentielle de 1974 (avec la candidature de Pierre Messmer, vrai gaulliste historique, qui n'aboutit pas et la tentative ratée de Jacques Chaban-Delmas), par la victoire de Valéry Giscard d'Estaing. Le gaullisme était soldé en quelques années alors qu'aujourd'hui, quarante ans après, règne en France une « gaullomania » aussi consensuelle qu'énigmatique, dont l'avant-garde est d'ailleurs formée par ceux qui furent dans leur jeunesse des antigaullistes déchaînés. Le personnage de Régis Debray est à cet égard emblématique. Quelle signification donnez-vous à ce gaullisme de rattrapage ? N'est-il pas un peu comme le catholicisme d'aujourd'hui, avant tout esthétique, sans consistance ni exigences réelles ?

Pierre Nora en a fait l'historique dans son article très convaincant des *Lieux de mémoire*, « Gaullistes et communistes ». Cette « gaullomania » doit beaucoup au passage à gauche de De Gaulle, passage lui-même favorisé par sa biographisation. L'événement clé est probablement la biographie en trois gros volumes de Jean Lacouture, monument à la gloire de De Gaulle assez inattendu de la part d'un homme très engagé à gauche, et d'une gauche particulièrement exigeante. Ces biographies — d'autres ont suivi celle de Lacouture — ont eu pour effet de montrer la complexité du personnage au-delà du cliché du vieillard un peu gâteux qui fait des phrases. Le phénomène se met en place dès les années 1970 et n'a cessé de s'amplifier depuis. L'autre élément déterminant est l'adoption par François Mitterrand de la Constitution de 1962 qu'il avait dénoncée et qualifiée de *coup d'État permanent* dans son livre publié en 1964. Jusque-là, de Gaulle était pour Mitterrand et pour une grande partie de la gauche un factieux qui tenait des colonels grecs et du général Franco. Le fait que Mitterrand se coule dans les institutions de la Ve République après en avoir été l'adversaire numéro un, le fait, aussi, que ces institutions permettent finalement l'alternance, représentent un tournant : la victoire de la gauche en 1981 dans les institutions fondées par de Gaulle a entraîné la naturalisation politique définitive de l'épisode gaulliste.

Vous parliez de « gaullisme esthétique ». Ce qui est sûr, c'est qu'il n'est pas politique ! Il n'implique aucune doctrine, aucune vision de ce que pourrait être la politique française aujourd'hui. J'y vois surtout un phénomène de deuil. C'est la nostalgie d'une France qui ne peut plus exister, qui découvre rétrospectivement qu'elle a connu avec de Gaulle un moment de réussite hors norme, qu'il s'agissait d'un homme dont la langue et le style étaient exceptionnels et qui concevait la politique comme une foi dans un projet à grande échelle. Quoi qu'on pût penser de ce dessein, la politique devenait avec lui l'art de dépasser la petitesse des acteurs dans le service d'une cause qui n'appartient à aucun d'eux. Cela ne se rencontre pas tous les jours.

Parmi les raisons de cette gaullomania, ne faut-il pas voir aussi l'effet retour de l'échec du rêve socialiste des années 1990 ? Le premier mandat de Mitterrand marque le deuil du grand projet alternatif ; le second consacre le retour aux manigances et à la politique politicienne. Par contraste, le règne de De Gaulle et le souvenir des années 1960 détonnent !

Cela achève évidemment de faire ressortir la rupture entre le présent et le passé, avec une forme de remords. Je prononçais il y a un instant le mot de « deuil » : il y a dans la gaullomania le sentiment d'être passé à côté d'un personnage de première grandeur, avec une forme d'injustice à son égard. Le deuil d'une occasion ratée, qui à la fois a marqué profondément le pays et n'a pas porté tous ses fruits.

Est-ce de la nostalgie de penser qu'il avait une façon de faire très particulière avec les divisions et les contradictions françaises, qu'il donnait l'impression de transcender ou de dépasser : l'avenir et le passé, la tradition et le progrès, les élites et le peuple, la ville et la campagne, la droite et la gauche... ? Com-

ment s'y prenait-il ? Y a-t-il une méthode gaulliste encore valable pour les politiques d'aujourd'hui ?

Une « méthode », j'en doute. Une démarche, peut-être. À dire vrai, c'est celle de tous les grands politiques, chez lesquels la politique prend sa noblesse de service désintéressé d'une idée, et d'une idée où toutes les composantes de la collectivité trouvent leur place. De Gaulle me semble avoir été l'homme d'un moment historique. Il a saisi intuitivement que l'heure était venue d'en finir avec la guerre entre l'Ancien Régime et la Révolution qui divisait la France depuis 1789. Les circonstances s'y prêtaient. Il a mené la tâche à bien, en mettant ensemble l'autorité de l'État et la légitimité démocratique, l'incarnation monarchique et l'impersonnalité républicaine, le dynamisme économique et l'identité historique du pays, les bourgeois et les prolétaires. D'une manière ou d'une autre, vous avez raison, chaque groupe, chaque famille de pensée y a trouvé son compte. Maintenant, c'est fait, la situation ne sera plus jamais la même. Mais si nous avions sous la main une personnalité en mesure de résoudre avec la même maestria l'équation de notre présent, entièrement différente à tous égards, nous aurions tort de nous en priver.

Chapitre IV

LES ANNÉES DE CRISE

Le gaullisme, sans successeur et trahi par la droite, a été d'autant plus vite soldé que deux événements, l'un brutal, l'autre à mèche lente, ont occupé la scène française des années 1970 peu après le départ du Général : une crise énergétique soudaine liée à la guerre du Kippour et l'accélération de la vague d'individualisation post-68.

Le choc économique a été spectaculaire et a provoqué des réorientations politiques immédiates par rapport à ce qu'était la haute croissance des années antérieures. N'oublions pas que le moment de plus haute croissance, en France, est la période 1968-1974 : le pays a alors une avance en points de croissance telle que certains analystes pronostiquent qu'il sera d'ici l'an 2000 la troisième puissance économique mondiale, après les États-Unis et le Japon ! Parallèlement, on assiste à une transformation sociale majeure, dont la meilleure qualification a été proposée par un spécialiste américain des mouvements d'opinion, Ronald Inglehart, qui parle à son propos de « révolution silencieuse » dans un ouvrage publié en 1977 (*The Silent Revolution*). De cette révolution silencieuse, il donne une vue un peu réductrice à mon sens, compte tenu de la grille d'analyse qui est la sienne, en la ramenant à l'arrivée du postmatérialisme, opposé au matérialisme des générations de l'après-guerre, élevées dans une relative pauvreté et qui ont découvert l'abondance et inventé la consommation. Selon lui, les nouvelles générations qui font irruption dans les années 1960 mettent, au contraire, l'accent sur d'autres valeurs, individuelles, centrées sur l'accomplissement personnel. Ce n'est pas faux, et c'est remarquable de l'avoir diagnostiqué si tôt, mais le phénomène a des racines autrement profondes.

Comment ces deux mouvements se sont-ils articulés ?

Ils ont cheminé de conserve. Les deux évolutions, l'évolution économique et l'évolution sociale, ont été parallèles et je pense même qu'il faut aller plus loin en les unissant. Car ce qui se déclare d'abord comme un choc économico-énergétique va en fait provoquer une réorientation générale de la marche des sociétés, réorientation dont la France, à ce jour, ne s'est toujours pas accommodée, même si elle a été contrainte de s'y adapter par la force des choses. Mais cette réorientation a tellement mis en question ses repères et ses modèles qu'elle est encore en train aujourd'hui de digérer l'événement.

Après la guerre du Kippour de 1973, les pays arabes producteurs de pétrole poussent l'OPEP à décider un quadruplement du prix du brut pour riposter à la solidarité des pays occidentaux à l'égard d'Israël. C'est vraiment l'événement qui a tout changé. Car toutes les prévisions de croissance antérieures tablaient sur une relative stabilité des prix de l'énergie. De proche en proche, les réactions d'adaptation des pays occidentaux vont provoquer une mutation complète des sociétés. Je suis tenté de penser, avec plusieurs analystes, que ce choc, répété en 1979 au moment de la crise iranienne, va en fait accélérer une mutation profonde bien que peu visible qui était déjà engagée et qu'on peut considérer de deux manières.

D'un point de vue géo-économique, cette crise marque l'entrée dans la mondialisation : ce qu'elle a de significatif, c'est le surgissement d'un groupe nouveau de pays qui échappent à la tutelle occidentale et prennent conscience de leur force. Outre les producteurs de pétrole, ce moment marque l'irruption d'une nouvelle puissance économique, le Japon, qui surprend par ses méthodes industrielles, la rapidité de sa croissance, sa capacité à produire et à exporter un type d'objets dont la place dans la société de consommation va être décisive. Je pense notamment, bien entendu, à l'audiovisuel et à l'électronique. Le Japon sera d'ailleurs tout de suite suivi par ce qu'on appellera les « dragons asiatiques » : Taïwan, la Corée du Sud, Singapour, etc. C'est bien le début de la mondialisation.

Sur le plan idéologique, c'est le moment de basculement qui va conduire à la décomposition de la galaxie socialiste dans l'ensemble de ses composantes, et amener, à peine quelques années plus tard, le règne du néolibéralisme. Mondialisation et néolibéralisme allant très bien ensemble puisque le commerce passe au premier plan, ce qui constitue un problème pour la société française : face au renchérissement de l'énergie, la solution pour rééquilibrer la balance des paiements est en effet de renforcer les exportations. C'est à ce moment qu'on voit apparaître les nouveaux mots d'ordre de « compétitivité » et d'« attractivité ». Une nouvelle conception du fonctionnement économique s'installe, qui prend à revers le modèle colbertiste français.

Avec quels effets ?

Alors que nous étions dans des économies que les économistes appellent « à développement autocentré », où l'essentiel était l'adéquation de l'appareil de production à la demande intérieure — même si le commerce international avait continûment crû depuis la fin de la guerre —, nous passons dans des économies excentrées où l'orientation vers le dehors, vers la performance concurrentielle, devient un critère déterminant. Pour vendre de mieux en mieux, il faut concevoir des produits innovants, il faut développer le marketing, de sorte qu'on voit apparaître une série d'acteurs qui n'avaient qu'un rôle secondaire auparavant : en amont, ceux qui s'occupent de la conception de nouveaux produits, en aval les publicitaires. C'est un tout nouveau modèle qui prend immédiatement à revers la philosophie économique des grands projets à la française. Le consommateur mondial devient le partenaire privilégié de cette économie nouvelle.

En outre, la hausse considérable du prix du pétrole entraîne une nouvelle exigence : le recyclage des pétrodollars, qui va à son tour entraîner une mutation de la finance. C'est de ce moment que date en particulier l'essor immense de la finance off-shore : le besoin est né d'instruments financiers capables d'optimiser ces capitaux gigantesques à la recherche du meilleur placement. Ajoutons à cela qu'entre-temps les États-Unis avaient pris la décision de découpler le dollar de l'or, en 1971, puis, en 1973, de le faire flotter. C'est la source pour les entreprises d'un redoutable risque de change entre les monnaies. Commence le règne des « produits dérivés » conçus pour couvrir ce risque, dont la saga va croître et embellir jusqu'à aujourd'hui. En quelques années s'installent donc tous les éléments d'une transformation profonde des économies et des sociétés, sans qu'on s'aperçoive tout de suite de l'étendue de ses conséquences. Celles-ci vont se révéler particulièrement lourdes pour la France. Elle est prise à revers, en fait, par cette réorientation imprévue à laquelle elle va avoir beaucoup de peine à s'ajuster. On peut même dire qu'à ce jour le problème qu'elle lui a posé et qui n'a cessé de s'amplifier n'est toujours pas surmonté.

Vous dites qu'on entre dans la mondialisation avec la crise de 1973. Ne faut-il pas plutôt dire qu'on change les termes de la mondialisation, car, si les économies se sont montrées si fragiles devant la crise énergétique, c'est bien parce qu'elles étaient déjà mondialisées par leur dépendance énergétique : le fantastique essor des années 1968-1974 reposait en fait sur une énergie sous-payée qui venait du monde extérieur. Se rend-on compte, lorsque la crise de 1973 éclate, à quel point l'énergie était auparavant sous-payée ? Ou bien croit-on seulement que l'on est victime de potentats bénis des dieux parce qu'ils ont de l'or noir sous les pieds ?

Il y avait bien depuis les années 1950 ou 1960 un mouvement critique influent qui dénonçait l'exploitation du tiers-monde — l'« impérialisme », comme on disait à l'époque, en bon langage léniniste. Un des livres cultes sur ce thème est alors *Le Pillage du tiers-monde* de l'économiste Pierre Jalée. Mais l'interprétation économique qui tenait le haut du pavé raisonnait en termes de *marché* : la capacité de production d'énergie est telle que le prix est naturellement bas. On vivait sur l'idée d'une énergie inépuisable. La hausse soudaine du prix du pétrole a donc plutôt été interprétée comme l'irruption d'un rapport de forces nouveau remettant en cause le présupposé sur lequel reposait l'analyse en termes d'impérialisme, à savoir la fatalité de la domination des métropoles occidentales. Nous sommes à la fin de la guerre du Vietnam, l'impuissance américaine donne à penser, et s'installe insensiblement une nouvelle perception de l'espace politique planétaire à base d'égalité entre les partenaires. C'est ni plus ni moins le triomphe final du principe des nationalités, étendu au globe entier par la décolonisation. Après tout, une des réactions possibles à cette crise aurait pu être un surcroît d'impérialisme : envoyer des troupes dans les pays arabes concernés, déboulonner le roi d'Arabie saoudite et quelques autres potentats locaux, comme cela avait été fait avec l'Iran en 1953. En 1973, c'est exclu.

Pourquoi ?

En raison du caractère *politique* de la mondialisation. L'âge de l'impérialisme est bel et bien terminé. La défaite des États-Unis au Vietnam, consommée en 1975 de la plus humiliante des façons, est à cet égard exemplaire : la plus grande puissance du monde est mise en échec par un petit pays. L'événement comporte une leçon politique qui va faire époque. Le contexte a irrévocablement changé, personne ne peut plus l'ignorer. Il est vrai qu'un autre facteur a considérablement aidé à faire passer la pilule sur l'instant : le recyclage des pétrodollars. L'idée était que l'excédent induit par la nouvelle manne pétrolière allait être, via les banques occidentales, réinvesti dans les pays en développement qui trouveraient ainsi les capitaux dont ils avaient besoin pour croître. Cette thèse satisfaisait tout le monde : la gauche, qui ne pouvait que se réjouir de cette perspective pour les pays en voie de développement, et la droite, qui voyait dans cette nouvelle gestion une occasion d'élargir les marchés extérieurs et de garder la main sur le processus. La situation pouvait ainsi apparaître comme un moment difficile à passer mais susceptible de déboucher sur une prospérité accrue. La surprise du choc énergétique a donc été vite encaissée sans que soit prise la mesure de ses conséquences à plus long terme, parce que les élites dirigeantes occidentales étaient convaincues d'avoir les moyens d'encadrer le changement.

À vous entendre, le cours pris par les événements — l'économie se tournant vers l'extérieur et les exportations, la finance se développant — était inéluctable. N'y avait-il pas d'autres possibilités ? Avant la crise s'était développé un fort courant prônant une alternative hors de la croissance et de la consommation, qui rassemblait sur une ligne voisine des acteurs très divers, qu'il s'agisse de soixante-huitards dans la mouvance de Charlie Hebdo, *de* L'An 01 *(« On s'arrête, on réfléchit et c'est pas triste »), d'intellectuels fort prisés à gauche, comme Ivan Illich et André Gorz, ou de parfaits technocrates bruxellois comme les nombreux experts économiques, scientifiques et politiques du Club de Rome dont il faut relire le très lucide rapport publié en 1972,* Les Limites de la croissance, *qui prévoyait que si rien n'était envisagé la croissance s'effondrerait en Europe dans la première décennie du XXIe siècle... L'idée de développement durable est née à cette époque. Une autre réaction à la crise de 1973 aurait donc pu consister à refuser le racket des producteurs de pétrole en choisissant la transition vers une autre société dont Mai 68* *montrait la voie. Pourquoi cette hypothèse n'a-t-elle pas prospéré ?*

La vérité est qu'il était de bon ton de fustiger la croissance tout le temps qu'elle marchait toute seule. Quand elle est venue à manquer, changement de disque, elle n'a pas tardé à se révéler irremplaçable, ne serait-ce que pour compenser les dégâts sociaux créés par la crise et le chômage. Le fait est, s'il y a eu quelques voix pour essayer de tracer un autre chemin, celles que vous évoquez et d'autres encore — René Dumont par exemple, le premier candidat écologiste à l'élection présidentielle française de 1974 —, elles ont globalement prêché dans le désert, même quand elles étaient applaudies. Il faut honnêtement dire que ces plaidoyers sympathiques n'étaient pas à la hauteur de la tâche, qui est herculéenne, nous sommes bien placés pour le savoir quarante ans après. Ce « système » que tout le monde est prompt à dénoncer possède une force d'attraction à laquelle il est diaboliquement difficile d'échapper. Nous le constatons tous les jours : ses pires ennemis mettent très rarement leurs actes en accord avec leurs paroles, tant ses séductions sont irrésistibles. À se demander si nous serons vraiment capables de le maîtriser.

Ne sous-estimez-vous pas la particularité de la réaction française, quand vous dites que le règne de l'économie va l'emporter tant sur les rêveries gauchistes que sur les projets d'action publique colbertiste ? Deux exceptions — l'une pour le meilleur, l'autre pour le pire — doivent quand même être rappelées. Pour le meilleur : ce surgeon gaulliste qu'est le plan Messmer de 1974 d'investissement dans la production d'énergie nucléaire, exception française et grande réussite. Pour le pire : le traitement social du chômage par l'État-providence et l'endettement public, qui commencent à ce moment-là...

J'ai essayé de montrer le caractère général et systémique de ce qui se passe dans les années 1970 et qui embarque le monde occidental dans son ensemble. Mais des spécificités existent évidemment. La France, en particulier, vit sur son acquis. Elle avait depuis longtemps une ambition nucléaire civile importante. Ambition qui va se révéler très opportune dans le contexte de la crise pétrolière : dans le plus pur style gaullien, la réponse française va être le plan d'équipement nucléaire, qui constituera un atout décisif dans la période qui va suivre. Il faut d'ailleurs comprendre que c'est parce que la nouvelle situation de concurrence généralisée donne un rôle fort à l'État que la réorientation française se produit sans rupture violente. À ceci près que l'État n'est plus désormais le *pilote de l'économie*, mais le *garant de la compétitivité* du pays. Rôle non moins important que le précédent, ne serait-ce qu'en termes d'infrastructures. Pour la technocratie française, la rupture n'a pas été si radicale que cela, c'est aussi pour ce motif que la profondeur de la crise n'a pas été appréciée sur le moment.

Quant à l'État-providence, il constitue l'instrument idoine pour accompagner une transition douloureuse mais que la conviction générale tient pour brève : c'est un mauvais moment à passer et, comme on dit alors, « la reprise est au bout du tunnel ». C'est d'ailleurs dans ces années que l'État social mis en place au lendemain de la guerre prend sa configuration définitive. La conviction de Valéry Giscard d'Estaing était que dans les temps difficiles que traversait le pays, il convenait de se montrer généreux à l'égard des plus touchés. Cette illusion d'une simple période d'adaptation a dissimulé l'ampleur de la question du chômage.

Le bilan historique du septennat de Valéry Giscard d'Estaing est particulier et traduit une rupture politique dans l'exercice du pouvoir. Ce président de droite fait face à la crise et y répond par le traitement social qu'on connaît, mais on peut le considérer aussi comme l'inventeur de la politique « sociétale », avec la légalisation de l'avortement, la majorité à 18 ans, l'égalité des femmes, la réforme du divorce et de la contraception. Comment interprétez-vous cette rupture ?

Elle n'est pas perçue comme telle sur le moment pour la bonne raison que Giscard se sert pour justifier sa politique du mot qui était déjà le mot magique de la technocratie des années antérieures : *modernisation*. Mais en raison de la génération à laquelle il appartient, il comprend tout de suite que la modernisation à la Pompidou ne suffit plus. Il est de son temps, et par exemple extrêmement sensible aux problèmes posés par la condition féminine. D'ailleurs, il va recueillir dans un premier temps un assentiment qui va très au-delà de son camp de droite. Sur ce terrain également, le sentiment commun est celui de la continuité avec la période antérieure. On a coutume de dire à l'époque que de Gaulle et Pompidou ont modernisé la France sur le plan industriel mais qu'ils n'en ont pas tiré les conséquences sur le plan des mœurs. Giscard comble cette lacune. C'est le même développement qui se poursuit sans remettre en cause quoi que ce soit de fondamental.

La gauche a plus de mal à s'adapter à la nouvelle situation issue de la crise.

Ce sont, du point de vue idéologique, des années de transition et de confusion qui l'affectent particulièrement. Aussi sa situation est-elle difficile à décrire. En apparence, l'hégémonie du Parti communiste est toujours solidement installée. Il a trouvé en Georges Marchais un patron qui tient la vedette dans les médias. Le nouveau Parti socialiste, né en 1971 sur les décombres de la SFIO, et que Mitterrand rassemble tant bien que mal, ne représente au départ pas grand-chose. Quand il signe un programme commun avec les communistes, il fait figure d'otage de ceux-ci. Cela n'empêchera pas Mitterrand d'obtenir un très beau score à l'élection présidentielle de 1974 : il perd de justesse face à Giscard. Mais en profondeur, la société française change. L'influence communiste s'effrite. Elle recule, chose remarquable, concomitamment à celle de l'Église catholique. La décennie 70 verra le délitement de ces deux forces structurantes de la société française au travers desquelles se prorogeaient les grandes ombres de l'Ancien Régime et de la Révolution. La génération gauchiste issue de 68, de son côté, revenue de son rêve du Grand Soir et décidément allergique au communisme, se tourne finalement vers le Parti socialiste, avec d'autant plus de facilité que celui-ci s'affiche fièrement marxiste et répudie les compromissions sociales-démocrates. La désagrégation du bloc catholique lui amène des troupes fraîches. Le rapport de force bascule souterrainement. Et par-dessus tout, enfin, la crise sert la gauche. Ce n'est pas qu'elle ait des solutions lumineuses à faire valoir : elle ne comprend rien à ce qui se passe. Mais, sur fond d'inquiétude collective, la véhémence dans la dénonciation fait recette.

Malgré cela, comment a-t-elle pris le pas sur la droite dans la seconde moitié des années 1970, jusqu'à la victoire de François Mitterrand en 1981 ?

Je ne vous apprends rien, la compétition politique en démocratie ne débouche pas nécessairement sur le sacre des idées justes ! L'observation est importante, en la circonstance, parce qu'elle constitue à certains égards la clé de la situation dans laquelle nous sommes encore. La gauche, communistes et socialistes unis là-dessus, campe sur un pur et simple refus de la notion de crise, considérée comme une invention de la propagande bourgeoise destinée à pressurer les masses laborieuses. Le plein emploi est à portée de la main, s'évertue-t-elle à répéter, et ce sont seulement les politiques malthusiennes de la droite veillant aux intérêts du grand capital qui le rendent impossible.

Il y a bien eu une tentation — elle est claire chez Marchais — de réagir à la crise par une politique de relative fermeture nationale, avec la fameuse injonction : « Produisons français ! ». Mais ce mot d'ordre est d'emblée rejeté, y compris à gauche, y compris à l'intérieur du Parti communiste. Car la gauche a été depuis le départ désarmée face à cette crise qu'elle niait, et prise au piège face à une donnée — la mondialisation du marché — devant laquelle elle ne pouvait que s'incliner en raison de sa philosophie : elle est résolument favorable à l'ouverture internationale. La gauche française est internationaliste par définition. Elle ne peut ni dénoncer les producteurs arabes de pétrole, puisque ces pays sont des victimes de l'impérialisme occidental, ni s'en prendre aux ouvriers japonais qui sortent de la misère grâce à leur travail. L'ouverture généralisée des économies est une nouveauté à laquelle la gauche ne peut pas s'opposer. Elle est condamnée à épouser cette donne nouvelle de la mondialisation, avec tout ce que celle-ci implique : la concurrence, la compétitivité. Elle va ainsi se trouver dans une situation schizophrénique : elle est contre les conséquences mais pour la cause ! On verra les effets à terme. En attendant, sa protestation contre les conséquences paie face à Giscard.

Mais la victoire de François Mitterrand ne s'explique-t-elle pas aussi par le rejet du personnage Giscard et sa fin de règne versaillaise, que l'on a oubliée, alors que perdure le souvenir de ses deux premières années flamboyantes de sociétal-libéralisme ?

Il est sûr qu'il y a dans cette victoire historique pour la gauche une part de contingence considérable. D'abord, vous avez raison, Giscard s'est décrédibilisé tout seul. Son personnage prend le pas sur sa politique. Il est étrange qu'un homme aussi averti que lui des problèmes de communication n'ait pas vu combien le style personnel de parvenu ridicule qu'il en était venu à incarner suscitait le rejet d'une bonne partie de la société française jusque dans son propre camp. Autre contingence : la chute inattendue du Parti communiste. Marchais fait seulement 15 % au premier tour, 5 points de moins en gros que les candidats communistes depuis la guerre. Si Marchais avait atteint ne serait-ce que 18 %, Mitterrand n'était pas élu. Troisième élément contingent : la trahison de Chirac. Son calcul est simple : en contribuant à mener Mitterrand au pouvoir, il pense se dégager la voie pour l'élection suivante. On sait maintenant qu'il a activement fait voter pour Mitterrand en 1981. Pour toutes ces raisons, je ne crois pas qu'il faille présenter l'élection de Mitterrand en 1981 comme la conséquence d'une montée irrépressible de la gauche. S'il n'a pas gagné par hasard, évidemment, il a bénéficié tout de même d'une conjoncture imprévisible.

Il n'empêche que sa victoire traduit le trouble de la société française face à ce qu'elle commence à percevoir comme une mutation économique irréversible et la tentation du déni qui l'habite. Les Français entrevoient l'étendue de la remise en question qui s'annonce et ils attendent de Mitterrand qu'il les ramène à des voies éprouvées, avec les bonnes vieilles recettes qui avaient fait merveille à la Libération, nationalisations en tête. Ils ont voté délibérément à contre-courant de l'évolution générale dont la timide libéralisation giscardienne leur avait donné un avant-goût. Car il faut rappeler quelques faits décisifs : mai 1979, Margaret Thatcher gagne les élections en Grande-Bretagne ; novembre 1980, Ronald Reagan est élu président des États-Unis et prend ses fonctions en janvier 1981, cinq mois avant les élections françaises. Le monde occidental entier entre pour de bon dans l'ère néolibérale avec cette traduction politique de la réorientation idéologique amorcée depuis 1973-1974. Ce n'est pas pour rien qu'un esprit aussi avisé des changements de l'air du temps que Michel Foucault a consacré son cours du Collège de France de 1979-1980 au néolibéralisme. C'est cette évolution qu'une partie de l'opinion française rejette, rejet qui va très au-delà de la gauche communisante. Je pense en particulier à la gauche d'origine catholique, qui devient dans ces années une force vraiment significative. De bons catholiques, bien peu révolutionnaires, vont voter Mitterrand parce que la loi de l'argent qui commence à régner sans partage leur est insupportable. L'élection de Mitterrand exprime la réaction de la société française à la marche d'un monde qu'elle récuse.

Supposons que Georges Marchais ait fait 20 % au premier tour, et que Giscard ait été réélu. Que se serait-il passé, pour autant que l'on puisse jouer à la politique-fiction ?

Je pense que les Français seraient entrés d'une manière plus pacifiée dans ce monde néolibéral à propos duquel Mitterrand va leur faire un enfant dans le dos ! Un deuxième septennat de Giscard aurait probablement négocié le tournant d'une manière plus mesurée et, au total, plus « française », avec un sens beaucoup plus aigu des équilibres par rapport à l'histoire de France. Le paradoxe est là : la droite aurait sans doute été moins brutale que ne l'a été la gauche mitterrandienne. Contre toute attente, Mitterrand aura été le Président par lequel sera passée la libéralisation de la société française que Giscard aura échoué à opérer. C'est une belle illustration du principe de la ruse de la raison !

Chapitre V

LA FRANCE CHANGÉE PAR MITTERRAND (ET IMPOSÉE À SES SUCCESSEURS)

À rebours du légendaire de la gauche française, vous nous avez dit que l'élection présidentielle de 1981 a plus été perdue par Valéry Giscard d'Estaing que gagnée par François Mitterrand. Comment expliquez-vous cette victoire alors que la situation idéologique de l'époque était plus favorable à la droite et que la gauche semblait affectée par ses négociations difficiles avec le Parti communiste pour un « Programme commun de gouvernement » ?

François Mitterrand a eu beaucoup de chance, mais il a su remarquablement orchestrer les éléments de l'équation qui était la sienne. On ne peut pas lui dénier une très grande habileté dans la gestion de la décennie qui va de la création du Parti socialiste d'Épinay en 1971 jusqu'à la victoire de 1981. Il y a quelque chose d'étonnant dans la manière dont cet homme, avec ses origines et son passé politique, a pu à ce point épouser un air du temps qui lui ressemblait aussi peu *a priori*. Car Mitterrand, c'est avant tout ce talent-là : une grande capacité à surfer sur les tendances de l'opinion et les utiliser à son profit sans se trouver disqualifié par les faits pouvant jouer contre lui. Il comprend la vague issue de Mai 68 au moment où le gauchisme reflue et où une partie de l'espérance confuse née de l'événement se convertit en pragmatisme politique. Le nombre d'anciens militants gauchistes qu'il parvient à rassembler dans le Parti socialiste — militants dont ce n'était pas la destination évidente — témoigne de sa compréhension de l'évolution en cours. Souvenez-vous de l'horreur qu'avait provoquée en 1965 sa candidature à l'élection présidentielle dans les groupuscules gauchistes ! Il réussit à faire oublier tout cela, accomplissant la prouesse de fabriquer un arc idéologique allant de Pierre Mauroy à Jean-Pierre Chevènement, élaborant le « Programme commun » avec les communistes sans se brûler complètement auprès de l'opinion modérée, conservant une image de bon démocrate alors qu'il s'allie avec le diable du point de vue d'une partie de sa clientèle. Il parvient ensuite à renverser le rapport de force avec les communistes, l'air du temps antitotalitaire le servant évidemment beaucoup. Et il absorbe le choc Rocard, qui était pourtant de nature à le déstabiliser profondément parce que la vogue idéologique de la fin des années 1970, avec l'autogestion et la CFDT — la gauche du *Nouvel Observateur* —, allait bien davantage vers ce que représentait Rocard que vers Mitterrand, rescapé des aventures que l'on sait et enkysté malgré tout dans une gauche doctrinalement rigide.

Une fois au pouvoir, cette habileté ne se démentira pas et il parviendra à occuper une position de surplomb dans le champ politique dont le seul autre exemple est celui de De Gaulle. Sa force et sa réussite sont d'avoir été l'homme de l'alternance. Cela restera le grand acquis de Mitterrand, quoi qu'on pense du reste : par l'alternance, il a achevé l'œuvre de De Gaulle et fait entrer la gauche dans les institutions de la Ve République, créant les conditions d'une vie politique normale en France. Peut-être, après tout, l'explication de sa victoire de 81 tient-elle d'abord à cela : le besoin d'alternance. Cette alternance s'est faite à son bénéfice : il a récupéré les institutions de la Ve République, les a fait avaler à un parti qui les vomissait depuis toujours, lui en tête, et les a utilisées dans un sens beaucoup plus personnel que ne l'avait jamais fait de Gaulle !

C'est une première trahison : son rejet des institutions de la Ve République était aussi ancien que celles-ci et s'il y a une chose à laquelle il fut fidèle, avant 1981, c'est bien à cette détestation, depuis son livre Le Coup d'État permanent *qui plaçait presque la Constitution gaulliste de 1958 hors de la démocratie. Ce cynisme laisse rêveur : comment a-t-il pu faire gober cette volte-face aussi facilement ?*

Il me semble plutôt qu'en fidèle observateur des tendances du temps, il a senti que les gens, même à gauche, ne lui demandaient pas la réforme constitutionnelle qu'il aurait été logique de proposer. Surtout pas à gauche, d'ailleurs : la légitimité ainsi conférée au président de la République, dans le contexte, était le rempart idéal. La gauche était d'autant plus prête à se rallier à ces institutions qu'elles garantissaient l'exercice de son pouvoir. Il est difficile de renverser un président de la République élu au suffrage universel ! Cela veut dire en réalité que ces institutions s'étaient déjà naturalisées. L'élection de Mitterrand a simplement achevé le travail. N'oublions pas que l'un des principaux arguments invoqués contre elles à gauche était qu'elles étaient faites pour empêcher la gauche d'accéder au pouvoir ! C'était l'un des arguments invoqués par Mendès France en 1958 contre la nouvelle Constitution. En 1981, preuve est faite que la gauche peut gagner une élection au suffrage universel.

En votant pour François Mitterrand, quelle conscience ses électeurs avaient-ils du fait qu'il ne croyait pas le moins du monde au « Programme commun », qu'il se vantait en petit cercle de ne pas avoir lu ?

Rien n'est jamais clair, quand il s'agit de Mitterrand ! Nous entrons avec lui dans une zone de brouillard épais. Son profil n'était pas celui d'un dictateur et il ne donnait pas l'impression — à tort — d'une personne autoritaire. Il avait au contraire un côté très parlementaire, de bourgeois solidement assis, de notable tranquille. De Gaulle était obligé de se justifier en demandant : « Pourquoi voulez-vous qu'à soixante-sept ans je commence une carrière de dictateur ? », tandis que personne ne voyait Mitterrand faire un coup d'État. Son passé, à cet égard, jouait pour lui : son ancrage solide dans le parlementarisme de la IVe République contribuait à donner le sentiment qu'il n'était pas un homme d'aventures. Son intervention déterminée, en 1983, contre le déploiement des missiles soviétiques en Europe de l'Est, l'un de ses actes politiques les plus importants, achèvera de le ranger sans équivoque dans le camp des démocraties libérales. Il s'est incontestablement montré à la hauteur d'une alternance que la présence des communistes, même diminuée, rendait difficile.

Quant au Programme commun avec lequel il arrive au pouvoir, c'est en fait un remake de la Libération. Mitterrand est un homme de l'image et de la mobilisation de la mémoire, ne l'oublions pas. Cela donnera notamment le fameux cortège inaugural au Panthéon. Le Programme commun renoue délibérément avec l'action du général de Gaulle en 1945. Avec, comme pièce maîtresse, le programme de nationalisations destiné à remettre enfin les principaux leviers de l'économie sous le contrôle de la nation. Le reste est à l'avenant, une sorte de refondation de ce grand moment de la Libération, avec une assimilation tacite de la droite giscardienne à la collaboration. Le « Programme commun », purement symbolique, n'a rien d'opérationnel. De bons esprits ont eu beau expliquer au chef l'absurdité de nationalisations à 100 %, le chef n'en avait cure car son problème n'était pas que le programme soit raisonnable mais qu'il soit efficace symboliquement. Il fallait avoir l'air d'être un peu révolutionnaire tout en s'inscrivant dans une tradition respectable puisque de Gaulle avait commencé... Autre exemple type, la retraite à 60 ans : on est cette fois dans l'imagerie Front populaire dont participeront les lois Auroux, qui ont par ailleurs l'avantage d'introduire l'idée — qu'un Simon Nora ou un Chaban-Delmas n'auraient pas désavouée — de donner une place aux syndicats dans la vie de l'entreprise.

Tout était-il absurde dans le Programme commun ?

Il était inconséquent. Si l'on voulait rompre avec ce qui précédait, notamment sur le chapitre européen, Giscard ayant commencé de conduire une politique libérale de concert avec Helmut Schmidt, il fallait s'en donner réellement les moyens. Il fallait mettre le programme en accord avec les conditions que dès cette époque l'Europe imposait, ou assumer le désaccord. Il ne suffisait pas de nationaliser les banques, il fallait prévoir un programme financier complètement différent de celui qui avait cours. Un des exemples qui illustrent le mieux le fait que Mitterrand n'envisageait pas le moins du monde de se donner les moyens des ambitions qu'il affichait est le rôle attribué au Plan. Si on voulait pour de bon mener le type de politique qui était dessiné en pointillé dans les fameuses « 110 propositions » de son programme, il fallait donner un grand rôle au Plan. Non pas, certes, au sens soviétique du mot, mais au sens du travail de coordination des activités et des investissements qu'il avait eu sous de Gaulle et qu'il avait perdu sous Giscard. Que fait Mitterrand ? Il confie le ministère du Plan à un proscrit auquel il était interdit de parler : Michel Rocard !

Mais Mitterrand a aussi le sens de l'époque. Il prend d'emblée trois initiatives qui vont énormément compter pour introduire un nouvel esprit à l'intérieur de ce môle rétro, trois décisions qui ont un air moderne et confortent les composantes à la fois branchées et modérées de son électorat.

La première, c'est l'abolition de la peine de mort, dont il faut bien apprécier le sens. Car l'affaire date de deux siècles, mais elle n'a trouvé son règlement définitif qu'à ce moment-là. C'est l'abolition de la peine de mort en France qui a ouvert la voie à sa proscription en Europe. La France n'est pas le premier pays à décider de l'abolition mais, de fait, c'est à partir de là qu'elle va devenir un article constitutif de l'identité européenne et des traités internationaux. Pourquoi, soudain, l'abolition acquiert-elle ce statut d'impératif incontournable ? Parce qu'elle rejoint la conception néolibérale de l'individu : l'individu entre en société pour son bénéfice, il ne saurait y entrer en aucun cas avec la perspective que la société puisse lui retirer la vie. La base de la mentalité contemporaine concernant la peine de mort, philosophiquement parlant, c'est cette priorité de l'individu par rapport à la société. L'abolition de la peine de mort n'est pas tant une grande conquête de l'humanisme républicain qu'une disposition pleinement conforme à l'esprit du temps qui était en train de s'implanter.

Deuxième mesure symbolique : les radios libres, dont il est incompréhensible que Giscard ait persisté à les refuser, d'autant, on l'a vu à l'usage, que l'opération ne pouvait que satisfaire les intérêts capitalistes et publicitaires les plus débridés !

Troisième mesure : la décentralisation, part que Mitterrand concède à son aile autogestionnaire. Mais il se garde bien de la confier à un représentant de la deuxième gauche. Il la remet en des mains sûres, celles d'un de ses vieux complices de la IVe République, Gaston Defferre. Lequel mitonne un imbroglio dont nous ne sommes toujours pas dépêtrés ! La décentralisation opérée sous le règne de Mitterrand rend à peu près inconcevable une rationalisation administrative dans ce pays. Il s'agissait de rendre la parole aux citoyens mais, dans les faits, cela a consisté à la donner aux caciques locaux et à installer une féodalité politique qui n'a fait que prospérer depuis lors.

Ne chargez-vous pas la part de cynisme mitterrandien en disant d'emblée qu'il savait que le Programme commun n'était pas viable et qu'il fallait trouver une autre voie ? Pendant les vingt-deux mois qui séparent sa prise de fonction du renversement de 1983, il semble qu'il ait beaucoup hésité quant à la question de savoir s'il fallait ou non sortir du Système monétaire européen (SME). Parmi les gens qui étaient partisans de la tentative d'une voie originale, il y avait Antoine Riboud, un grand patron, Pierre Bérégovoy, Laurent Fabius, Jean-

Pierre Chevènement, et Mitterrand semble avoir hésité jusqu'au dernier moment...

Je ne pense pas que le mot « cynisme » convienne. Mitterrand n'était pas un cynique au sens où il aurait fait le contraire de ce qu'il croyait. C'était avant tout un opportuniste, en un sens qui ne me paraît pas infamant — la politique est un art des opportunités. Mais ce qui est le plus crucial dans cette séquence — et qui fait de mars 1983 une date charnière dans l'histoire de France —, c'est qu'il prend la décision de changer de cap tout en disant qu'il ne bouge pas et qu'il reste fidèle à sa ligne de 1981. Il enregistre la réfutation par les circonstances du déni de la crise sur lequel la gauche avait bâti son succès de 1981. Il baisse pavillon et se rallie au courant dominant mais il choisit de le cacher. Sa première motivation, sans doute, est de ne pas s'affaiblir en avouant une erreur et en ayant l'air de se renier. Mais probablement pense-t-il également qu'il n'est pas possible de dire la vérité aux Français sur les contraintes devant lesquelles il s'incline. Une conviction que partageront tous ses successeurs. Elle est devenue l'axiome qui guide notre classe gouvernante : il vaut mieux ne pas affoler les Français en leur décrivant sans fard la mutation à laquelle ils sont condamnés. C'est en fait la seconde fondation de la Ve République. La première fut la grande ambition affichée ; la seconde, c'est cette grande transformation non avouée. Tous les Présidents qui vont succéder à Mitterrand persévéreront dans la même voie, jusqu'à François Hollande inclus : gouverner, c'est avancer masqué.

Comment s'est-il déterminé dans le choix qui a été le sien ? L'autre choix était-il impossible ?

Je le pense, moins pour des raisons économiques que politiques. Il aurait couru au-devant d'une vraie crise politique. C'eût été un saut dans l'inconnu ; le choix de l'Europe et du SME, c'était le choix du connu. Sortir du jeu, flamberge au vent, en disant : « Nous allons faire notre politique à nous », c'était s'inscrire contre ce qui apparaissait comme le sens de l'Histoire, c'est-à-dire la globalisation — elle reçoit son nom à ce moment-là. Dire à un pays comme la France, soucieux d'universalisme, que l'on va à contre-courant de ce que font les autres, cela semblait un suicide politique. Compte tenu des institutions de la Ve République, c'eût été un choix qui appelait un référendum, quelque chose comme l'équivalent de la paix en Algérie, ou l'élection du Président au suffrage universel. Sortir du SME, c'était choisir de s'inscrire contre l'air du temps et la dérégulation financière qui commençaient à se mettre en place. Afficher une telle ambition pour la France dans l'Europe supposait de changer le cours de la construction européenne. Il eût fallu un très grand politique avec une ambition pour son pays et la conviction d'être capable de l'entraîner. Cela supposait aussi une équipe que Mitterrand n'avait peut-être pas.

Ce choix au nom de l'Europe est donc un non-choix.

En réalité, oui. Et depuis ce moment décisif, c'est la crainte du saut dans l'inconnu qui commande chaque fois la politique européenne. Elle est le seul argument — négatif, mais de poids — en faveur de la continuité européenne. On présente aujourd'hui Mitterrand comme un grand Européen de toujours, mais c'est une peinture en rose rétrospective. L'homme qui nomme Claude Cheysson commissaire européen n'a évidemment rien d'un européiste ! Il était favorable de loin à la construction européenne mais ce n'était vraiment pas sa cause politique prioritaire ! Il découvre l'Europe à point nommé comme un substitut au grand programme socialisant auquel il est obligé de renoncer. Mais là aussi, il se garde bien de dire quelles allaient être les conséquences de ce changement de cheval de bataille.

Non-dit ou mensonge ? Croyait-il au grand horizon de l'« Europe sociale » vantée par Jacques Delors ? Ce dernier y croyait-il lui-même ?

Il y croyait : Delors est l'homme le plus capable de se convaincre avec énergie de ce qu'il sait être impossible. L'Europe selon Mitterrand et Delors, c'est la transformation d'un non-dit initial en un mensonge. Il y avait eu un mensonge gaullien — le mensonge mobilisateur de la grandeur : faisons comme si nous comptions toujours parmi les grands —, il y a le mensonge mitterrandien sur l'Europe, un mensonge compensateur et consolateur : l'Europe va réaliser en grand ce que la France n'est plus capable d'atteindre par ses seuls moyens. C'est bien un mensonge, car il est d'emblée clair que la perspective est invraisemblable. Mais il va marcher. Avec l'inconvénient d'installer les Français dans un rapport complètement déréglé à la question européenne.

Il y a tout de même dans cette sorte de « grand bond en avant » européen une part de mystère. Mitterrand a fait le choix de mentir aux Français, mais cela impliquait que tous ceux qui se disaient alors de gauche fassent de même. Car les socialistes voyaient bien que leur Programme commun n'était pas transféré à Bruxelles ! Les choses vont très vite : l'Acte unique, qui est la bible du néolibéralisme, c'est 1986. Les socialistes se mentent-ils à eux-mêmes ?

La capacité des acteurs de s'illusionner est un mystère permanent ! Entre le calcul conscient et l'aveuglement, il y a une vaste zone intermédiaire où règnent la pénombre et la confusion. C'est dans cet intervalle que les choses se sont jouées. Les socialistes et plus largement les élites françaises ont sincèrement adhéré à ce projet qui les séduisait d'autant plus qu'ils ne voyaient pas bien où il les menait.

Quelques esprits lucides ont très vite vu que l'Acte unique allait ronger les bases industrielles françaises...

Sans doute. Mais le raisonnement majoritaire consistait à soutenir que nous avions d'autres atouts et que, à terme, la France serait gagnante. Il ne faut pas oublier que cet épisode décisif s'inscrit dans une Europe encore relativement étroite où la croyance fédéraliste règne, avec la conviction que l'on va vers un État-nation européen. Du coup, les concessions paraissent justifiées puisqu'il semble entendu que la France aura la direction politique de la Fédération européenne ! Le contexte reste marqué par les souvenirs de la guerre, les Allemands sont encore obligés de jouer leur partition en sourdine, tandis que la France fait toujours figure de grande puissance nucléaire. La conviction des élites françaises est que la France va diriger politiquement l'Europe, même si cela doit lui coûter cher économiquement.

Comment la gauche a-t-elle réussi à faire admettre à ses électeurs ce nouveau programme des élites trois ans seulement après l'euphorie de mai 1981 ?

Elle va être aidée par une autre trouvaille de génie de Mitterrand : l'antiracisme comme complément du projet européen. Le Front national effectue sa percée aux élections municipales en 1983. Surprise inquiète dans les rangs de la gauche. Mais très vite Mitterrand comprend ce qu'il peut en tirer : à ce sujet, le livre de Pierre Péan et Philippe Cohen, *Le Pen, une histoire française*, nous a appris des choses sidérantes, non démenties, sur la façon dont a été orchestrée la montée de Le Pen. SOS Racisme amène à la gauche mitterrandienne toute une jeunesse gauchiste, très différente de sa clientèle habituelle et même de la génération soixante-huitarde. Un coup de jeune amplifié par la chambre d'écho médiatique qui trouve là une cause émotionnelle et consensuelle à sa mesure. *Libé2*, qui a remisé le gauchisme anachronique de *Libé1* au placard au profit d'un libertarisme de bon aloi, est le laboratoire de ce rapprochement entre le mitterrandisme et une extrême gauche qui renonce à la révolution mais qui maintient haut le drapeau de l'antifascisme. Serge July est l'oracle de ces noces inattendues, dont naît une génération politique, la génération Mitterrand. C'est, *grosso modo*, cette génération qui est aujourd'hui au pouvoir au Parti socialiste.

C'est une histoire passionnante, et difficile à démêler, que la conversion du Parti socialiste au gauchisme culturel à ce moment-là, par l'intermédiaire de l'antiracisme. La greffe s'effectue sur fond d'internationalisme, lequel se recycle à merveille dans la cause européenne, puis dans le cosmopolitisme multiculturel, en pleine affinité avec le climat de globalisation économique en train de s'installer. Le libertarisme fournit le moyen d'entrer dans le libéralisme en gardant sa bonne conscience. Il y a quelque chose d'assez logique dans cette réorientation : un parti qui a perdu son horizon de transformation sociale en se ralliant à l'économie de marché standard trouve ainsi un nouveau terrain de changement. Très différent bien entendu, car il ne s'agit plus des structures socio-économiques, mais du statut des personnes ou du sort des « minorités » en tout genre. Ces thématiques font office de discours de substitution pour un parti dont le projet de transformation sociale se dérobe, mais qui reste dans le coup en accompagnant la transformation globale en train de s'opérer.

Mais, sur ces questions, la gauche était arrivée en 1981 avec un programme bien éloigné de ce gauchisme culturel de SOS Racisme prônant le « droit à la différence » : l'assimilation et la laïcité !

En effet. C'est pourquoi il s'agit d'un tournant capital pour la gauche : l'abandon de fait du modèle républicain. La question de l'égalité, qui avait été au cœur de la pensée de gauche depuis toujours, cède la place à la question de l'exclusion. L'attention se déplace sur les victimes et les marges. La visée qui s'impose est celle de l'équité à l'égard des plus défavorisés plutôt que celle de l'égalité générale. La notion cardinale de *changement social* change de visage. Il ne s'agit plus tant d'instaurer la justice sociale que d'assurer la coexistence de tous les individus dans les conditions de la tolérance universelle des différences et des convictions.

On a du mal à comprendre comment une révolution programmatique aussi considérable a pu s'opérer aussi rapidement et aussi facilement, entre le milieu des années 1980 et le début des années 1990...

C'est bien une révolution, mais elle n'a pas été méditée par un quelconque comité clandestin ;

elle n'a pas fait l'objet d'un grand plan concocté en secret ; elle s'est imposée à ses acteurs en même temps que la globalisation. Celle-ci a été une révolution intellectuelle silencieuse. Elle a posé un nouveau cadre de référence pour la vision du fonctionnement collectif. D'un côté il y a le monde, de l'autre les individus, et rien entre les deux, plus de nations, plus de peuples, plus d'institutions. L'objet de la politique se borne à garantir la cohabitation harmonieuse de ces individus à une échelle planétaire. L'idée d'assimilation devient carrément fasciste dans ce cadre puisqu'elle consiste à exercer une violence sur des gens qui arrivent sur un territoire et à qui on demande de se plier aux mœurs de l'endroit. Elle est remplacée par l'horizon du mélange général, de la diversité heureuse, du métissage universel.

Cette révolution a touché la France avec une puissance d'autant plus grande que la culture de base de ce pays est xénophile et universaliste. D'autres nations, moins portées vers l'universalisme, sont restées fidèles à une vision plus classique de la vie collective. Il faut aussi reconnaître l'extraordinaire habileté de Mitterrand, capable de saisir l'air du temps avec une rapidité remarquable. L'admirateur d'Antoine Blondin et de Jacques Chardonne n'était pas *a priori* le mieux placé pour encourager SOS Racisme ! L'histoire de cette mutation n'est pas écrite ; ce qui s'est passé entre 1984 et 1986, phénomène culturel de grande ampleur, attend son historien : d'un seul coup, on assiste à la mise de côté de l'idée républicaine qui, en France, avait des assises vénérables, au profit d'une vision complètement différente de l'individu et de son rapport à la collectivité. Et les socialistes montent massivement dans le train, sans qu'il y ait besoin de les contraindre. Mitterrand est à la manœuvre, mais tout le monde, hormis quelques irréductibles comme Poperen ou Chevènement, suit.

C'est le moment où la gauche française achève de se convertir massivement à la culture américaine. L'expression typique sur le plan politique en est l'accueil enthousiaste fait à la pensée de l'équité de John Rawls : quand la *Théorie de la justice* avait paru aux États-Unis, en 1971, l'ouvrage avait aussitôt suscité un immense intérêt outre-Atlantique, mais fort peu en France. Tout à coup, au milieu des années 1980, il devient avec retard une référence incontournable. C'est le signe du changement de cadre intellectuel. La réélection de 1988 se joue d'ailleurs sur ces nouvelles bases : la gauche de *Globe* a remplacé la gauche de *L'Humanité*.

Avec le recul, on a du mal à percevoir l'objectif du second septennat de François Mitterrand. Quel était son programme, hormis son maintien au pouvoir ?

Il y a deux aspects dans ce second septennat. L'un, qui concerne l'exercice du pouvoir, se place effectivement sous le signe du pouvoir pour le pouvoir ; l'autre, qui concerne l'extérieur, est commandé par les grandioses événements qui se produisent pendant ces sept années : la chute du mur de Berlin et ses corollaires, qui vont ouvrir une nouvelle page du processus de mondialisation et déterminer pour très longtemps les positions de la France dans ce processus. Il faut bien séparer les deux plans, l'étrange étant que le premier aspect — le maintien au pouvoir comme objectif — a été complètement effacé de la mémoire collective alors qu'il fut profondément ressenti à l'époque.

Les choses commencent avec l'invraisemblable programme présidentiel de 1988, cette étrange « Lettre aux Français » et son « ni-ni », qui ne dit rien, sinon qu'avec un Mitterrand II ce ne sera pas comme la droite, mais pas non plus comme la gauche : ni nationalisations ni privatisations. C'est un non-programme, qui recueille cependant une large adhésion et dont il faut reconnaître l'habileté : Chirac a suscité un rejet par son libéralisme doctrinal affiché et son ralliement au thatchérisme et au reaganisme qui affolent une bonne partie des Français, mais par ailleurs personne ne veut d'un remake de 1981. Le Mitterrand de 1988 s'installe dans ce no man's land : moralement il est de gauche — la gauche est désormais avant tout morale — mais bien entendu il conserve tout ce qu'a fait la droite pendant la cohabitation, notamment les privatisations ! Il se contentera de placer un peu partout des hommes à lui — dans le but de moraliser le grand capital, n'en doutons pas ! Le socialisme français s'accommode de ce qui est mis en place par les autres, sans l'approuver mais sans rien proposer d'autre. Heureusement pour lui, l'extérieur va faire oublier l'intérieur : le socialisme n'a plus l'ombre d'un projet à lui et Mitterrand moins que quiconque, mais le rôle de la France dans le monde va oblitérer cette vacuité intégrale, avouée, de la politique intérieure.

Ce n'est ni le réformisme à la Rocard, ni la rupture avec le capitalisme...

Ni l'un ni l'autre. Cette panne déclarée, affichée est stupéfiante. Elle s'accompagne simplement de la déclaration de la personne de Mitterrand comme garantie de l'intégrité du projet socialiste. À l'époque, cela s'appelle la « tontonmania », orchestrée par quelques personnages clés des médias, qui font du culte de la personnalité la recette principale de la légitimité présidentielle. Le tout habillant un exercice du pouvoir pour le pouvoir dans ses pires aspects. Cela correspond à un changement profond en train de s'opérer dans le personnel de la gauche : les *beautiful people* à bons sentiments remplacent les doctrinaires un peu austères qu'on affectait de révérer auparavant. Pierre Bergé et BHL plutôt que Poperen et Chevènement. Et l'allégeance personnelle devient la voie d'accès au pouvoir. Mitterrand fonctionne avec une Cour qui se contente de célébrer ses mérites sans avoir besoin de développer d'autres idées que celles qui sont dans l'air médiatique. L'effet *Globe* est passé par là. L'organe est minuscule, mais il donne le ton.

La « tontonmania », ce n'est pas seulement la Cour, le vide programmatique et le culte de la personnalité, c'est aussi le paradoxe d'une gauche morale acceptant une faillite morale, des écoutes téléphoniques à la corruption...

Ce paradoxe s'explique par le changement de ce qu'il est convenu d'appeler le « peuple de gauche » et de ses valeurs. Les bobos entrent en scène, ils remplacent la classe ouvrière. L'argent et la célébrité deviennent les emblèmes du pouvoir ; la promotion d'un personnage comme Tapie est exemplaire à cet égard : il possède les deux, c'est un people dont le verbe haut enchante les médias et c'est un repreneur d'entreprises qui s'est bâti une petite fortune. Il réunit tous les talents, il est donc fait pour être ministre ! Ce n'est plus le socialisme des milieux populaires, ce n'est plus le socialisme du projet de transformation sociale, c'est un socialisme des bons sentiments affichés médiatiquement de la part de gens qui, par ailleurs, considèrent que la réussite personnelle est la valeur suprême, à condition de l'assortir d'un geste en faveur des miséreux. Coluche devient le penseur de cette gauche du supplément d'âme. Ce ne sont plus les soviets et l'électricité, mais les Restos du cœur et Bernard Tapie. C'est ce glissement qui se cache sous l'étiquette pompeuse de « social-libéralisme », formule qui laisse entendre qu'il y a là-derrière une doctrine élaborée, alors qu'il n'y en a aucune, si ce n'est la reddition au monde tel qu'il va, avec correctif humanitaire à la marge. Mais il faut souligner, une fois de plus, l'agilité avec laquelle Mitterrand colle aux évolutions idéologiques de la société française. Celles-ci ne touchent pas que la gauche ; elles concernent autant la droite. Les bastions de la bourgeoisie catholique s'ouvrent à leur tour au progressisme des mœurs. Le libéralisme économique gagne au sein des classes moyennes instruites plutôt acquises jusque-là à l'étatisme redistributeur. Mitterrand accompagne ces mouvements d'opinion avec un indéniable doigté. Saluons l'artiste !

Les Français suivent-ils l'artiste ?

Pas vraiment. C'est, du reste, à ce moment-là qu'ils décrochent avec la politique, décrochage qui n'a fait que s'aggraver depuis. Le second septennat de Mitterrand marque la rupture avec la chose politique, transformée en scène grotesque dont le miroir sera le *Bébête Show*. Les animateurs de cette émission télévisée, formés par le style des chansonniers, vont capter l'esprit de ce pouvoir purement personnel, sans autre finalité que son exercice, à travers la rivalité Mitterrand-Rocard. Le spectacle de Rocard cirant les chaussures de Mitterrand, lequel trouve que son Premier ministre n'en fait jamais assez et l'accable de sarcasmes, restera l'image de ce pouvoir. Tout le monde comprend que Mitterrand nomme Rocard dans l'espoir que celui-ci se discrédite très vite et disparaisse. Singulière image que celle d'un Président qui promeut un Premier ministre afin qu'il saute sur la première mine ! La seule question qui occupe alors les Français est de savoir comment le calife va se débarrasser du vizir qui refuse de mourir de mort naturelle. Cette scène va fixer pour très longtemps l'image de la politique en France et installer une représentation effroyable de son personnel, occupé principalement par le souci de se servir lui-même. Du point de vue de l'image de la politique, ce second septennat aura été un désastre sans précédent. Et les ultimes révélations — lorsque Pierre Péan met au jour la jeunesse maurasso-pétainiste de Mitterrand — vont achever de valider l'équation « politique égale cynisme ».

En matière de cynisme, le Bébête Show *avait saisi avec la même acuité l'instrumentalisation du Front national par Mitterrand sachant tirer un profit politique de la progression de l'extrême droite et un profit moral de sa dénonciation...*

Il y a dans l'affaire plus que cette instrumentalisation. L'antiracisme acquiert la portée d'un vrai courant de sensibilité collective, dominant à l'intérieur du Parti socialiste et notamment au sein de la jeune génération des élus socialistes, pour laquelle il constitue un véritable cheval de Troie. Il leur vaut la faveur d'un nouveau public sociologique, difficile à définir, à la fois favorisé et non conformiste, pour lequel va s'imposer l'étiquette de « bourgeois-bohème », j'y faisais allusion à l'instant. L'antiracisme ainsi compris va être la pointe émergée et le drapeau d'un phénomène de mentalité beaucoup plus diffus, beaucoup plus large, où toute une série de valeurs libérales acquièrent une identité de gauche et deviennent le lot commun. Cela se résume dans deux maîtres mots, destinés à devenir des référents absolus :

la « tolérance » et l'« ouverture ». Il faut être « ouvert » sur tous les plans, vis-à-vis de toutes les différences, qu'elles soient religieuses, culturelles, ethniques, sexuelles. Le repoussoir par excellence, c'est la fermeture, aussi bien économique que politique ou migratoire. Donc, libre-échange, le plus d'Europe possible et le multiculturalisme à la maison. De proche en proche, un programme complet ou presque. C'est le moment où la notion d'*identité* fait sa percée. À l'Élysée, le chef d'orchestre clandestin de toute cette stratégie semble avoir été Jacques Attali. La réconciliation de la Mitterrandie avec les milieux d'argent et d'affaires, l'ouverture vers les médias, l'accueil des soixante-huitards : il a effectué la synthèse dont l'antiracisme a été l'élément fédérateur et la conversion au libéralisme l'horizon.

Vous avez émis l'hypothèse que la politique extérieure a servi de dérivatif à cette impuissance et à ce vide intérieurs. Était-ce suffisant ?

Les circonstances ont fait que le second septennat et le sentiment dérisoire de la vie politique qu'il a engendré ont été recouverts par l'énorme importance des événements extérieurs. Fin 1989, le jeu politique international s'ouvre avec la chute du mur de Berlin. Six mois plus tard, de façon totalement imprévue, Saddam Hussein envahit le Koweït. Les Européens se retrouvent devant une situation complètement nouvelle, dont Mitterrand — à mon sens pour notre malheur — va savoir jouer très habilement pour faire oublier ce qui se passe en France. Plus personne, par exemple, ne se souvient aujourd'hui que Rocard a été un Premier ministre efficace, actif, certainement le plus brillant qu'ait eu Mitterrand pendant ses quatorze années de pouvoir. Tout le monde l'a oublié parce que cela n'avait qu'une importance marginale au regard d'événements qui, vus avec le recul, représentent la phase de consécration de la mondialisation. Les conséquences en ont été immenses, sur le plan mondial cela va sans dire, mais également sur le plan européen et français. La chute du Mur et ce qui s'ensuit constituent en fait l'acte de décès du gaullisme en tant que définition des paramètres à l'intérieur desquels doit se situer l'action politique pour un pays comme la France.

Distinguons les situations. Il y a le problème allemand, clé du problème européen, et il y a le problème mondial posé par la guerre du Golfe à laquelle la France participe sans état d'âme. Cette guerre marque en fait la consécration de l'hyperpuissance américaine. Nous ne sommes plus dans un univers organisé par la confrontation des blocs, qui demeurait malgré tout très structurante même si l'effacement soviétique depuis Gorbatchev était patent. Pour les Français, la question devient alors de savoir où ils se situent. Il n'y a plus qu'un seul pôle de puissance, les États-Unis. La question du rapport avec ces derniers devient donc centrale et change de sens, puisqu'il ne s'agit plus de se ranger dans un camp ou dans un autre ou de se démarquer des deux mais de savoir comment se situer face à un acteur dominant. C'est justement un Français, Hubert Védrine, qui va lancer le mot d'« hyperpuissance », qui dit bien ce qu'il veut dire. Par ailleurs, la question capitale devient celle de la réunification allemande, qui change de fond en comble la donne européenne. À partir du moment où il n'y a plus de partition militaro-stratégique, l'Allemagne a vocation à se réunifier. Dans un premier temps, Mitterrand fait partie des gens qui essaient de résister à cette hypothèse, ce qui était évidemment intenable mais témoigne du sentiment qu'il a eu du changement de paradigme que cela représentait. Lisant les événements dans une grille à mes yeux totalement périmée, il va alors proposer aux Français une grande stratégie qui consiste à ligoter les Allemands au travers de la création d'une monnaie unique, afin d'éviter le péril d'une dérive de la grande Allemagne vers l'Est et de l'ancrer à l'Ouest. Péril entièrement imaginaire, relevant d'un passé mort et enterré, mais dont l'invocation va avoir des conséquences très réelles. Si ce scénario de fuite en avant est plébiscité par les élites françaises, le peuple, lui, commence à renâcler. La ratification par référendum du traité de Maastricht entérinant la création de l'euro n'est acquise que de justesse en 1992. C'est alors que se ferme la nasse où nous a précipités Mitterrand. Car à l'arrivée, tout autre chose que ce qui était prévu se produit : les Allemands, qui n'avaient aucune intention de nous quitter pour on ne sait quelle lumière à l'Est, deviennent, et de loin, la première puissance économique européenne grâce à l'euro. La légère sous-évaluation de celui-ci par rapport à ce qu'aurait été la force du

Deutsche Mark dope leurs exportations tandis qu'à l'inverse sa surévaluation par rapport au potentiel économique des pays du Sud européen, dont la France, va être fatale à leur appareil productif. Mitterrand n'était pas entièrement inconscient de l'étranglement qui allait résulter de cette option pour ses successeurs, à en juger par la célèbre prophétie selon laquelle il serait « le dernier grand Président ». « Après moi, ajoutait-il, il n'y aura plus que des comptables. » De là à conclure que son but était de tirer l'échelle derrière lui, il y a un pas que je me garderai de franchir, mais étant donné l'égotisme du personnage, le soupçon vient inévitablement à l'esprit.

Ajoutons à cela un autre événement, en partie contingent : l'éclatement de la Yougoslavie, bien peu anticipé par les chancelleries alors qu'il était parfaitement prévisible après la mort de Tito en 1980, au vu des forces centrifuges qui travaillaient dans la région. Les Européens ont été dans cette affaire d'une nullité confondante, d'abord en laissant les Allemands mettre le feu aux poudres en reconnaissant unilatéralement la Croatie. Alors que l'Europe, si elle avait parlé d'une seule voix et avait su faire prévaloir ses conditions, aurait peut-être évité la guerre civile. Cette guerre sur le sol européen va confirmer le fait que nous ne pouvons rien faire sans les Américains, Bill Clinton fournissant *in fine* l'intervention déterminante qui mettra tant bien que mal fin aux hostilités. S'installe alors une sorte de protectorat américain sur l'Europe au moment où elle avait la possibilité de s'exprimer en son nom propre et avec une certaine liberté puisque l'ennemi soviétique était hors de combat.

Autre effet de cette désastreuse affaire : elle contribue à imposer comme agenda l'« ouverture » de l'Europe, c'est-à-dire l'accueil dans le délai le plus proche de tous les pays sortis du communisme. Avec l'idée que seul l'« élargissement » pourra éviter que le scénario yougoslave se répète ailleurs. Mitterrand enfourche ce cheval au nom de l'Europe, qui prend l'aspect d'une Terre promise au cours de son second septennat. L'Europe, grâce à laquelle tous nos problèmes vont être résolus, et oublié le marécage putride où les Français pataugent au quotidien. Pour nombre de socialistes à l'époque, l'Europe était l'Esprit saint qui s'apprêtait à descendre sur nous tous, à partir du moment où nous décidions de mutualiser tous les problèmes que nous étions incapables de régler chez nous.

Mitterrand tire-t-il un tel bénéfice de cette diversion diplomatique en Europe ? Son image ne sort pas si grandie de l'action menée en ex-Yougoslavie sous conduite finale américaine. Et c'est le moment où il dit en confidence à l'un de ses ministres : « La France ne peut plus que passer entre les gouttes. »

Il y aura quelques esprits indépendants, sur tous les bords, pour percevoir assez vite les failles de ce dispositif, mais force est de constater que les Français, dans leur majorité, approuvent alors globalement les perspectives ainsi dessinées. Il faut dire que les promesses étaient mirifiques.

Il faut les relire : prospérité générale, exemplarité mondiale, bref, l'avant-garde du genre humain. Cet esprit millénariste culminera dans l'« agenda de Lisbonne », adopté en 2000 pour saluer le nouveau millénaire : l'« économie de la connaissance » la plus compétitive de la planète, pas moins ! C'est au point que l'ouverture européenne va devenir un dogme intangible. Les voix dissidentes exprimées au moment de Maastricht sont réduites au silence dans les années qui suivent. Les critiques sur cette voie européenne ne remonteront à la surface, de manière inattendue, qu'en 2005. Jusqu'à cette date, Mitterrand est présenté officiellement comme le grand stratège qui a réussi à faire admettre aux Allemands, en échange de la réunification qu'on leur autorisait, de mettre en commun leur monnaie au service d'une Europe unie. En pratique, ses successeurs choisiront, comme lui, de faire vivre la France au-dessus de ses moyens réels aux dépens de ses éléments les plus pauvres. Car c'est ce qui s'est réellement passé avec l'euro. Nous continuons d'en payer le prix. C'est une bombe politique à retardement, dont on ne sait pas quand elle explosera.

Cela suffit-il à expliquer l'aura que Mitterrand a conservée à gauche ?

Non. Il faut ajouter une chose pour la comprendre : il a appris à la gauche, et notamment à la gauche de la gauche, qu'elle aimait le pouvoir. En théorie, elle est censée le détester. Mais il faut bien constater que les pires aspects de Mitterrand — l'ambiance courtisane qui régnait autour de lui, ses manœuvres torves avec le Front national, son absence de conviction sur pas mal de sujets, son art du mensonge et de la dissimulation —, finalement, séduisent une partie de la gauche. On est d'avant-garde ou on ne l'est pas — c'est-à-dire à part du commun des mortels, par-delà le bien et le mal. C'est au fond l'un des secrets du XXe siècle : pourquoi Staline, pourquoi Mao après lui, ont-ils réussi à susciter à ce point la fascination des militants et des intellectuels ? Toutes proportions gardées, bien entendu, nous avons avec Mitterrand un phénomène comparable, qui ne s'explique que par le fait qu'une certaine partie de la gauche aime le pouvoir, et le pouvoir dans sa dimension machiavélienne et manœuvrière. Elle l'a haï chez de Gaulle, elle l'a adopté chez Mitterrand et cela l'a sans doute aidée à trouver des vertus à de Gaulle. Mitterrand a été en France le premier homme de gauche à occuper le pouvoir avec une bonne conscience granitique. Pensez *a contrario* à quelqu'un comme Pierre Mendès France qui s'excusait presque d'être Premier ministre ! Léon Blum, n'en parlons même pas : l'autorité qu'il était obligé d'exercer le gênait plus que tout. Mitterrand au contraire est l'homme fait pour cela, qui ne pense qu'à cela et qui assume le rôle sans état d'âme...

Mais on continue à gauche, et même chez certains à droite, de créditer d'une grande élévation personnelle cet exercice mitterrandien assumé du pouvoir...

C'est un autre mystère : que Mitterrand ait réussi à passer pour un homme de conviction, lui qui n'en avait à peu près aucune, voilà qui mérite qu'on s'interroge. Son coup de génie en la matière a été l'abolition de la peine de mort. Était-ce chez lui une conviction profonde ? J'en doute, quand on se souvient de son passage au ministère de l'Intérieur pendant la guerre d'Algérie, où il ne paraissait pas avoir beaucoup de cas de conscience quand il s'agissait de refuser la grâce de condamnés à mort qui n'avaient tué personne ! Mais il avait l'intelligence des symboles qui manque si cruellement à ses successeurs. Se créer l'image d'un homme capable de faire courageusement passer ses convictions avant son intérêt politique immédiat — car les Français étaient majoritairement hostiles à l'abolition de la peine de mort —, c'est de la politique supérieure !

Même la fin lugubre du septennat, quand il choisit de compléter sciemment la construction très maîtrisée de sa biographie, avec la « révélation » de son passé vichyste et de son amitié inentamée avec Bousquet, ne semble pas avoir affecté cette aura...

Même cette transgression suprême a marché ! Il a réussi à intégrer l'aspect aventurier de son personnage — pensons au faux attentat de l'Observatoire — dans son image de guide, en l'avouant, en l'assumant. Il a absorbé cette face noire, il l'a neutralisée au profit d'un rôle politique supérieur. À cet égard, Mitterrand ne ressemble à personne d'autre dans l'histoire de la gauche française depuis 1789 : produit type du système politique français de la IVe République, un peu véreux, il a su devenir l'incarnation de l'entrée de la France dans la mondialisation et dans la société qui va avec. Sa performance reste fascinante. Le malheur est qu'il a servi d'exemple non seulement à une génération d'hommes de gauche, qui y ont appris à ne pas s'excuser du cynisme en politique, mais plus largement à tout le champ politique français. Car, parmi ceux qui se sont intimement pénétrés des leçons du mitterrandisme, il y a d'abord ses successeurs : Chirac comme Sarkozy, pour qui Mitterrand est le maître.

Mais en termes de bilan politique, que reste-t-il à part l'abolition de la peine de mort, la décentralisation et l'introduction massive du droit européen, sinon deux faits majeurs et problématiques pour la gauche que sont l'aggravation des inégalités sociales — en voie de réduction sous de Gaulle et Giscard — et la pérennité du chômage de masse en France ?

Cela se résume en un mot : le déboussolement. Je ne vois pas d'autre terme pour décrire le sentiment des Français à l'issue de ces années. Leur rapport à la politique en sort bouleversé. De Gaulle, Pompidou et Giscard, chacun à sa manière et à sa mesure, avaient tâché d'expliquer aux Français leur dessein et de les faire y adhérer, en mettant autant que possible les données sur la table. Un rapport de clarté entre les dirigeants et les dirigés prévalait, même s'il y avait bien entendu aussi de considérables zones d'ombre. Avec Mitterrand, on entre dans quelque chose de totalement différent : un pouvoir qui ment parce qu'il ne peut pas dire les choses qu'il fait. Si bien que les Français ont, d'un côté, le spectacle délétère d'une politique rabaissée aux combines et, de l'autre, des effets réels incompréhensibles : on leur dit que l'on va rattraper la croissance grâce à l'Europe, mais dans les faits c'est le chômage qui triomphe, la pauvreté qui réapparaît. S'ajoute une fracture sociale avec désormais deux catégories de population qui divergent dans leur rapport à la politique : il y a ceux qui comprennent et adhèrent aux nouvelles règles du jeu, et il y a ceux qui ne les comprennent pas et qui en sont les victimes. Ceux-ci, du point de vue collectif, sont rayés de la carte. Une partie importante, et croissante, de la population a ainsi le sentiment d'être laissée à l'abandon. C'est un sentiment entièrement nouveau dans la France du XXe siècle, qui évoque ce que probablement les prolétaires du XIXe siècle ont dû vivre dans un autre contexte.

Il se produit à ce moment-là une crispation de la société française : chacun campe sur ce qui lui reste et à quoi il tient autant qu'à la vie. Décrochage d'une partie de la population et crispation sur les acquis : l'événement, à peine postérieur au départ de Mitterrand, qui révèle cela au grand jour, ce sont les grandes grèves de décembre 1995. On assiste au soulèvement du peuple de gauche, qui ne comprend pas ce qui se passe, qui croit assister au redémarrage du mouvement social alors que c'en est le tombeau, qui résiste sans savoir très bien à quoi, sans parvenir à identifier l'adversaire et pour cause. On est en présence d'un sursaut de la gauche, après coup, mais d'une gauche condamnée à l'impuissance, incapable qu'elle est de procéder à des diagnostics précis sur la source des maux qu'elle dénonce. En l'absence de toute perspective, la seule issue est d'appliquer un principe de précaution sociale : on ne sait pas où on est, on ne sait pas où on va, donc on s'accroche à ce qui reste. 1995, c'est le legs désemparé du mitterrandisme. Le peuple de gauche est perdu.

Que feront de ce legs ses successeurs ?

On méconnaît la continuité d'inspiration du mitterrandisme jusqu'à nos jours. Il y a eu une vraie rupture en 1981, une autre est intervenue en 1984, lorsque Mitterrand prend sans le dire un chemin opposé à celui par lequel il avait commencé. Mais à partir de là, il nous a mis sur des rails où nous roulons encore !

Le cas de Chirac est exemplaire, et ce dès 1995 : il fait sa campagne sur la « fracture sociale » et la détérioration de la situation économique, provoquée en particulier par le franc fort, mais dès qu'il arrive au pouvoir, il se coule dans le moule antérieur. Il est aussitôt rattrapé par les problèmes financiers dont il avait dénoncé au printemps les effets toxiques, et à l'automne il cède, il revient à l'orthodoxie, en se fixant comme objectif d'apurer les comptes sociaux. C'est le plan Juppé, qui heurte de front une opinion absolument pas préparée à la révélation des conséquences du choix de Maastricht, la parité monétaire, l'alignement sur le mark, avec comme conséquences le franc fort, les nécessités de l'emprunt, bref, toute la logique que nous connaissons maintenant par cœur mais dont certains ont mis longtemps à apercevoir les effets.

Mitterrand a fait le choix de cette Europe ; ses successeurs n'avaient-ils aucune possibilité de le réorienter ?

Le fait est qu'ils n'ont pas essayé. Ils se sont résignés à cette prison dans laquelle ils se découvraient enfermés, au point d'être condamnés dès le lendemain de leur élection à trahir les promesses qu'ils avaient faites — le dernier en date étant François Hollande. On l'a vu de façon frappante, dès 1997, lors de la cohabitation qui s'impose entre Chirac et Jospin. Elle s'est soldée par un double renoncement. Car si Chirac est le fossoyeur tranquille du gaullisme, dont il garde seulement le décor, Jospin fait subir le même sort à ce qui restait de socialisme : gaullisme et socialisme sont sacrifiés sur l'autel de la construction européenne. L'échec de Jospin lors de l'élection présidentielle de 2002 est à analyser comme la conséquence directe de ce reniement mi-avoué, mi-caché. En fait, si l'on met les choses en perspective, le vote des Français en 2002 confirme les réticences qu'avait révélées la courte victoire du oui au référendum de 1992 sur le traité de Maastricht. Il faut relier les trois dates significatives de la période : 1992 et le traité de Maastricht qui passe de justesse ; 2002 et l'échec de Jospin, apparemment incompréhensible mais, avec le recul, assez intelligible ; 2005 et l'échec du référendum sur le Traité constitutionnel européen.

Ce qui me frappe, de la part de gens dont l'intelligence politique n'est pas douteuse, c'est leur aveuglement sur ce qui se passait en France dans ces années et sur le malaise politique qui grandissait à mesure que s'appesantissaient les normes européennes. La cécité des dirigeants politiques français et des élites face à la résistance de la société a été proprement stupéfiante. Prenons le cas de Lionel Jospin. Il avale sans sourciller toutes les couleuvres de la politique de privatisations dictées depuis Bruxelles, sensées comme insensées, la plus burlesque étant la privatisation de l'annuaire téléphonique ! Si nous ne sommes pas capables, dans un pays comme la France, d'organiser un système de renseignements téléphoniques fiable et à un prix raisonnable, c'est à désespérer totalement ! Fallait-il vraiment sacrifier un service qui fonctionnait très bien au dogme néolibéral dans ses aspects les plus délirants ? Et après, on s'étonne que le peuple ne se retrouve pas dans ces mesures supposées à l'avantage du consommateur... L'échec de Jospin en 2002 ne s'explique pas par une subite poussée du Front national, que personne n'aurait détectée ; il signifie plutôt le désaveu d'une politique inintelligible.

Les reniements de Jospin, sa soumission au néolibéralisme étaient dans la continuité de ceux et celle de Mitterrand. Mais le sabordage d'une partie du credo gaulliste par Jacques Chirac fut d'une certaine manière plus violent et plus rapide : pourquoi et comment s'y est-il résolu ?

Les choses lui ont été facilitées par le maintien formel du cadre gaulliste. Plus que formel, d'ailleurs, dans un domaine — la diplomatie — qui lui a valu sans doute sa popularité durable. Il a trouvé son expression éclatante avec l'opposition à l'engagement militaire en Irak et le refus de suivre les Américains. Le discours flamboyant de son ministre des Affaires étrangères, Dominique de Villepin, à la tribune de l'ONU est resté dans les mémoires. Il aura représenté sans doute le chant du cygne du gaullisme dans ce qu'il avait de meilleur. Chirac a toujours veillé à entretenir une sorte de flamme gaulliste, la nomination de Villepin à Matignon lors de son second mandat s'explique par là.

Mais derrière cette façade gaulliste, c'est tout autre chose qui se joue. Sur le plan économique et social, il mène une politique libérale, dont les orientations ne sont en rien surprenantes puisqu'elles lui sont dictées par le cadre européen. Comme Chirac est averti des périls, il lui donne un tour relativement tempéré qui lui vaudra le reproche de mollesse. Mais peut-être n'était-ce que de la prudence. Lentement mais sûrement, ce qui subsistait du projet industrialiste gaullien est démantelé avec tout ce qui pouvait rappeler une intervention de l'État dans le fonctionnement de l'économie. Le mot d'ordre est le transfert de compétence vers la gouvernance européenne.

Lui qui a montré qu'il n'était en rien persuadé des vertus de ce cadre européen ne pouvait-il pas s'y soustraire ?

Il était convaincu du contraire. À la question : « Êtes-vous obligé d'accepter ces contraintes terrifiantes de Bruxelles ? », sa réponse était qu'aucun homme politique ne pouvait se faire entendre s'il n'affirmait des convictions européennes. Il ajoutait même : « Je suis obligé d'être le plus européen des Français. »

De la part de l'auteur du célèbre « appel de Cochin » de 1978, dénonçant la politique « antinationale » de l'Union européenne juste avant les premières élections du Parlement européen au suffrage universel, cette phrase ne signifie-t-elle pas tout simplement qu'il n'était pas capable de faire de la politique autrement que sur un mode velléitaire ? Sinon comment expliquer que cet homme crédité d'une vraie capacité à entendre les problèmes des Français ait pu commettre l'incroyable bévue du référendum sur le Traité constitutionnel européen ?

La seule explication rationnelle que j'en vois est que Jacques Chirac manquait de légitimité en dépit, ou à cause, de son élection triomphale et biaisée face à Jean-Marie Le Pen en 2002. Peut-être s'est-il dit qu'il avait une occasion en or de remporter enfin une victoire éclatante. Car, souvenez-vous, sondeurs, journalistes et faiseurs d'opinion nous l'affirmaient en chœur : le oui au référendum devait l'emporter haut la main. Surprise, c'est le non qui gagne ! Il n'était pourtant pas difficile d'anticiper cet échec en se souvenant de la courte victoire au référendum de 1992 sur le traité de Maastricht et du désarroi croissant du corps électoral, dont 2002 avait déjà donné la mesure.

2005 restera sans doute la date du basculement. À partir de là, la cassure entre la base et le sommet devient le cœur de la vie publique. Elle est le facteur déterminant derrière les deux échéances présidentielles qui vont suivre. Dans les deux cas, en 2007 et en 2012, c'est la même frustration politique qui s'exprime sous la forme du rejet du sortant. Nicolas Sarkozy fait campagne sur le thème de la « rupture », sous-entendu la rupture avec le mode de gouvernement incarné par Chirac, velléitaire et paniquard, englué dans les atermoiements et les louvoiements. François Hollande, cinq ans après, est élu contre le style erratique, si ce n'est pathologique, de son prédécesseur. Mais dans l'un et l'autre cas, la surface cache le fond. Ce qui est en cause, c'est une même exaspération qui ne trouve pas ses mots contre une société politique qui ne répond plus aux angoisses collectives.

Avec une différence : le vote Sarkozy s'accompagnait d'une immense illusion, le vote Hollande en était plutôt dépourvu...

Exact. Nicolas Sarkozy était porteur d'une véritable promesse idéologique et politique, même si elle n'était pas nette. La rupture qu'il prônait portait plus sur la forme que sur le fond, justement. Elle avait pour objet d'en finir avec les flottements de l'ère Chirac et la paralysie du pays qui en résultait. Mais pour aller dans quelle direction ? Sur ce chapitre, la réponse était aussi peu claire que le talent de l'illusionniste était grand. L'équivoque était même à son comble. Sarkozy prend acte de la situation dans laquelle Jospin et Chirac s'étaient laissé enfermer. Le diagnostic est que la France est mise en difficulté par l'Europe parce qu'elle s'accroche à des archaïsmes qu'il faut liquider. La rupture porte sur ce qu'il est convenu d'appeler « le modèle français ». L'heure est venue d'embrasser sans état d'âme un modèle économique dont on connaît parfaitement les recettes, puisqu'elles se trouvent dans n'importe quel livre de cuisine libéral. Mais en bon mitterrando-chiraquien qu'il est, Sarkozy sait que, si les Français aspirent à une remise en mouvement du pays, il faut être prudent. Aussi habille-t-il son volontarisme dans une rhétorique plus ou moins gaulliste, de la nation et de la France. Son tour de force aura été de faire passer la pilule de l'antigaullisme sous un déguisement gaulliste. Henri Guaino aura été à cet égard son homme providentiel : il a été durant le quinquennat le porte-parole chargé de dire le contraire de ce que faisait le Président. Crise aidant, le tour de passe-passe fera long feu.

Mais le succès de sa campagne et son élection ne tiennent-ils pas surtout au fait qu'il nommait les difficultés de la France et des Français, qu'il mettait un nom sur elles ? Qu'il s'agisse du manque de compétitivité, de l'insécurité, de la crise de l'intégration, n'a-t-il pas été parfois le premier à les exprimer, à reconnaître que c'étaient des problèmes ? Alors que, sous Chirac et Jospin, ces mêmes problèmes étaient évacués, niés, et souvent réduits à des « sentiments » de problèmes. Sarkozy a beaucoup gagné pendant sa campagne à reconnaître le réel et à le dire.

Vous avez tout à fait raison et il faut lui reconnaître cela : c'était un homme politique doué pour la perception des préoccupations des citoyens et du malheur des gens. Il avait incontestablement ce don intuitif, qui lui a donné sa force de pénétration exceptionnelle dans l'opinion. Sa campagne lui a valu une légitimité dont aucun candidat n'avait bénéficié depuis Mitterrand. Sa terrible erreur de diagnostic est d'avoir confondu les problèmes et les solutions. Pour lui, énoncer les problèmes équivalait à les résoudre. C'est là-dessus qu'il s'est décrédibilisé. Son plus beau coup politique a été de marginaliser le Front national, en osant appeler un chat un chat. Sauf qu'il n'a strictement rien fait pendant son quinquennat pour traiter les questions qui font vivre et prospérer ce parti. Il n'a même eu rien de plus pressé que de diminuer des effectifs de police dont l'accroissement avait été l'un de ses chevaux de bataille préférés quelques années auparavant ! Là, on touche aux limites du personnage et de sa conscience politique : en fait il reste un vrai chiraquien en ce sens que, pour lui, la politique consiste à gagner les élections et, en attendant, à ménager ses chances de réélection.

Nicolas Sarkozy a donc gagné en assumant les problèmes qui avaient été abandonnés au Front national, mais il a perdu de ne pas les avoir réduits. Est-ce parce que les solutions auxquelles il pensait n'étaient pas adaptées ou bien, hypothèse cynique, parce qu'il ne croit pas lui-même que des solutions aux problèmes qu'il a su soulever soient possibles au-delà de leur exploitation ?

Le mélange des deux est l'hypothèse la plus probable ! Sur la question de l'immigration et de la sécurité par exemple, il y a chez lui un chiraquisme basique fait de cynisme — du genre : les promesses n'engagent que ceux qui les écoutent — et, sur le fond, de contradiction dans les termes. Car on ne peut pas mener en même temps une politique libérale dans le cadre européen et une politique nationale sécuritaire, alors que l'ouverture des frontières suite aux accords de Schengen est une des grandes sources de nos problèmes. On ne peut pas plus conduire une politique d'immigration régulée quand on a peu ou prou transféré à Bruxelles la gestion de l'immigration à l'échelle continentale. Sarkozy était lié par le cadre dans lequel il disait vouloir s'inscrire sans réserve. Et de ce point de vue, son rapport à la France est très étrange. Il est absurde de l'accuser d'être un « apatride cosmopolite », comme le faisait le Front national. Au contraire même, il est franchouillard jusqu'au bout des ongles. Mais, pour lui, le problème politique se réduit à l'efficacité économique. Le reste est tout simplement inexistant. Il ne voit ni ce qui fait une société ni ce que représente l'Histoire. L'idée d'une ambition qui ne soit pas simplement la richesse lui est étrangère. Il ne comprend pas le pays, il ne voit pas le hiatus entre les solutions purement économiques et libérales qu'il avance et les problèmes posés à la société française.

À cette contradiction s'ajoute un trait de caractère : c'est en réalité un faux dur chez qui l'énergie masque la propension au compromis facile. La réforme des retraites le montre assez bien. C'est un enjeu majeur pour n'importe quel gouvernement, puisque le système des retraites, pesant sur l'engagement financier de l'État, juge de sa crédibilité à long terme. De ce point de vue, Sarkozy a obéi à un principe de réalité, mais cela ne s'est traduit que par un épisode de chiraquisme dynamisé. Il pose bien les problèmes de fond mais se contente d'un ajustement modeste tout en s'employant à tirer bénéfice des deux termes de la contradiction : du côté des milieux économiques, il peut faire valoir qu'il a été celui qui a eu le courage de tenter une réforme impopulaire ; du côté du bon peuple, il peut apparaître comme celui qui n'a pas voulu pousser les choses trop loin... Très dur en paroles, mais toujours prêt aux accommodements en pratique. Au moment de la réforme des régimes spéciaux de retraite, il aurait dit à l'un de ses interlocuteurs syndicaux qui s'étonnait d'une réforme dont il avouait lui-même qu'elle ne changeait rien sur le fond : « Ça vous permet de dire que vous avez gagné, et à moi aussi ! » Est-ce vrai ? Je l'ignore mais c'est tout à fait plausible...

Faux dur, mais aussi faux libéral : avec Nicolas Sarkozy, l'État continue de subventionner de plus en plus largement les bas salaires — exonération de charges, primes d'emploi, etc. — pour perfuser une industrie aux abois...

À défaut de diriger, on peut toujours subventionner — et emprunter pour subventionner ! On voit bien les contradictions du personnage : il a une ligne, certes, mais chaque jour est un nouveau jour et il l'ajuste en fonction des circonstances. Il faut, du reste, porter en partie à son crédit cette attitude : parmi les éléments de réalité dont il a un sens aigu, il y a la fragilité de la société française. C'est l'un des motifs honorables de sa prudence. Il perçoit une société exaspérée, dont il redoute le soulèvement. L'ensemble de ces traits compose un personnage assez étonnant, mais il faut, pour s'en rendre compte, faire abstraction de son style, lequel a fini par occulter tout le reste. C'est un navigateur à vue, soucieux de ménager les équilibres, qui n'avance jamais une idée sans avancer l'idée contraire. De ce point de vue, il est dans la droite ligne du parcours politique français de ces trois dernières décennies en dépit de son apparent discours de rupture. Ce qui le singularise, dans cette galerie de portraits, c'est l'absence d'état d'âme sur le modèle à adopter — le standard libéral international, aussi proche que possible de l'exemple américain, lui va très bien. Ce qui le rattache à ses prédécesseurs, en revanche, c'est la conviction que la pilule est difficile à avaler pour les Français, qu'il y faut mettre les gants et de préférence leur demander de fermer les yeux.

Mais on est quand même obligé de dire un mot de ce style qui en a fait quelque chose comme le premier personnage non conventionnel, « postmoderne », si l'on veut, de l'histoire politique européenne — je n'en vois pas vraiment d'équivalent ailleurs. Le premier individu privé dans l'occupation d'une charge publique. En principe, l'homme public est là pour incarner la chose publique, avec la part de distance que cela impose. La notion et l'impératif qui va avec ne voulaient manifestement rien dire pour Sarkozy. D'où la personnalisation à outrance de la fonction présidentielle où il s'est embarqué, persuadé qu'il était que son rôle l'apparentait à une star. Il y a une partie de la société qui a retrouvé ses propres aspirations dans ce spectacle, mais il y en a une autre, y compris au sein de l'électorat de droite, qui l'a ressenti comme une transgression majeure.

S'il était autant à l'écoute des Français, comment a-t-il pu provoquer ce malentendu avec eux en pensant qu'ils ne demandaient que cela — le contact direct, la vulgarité d'attitude et de langage, la fin des ors de la République — alors qu'ils ne l'ont au contraire pas admis ?

Il faut préciser. Que n'ont-ils pas admis au juste ? Sarkozy avait certainement raison de diagnostiquer dans la société française un besoin profond d'évolution. Il est exact, par exemple, que le rapport des Français à l'argent a changé et que la vieille hypocrisie catholique n'a plus de base. Il est exact, de la même façon, qu'un certain style d'autorité protocolaire et pompeux est passé de mode. Mais, pour autant, la France reste un pays où la chose publique demande, chez ses représentants, une dose d'impersonnalité à la hauteur du rôle qu'ils sont appelés à jouer. Il ne s'agit pas d'un archaïsme, ce n'est pas seulement le vestige d'un passé monarchique ou militaire révolu, c'est une donnée constitutive de la société politique française, dont les principes de base restent inchangés même si ses formes demandent à être rénovées. Le diagnostic de Sarkozy a été souvent juste dans les prémisses, mais il a souvent péché par simplisme dans les conclusions. Prenons l'exemple de la laïcité. Il a tenu des propos très sensés à ce sujet quand il était ministre de l'Intérieur. Son livre, *La République, les religions, l'espérance*, avec Thibaud Collin et Philippe Verdin, témoigne d'une bonne compréhension du changement de la société française sur ces questions. Mais, devenu Président, il prolonge ces vues par le discours du Latran qui va beaucoup trop loin. Autant les Français sont prêts à évoluer sur la laïcité, autant ils ne sont pas prêts à en abandonner le principe, qui continue d'être un axe structurant de l'identité politique française. Sarkozy s'est montré intempérant et outrancier sur ce chapitre, comme de manière plus générale dans son style de gouvernement.

Bien que crédité d'un bilan très médiocre, Nicolas Sarkozy n'en finit pas de peser de manière perverse : comme son agitation l'a poussé à soulever les couvercles de toutes les marmites, à tout évoquer, souvent avec justesse et courage, pour ne rien changer ou aggraver les choses, ceux qui se soucient aujourd'hui des questions auxquelles il s'est intéressé en deviennent suspects...

Le drame de son legs est qu'il a, par la manière dont il a mené les choses, identifié à sa personne les vraies questions qu'il a eu le courage de soulever. À tel point que, lorsque l'on évoque aujourd'hui des problèmes réels qu'il avait contribué à faire émerger, on est taxé de « sarkozysme » ! C'est un héritage terrible. Nicolas Sarkozy a en quelque sorte frappé de malédiction toutes les questions auxquelles il a voulu s'attaquer. Il a « tabouisé » les problèmes du seul fait qu'il s'y est confronté. Il y a même un théorème de Sarkozy. Vous vous souvenez de la formule amusante de Bernard Frank à propos de Sartre : Sartre dit que Dieu n'existe pas, or il s'est trompé sur tout, donc Dieu existe. Avec Sarkozy, il se passe quelque chose d'analogue. Sarkozy estime qu'il y a un problème de l'identité nationale, or il a toujours tort, donc c'est un faux problème ! Au final, on peut dire qu'il a ainsi renforcé la difficulté de la société française à affronter ses propres questions. Il a contribué à immuniser le pays contre l'ouverture des dossiers les plus brûlants, les plus difficiles, les plus problématiques.

François Hollande a su jouer à la fois de cette « tabouisation » de nombre de problèmes français après cinq années d'agitation sarkozyste et du rejet par les Français du style sarkozyste pour l'emporter en 2012...

Hollande est élu sur le rejet de Sarkozy et non sur un programme, il est élu en prenant le contrepied du *style* de gouvernement de son prédécesseur ; c'est la trouvaille du « Président normal ». Argument auquel Sarkozy s'est montré, contre toute attente, incapable de répondre. Hollande est donc élu sur un non-programme qui nous ramène en fait exactement au « ni-ni » de Mitterrand en 1988. Il se coule dans le schéma mitterrandien et dans le projet européen qui va avec, et par ailleurs il n'a rigoureusement rien à proposer pour l'aménagement de ce cadre. Non seulement il n'a pas de cap mais, plus encore, le cap lui est dicté par les circonstances.

N'est-ce pas pire que le « ni-ni » de Mitterrand ? Car Hollande a derrière lui son passif de premier secrétaire du Parti socialiste : dix années de stérilisation du principal parti de gouvernement à gauche, durant lesquelles il s'est employé à éviter tout débat.

Plus que la fameuse « synthèse », c'est le non-débat qu'il a organisé pendant ces dix ans.

Mais cet évitement, vu de sa place, était fonctionnel et judicieux. Hollande a parfaitement compris que la situation qui s'est mise en place sous Jospin crée pour le Parti socialiste des difficultés — à la fois de type doctrinal et de politique pratique — proprement destructrices. Car elles conduisent inévitablement à la disparition d'un grand nombre de thèses fondamentales de l'identité socialiste. Je pense d'ailleurs que le résultat du référendum de 2005 le confirme dans ce diagnostic. Il y a dans ce parti des gens si différents qu'il vaut mieux ne pas discuter de ce qui les divise. Faisons donc comme si rien ne nous divisait et gagnons les élections !

Pourquoi, en ce cas, Hollande s'est-il employé à fabriquer de la dissension à propos d'une question marginale, concernant une petite minorité, 1 % de la population, le mariage pour les homosexuels ?

Cette dissension n'a pas été anticipée. Il ne s'agissait au départ que de brandir un « marqueur de gauche » conformément aux bonnes règles de la politique réduite à la communication — à gauche, elle se résume à la distribution de « nouveaux droits ». Celui-là avait l'avantage, en plus, de ne pas coûter cher. Le gouvernement était convaincu de tenir une mesure consensuelle de mise à niveau européen. En Espagne, pays catholique s'il en est, cela a été fait et il ne s'est rien passé. En Belgique, de même. Pourquoi pas en France ? Or il y a eu une exception française : c'est le seul pays d'Europe où il y a eu à ce sujet une sorte de guerre civile idéologique que personne n'attendait. L'explosion a été une nouvelle surprise, à la française ! Le phénomène demanderait à être analysé, car il est très intéressant. La maladresse du discours gouvernemental a joué son rôle de détonateur. Au lieu de faire appel au sens humaniste du sort commun, comme Simone Veil ou Robert Badinter avaient su le faire en leur temps à propos de l'avortement ou de la peine de mort, il nous a été servi un discours sectaire et insultant pour les opposants — c'est la bizarrerie des socialistes français de réussir à être à la fois mous et sectaires. Et puis il s'est produit dans la société, à cette occasion, une prise de conscience de l'évolution vertigineuse intervenue en trente ans sur le terrain des mœurs. Il eût fallu la favoriser au lieu de la braquer. Cette prise de conscience est tombée, de plus, à un moment où pour beaucoup de gens, dans les milieux populaires en particulier, la famille apparaît comme un ultime refuge vis-à-vis d'une société hostile. D'où l'hypersensibilité au sujet, indépendamment du mariage homosexuel. Mais quoi qu'il en soit de la validité de ces hypothèses, cette virulence a révélé au moins une chose : le degré exceptionnel de politisation que conserve, en dépit de tout, la société française, contrairement à ce qu'on raconte ici et là. Ailleurs, la chose s'est jouée dans l'indifférence, au nom d'une « tolérance » peu soucieuse de son objet. En France, il faut savoir justifier ce qu'on fait. Avis aux candidats gouvernants...

Paradoxalement, Hollande, en voulant être un « Président normal », n'a-t-il pas contribué à la dévalorisation du rôle présidentiel tout autant que son prédécesseur, qui avait poussé cette normalité jusqu'à employer le langage le plus commun, voire le plus vulgaire, et qui n'avait pas craint de se montrer, sur le plan sentimental, semblable à nombre de Français ?

Mais qu'est-ce qu'un « Président normal » ? Ce slogan de campagne, qui s'est révélé une trouvaille efficace, a ouvert involontairement une vraie question. Il pointait deux failles chez le Président sortant. D'abord une conception ultra-personnalisée de son rôle, sur le modèle de la star ou du people, peu conforme à la norme républicaine de distinction entre le public et le privé. Il pointait ensuite, appelons les choses par leur nom, le côté psychopathe du personnage, l'« anormalité » de comportements témoignant d'une certaine anomalie dans le contrôle de soi. De ce point de vue, rien à reprocher à François Hollande. Il s'est conduit « normalement », même si sa vie sentimentale a défrayé la chronique sous un jour qui n'était pas à son avantage. Il n'empêche que cette normalité revendiquée s'est retournée contre lui. Est-ce dire que l'anormalité est requise pour la fonction, comme on a pu l'entendre ? Avons-nous réellement besoin de psychopathes et de mafieux, de déséquilibrés et de transgresseurs pour faire le job ? La réponse est dans la question quand celle-ci est clairement formulée. Le problème n'est pas là. Il est que l'élection d'un président de la République n'est pas le tirage au sort d'un Français moyen à peu près équilibré et honnête. La normalité s'est confondue en la personne de Hollande avec une vision étriquée et routinière de l'action gouvernementale, en l'absence de perspectives nourries par une réflexion sérieuse sur la situation du pays et les défis qu'il affronte, cela à un moment ressenti comme critique par un grand nombre de citoyens. Je ne crois pas du tout que Hollande a dévalorisé le rôle présidentiel. La déception qu'il a provoquée montre au contraire que les attentes à l'égard de la fonction sont plus grandes que jamais. Ce qu'il a fait ressortir, hélas, c'est que nous n'avons pas sous la main de candidats potentiels à la hauteur de ces attentes.

Reste la question du bilan, qu'on peut aujourd'hui, à un an de la fin de son mandat, esquisser sans trop de risques. Hollande s'est trouvé contre toute attente plus à l'aise dans le rôle de chef de guerre que dans celui de chef de paix. Est-ce à dire qu'il a moins mal réussi ici que là ?

Dans une perspective historique, il me semble qu'on peut d'ores et déjà dire que la présidence Hollande aura été celle de l'agonie du mensonge mitterrandien : le socialisme par d'autres moyens, en l'occurrence l'Europe. À l'arrivée, on a l'Europe sans le socialisme, dont il ne reste à peu près rien. Mais conformément au modèle mitterrandien, la répudiation reste non dite. Elle se fait en détail, sans être avouée en bloc. Hollande a de fait enterré le socialisme, mais il se garde bien de le reconnaître.

Sur le plan fonctionnel, maintenant, cette présidence aura été marquée par un degré d'amateurisme inégalé dans tous les domaines. Aucune préparation technique, aucun souci de compétence, improvisation à tous les étages, chaque ministre y va de sa loi dans le désordre, avec pour tout guide les « marqueurs de gauche » censés couvrir la confusion, communication oblige. Sauf que cet amateurisme apparent n'en est pas un. Il est à sa façon une doctrine. Il est la contrepartie d'un professionnalisme extrême, celui d'un métier politique réduit à l'élection et à la réélection. À cet égard nous aurons eu droit à un cas d'école. François Hollande est un grand professionnel de la politique, servi par une intelligence remarquable et une habileté tactique hors de pair. Mais ces moyens éminents sont enfermés dans une vision radicalement réductrice de l'action politique, ramenée à une navigation à vue où seul le marché électoral fait foi. Son unique cap depuis 2012 aura été l'échéance de 2017. Les résultats ont beau être calamiteux, il lui est visiblement impossible de sortir de cette épure.

Quant au fameux « chef de guerre », permettez-moi de tempérer l'enthousiasme qui saisit la tribu journalistique à l'évocation de nos exploits. La « guerre » en question, ce sont des opérations de police internationale, d'envergure limitée, sur des théâtres éloignés. Il se trouve que nous sommes l'un des deux seuls pays européens, avec le Royaume-Uni, à disposer encore d'une armée digne de ce nom, en dépit des diminutions drastiques qu'elle a subies depuis plus de vingt ans. Le risque est faible, la victoire militaire à court terme certaine (la réussite politique à long terme, c'est une autre affaire), les bénéfices en matière d'image considérables. Qui n'en voudrait dans ces conditions ? Souvenez-vous que Sarkozy comptait ferme sur l'intervention en Libye pour sa réélection. La petite guerre est le moyen pour nos responsables de renouer un instant avec la grande politique dont ils se tiennent assez éloignés habituellement. C'est terrible à dire, mais la seule chose qui ait pu faire remonter la popularité de François Hollande, c'est la riposte aux attentats islamistes. Ce genre d'agressions réactive la notion de défense dans l'esprit des populations, et avec elle le rôle fondamental du politique. Hollande assume le rôle avec diligence et dignité, il faut le lui accorder. Cela n'en fait pas un stratège d'envergure, c'est le moins qu'on puisse dire.

Contrairement à Lionel Jospin, qui avait au moins tenté un « inventaire » de la mutation néolibérale du mitterrandisme, pourquoi François Hollande n'a-t-il proposé aucun récit ni aucun programme idéologique de ce qu'il continue d'appeler le socialisme français ? Parce qu'il n'en veut pas ou parce qu'il n'en est pas capable ?

Ni l'un ni l'autre : parce qu'il n'en voit pas l'utilité. Pour lui, manifestement, les choses se passent ailleurs. Il voit bien ce que veut dire un programme électoral, mais il n'y a pas besoin d'aller chercher plus loin. Après on se débrouille, en distribuant du pouvoir d'achat si c'est possible, en dispensant quelques droits, quelques allocations, quelques subventions. À quoi servirait dans ce cadre une explication d'ensemble du mouvement de la société et de son avenir possible ? À cet égard, Hollande est tout à fait représentatif de son parti, pour lequel « socialisme » n'est plus qu'une étiquette politique sans véritable contenu doctrinal derrière. Vous remarquerez d'ailleurs que la préférence générale est à parler de « gauche », désormais, y compris à l'extrême gauche, dans la « gauche de la gauche », qui revendique d'être la « vraie gauche ». L'avantage de la notion de gauche est de définir une position relative, contre la droite, tout en restant élastique et floue sur le fond. Car s'agissant de concevoir ce que pourrait être une société socialiste, la panne est générale. Dans ces conditions, il reste en lice la gauche morale, qui compense son vide intellectuel par la virulence de ses postures dénonciatrices, et la gauche électorale, qui s'occupe des affaires sérieuses, c'est-à-dire la conquête du pouvoir et les carrières politiques. Pour ça, un bagage élémentaire suffit.

Comment comprenez-vous le fait que la personnalité qui émerge dans l'opinion est non pas Martine Aubry, Jean-Luc Mélenchon ou Ségolène Royal, mais Emmanuel Macron ? S'agit-il d'un phénomène idéologiquement significatif ?

Dans ce paysage grisâtre, peuplé d'apparatchiks sans relief et de carriéristes par définition conformistes, Emmanuel Macron attire en effet la lumière par une certaine fraîcheur intellectuelle. On ne sait s'il faut attribuer ses audaces à une grande ambition ou au contraire à une totale absence d'ambition politique. Il est réjouissant, en tout cas, quoi qu'on pense de ses positions, de le voir secouer avec bon sens l'immobilisme d'un appareil sclérosé campant sur l'indifférence à l'égard des transformations de la société. Mais la remise en question de quelques vaches sacrées de la boutique, de l'interdiction du travail le dimanche au statut des fonctionnaires, en passant par les trente-cinq heures, suffit-elle à définir un programme d'avenir ? J'en doute. Regardez le cas Manuel Valls : il s'était signalé à l'attention à peu près pour les mêmes motifs, et il s'est complètement banalisé à l'épreuve du pouvoir. Une chose est de prendre à bras-le-corps les réalités de la société nouvelle, autre chose est de les digérer pour proposer une vue plausible de leur dépassement. C'est sur cet écueil que se sont fracassées les tentatives de rénovation du genre de la « troisième voie » blairiste. La triste vérité, au jour d'aujourd'hui, est que rien ni personne n'émerge.

Chapitre VI

LE PIÈGE EUROPÉEN

Il faut partir d'un paradoxe : aujourd'hui, ce sont les partisans les plus convaincus de l'Europe telle qu'elle s'est construite qui en dressent le constat le plus accablant. En France, l'ancien ministre Bruno Le Maire a ainsi évoqué « une machine folle qui tourne à vide » et en Allemagne, le philosophe proeuropéen Jürgen Habermas a pu dire que la gestion de la crise par Bruxelles était « une insulte à toutes les conceptions de la démocratie ».

Le constat est désormais sur la table tous les jours. Il y a, au minimum, une déception formidable, partagée par la majorité des Européens. Mais il faut aller plus loin. Appelons les choses par leur nom. La construction européenne telle qu'elle existe aujourd'hui est un échec. De plus, c'est un échec français, au sens où c'est l'échec d'un projet spécialement voulu par les Français, donc spécialement dur à reconnaître et à digérer pour la France. L'Europe est doublement une idée française : les Français ont été à l'origine de la construction européenne et à l'origine de son fourvoiement, avec Mitterrand et Delors. Elle est un échec cuisant autant qu'inavouable pour les élites françaises qui ont misé sur un projet qui a surtout montré leur incompétence, sur beaucoup de plans, pour aboutir enfin à un désastre : la France y a perdu son influence, elle ne pèse plus grand-chose et la promesse faite aux Français est bafouée tous les jours. Résultat : une crise politique chronique, un divorce sans issue entre les populations et des gouvernants prisonniers des engagements européens consentis par la France, qu'ils n'osent ni renier ni avouer pour ce qu'ils sont. Le triste spectacle du quinquennat de François Hollande en est la pathétique illustration.

La liste des griefs français est rebattue, inutile d'y insister : un euro trop fort pour une industrie faible qui ne cesse de s'affaiblir, une contrainte budgétaire en forme d'impasse qui achève de déprimer une économie déjà mal portante, le dumping fiscal et social qui assèche les caisses et alimente le chômage, une politique extérieure inconsistante, une politique de sécurité intérieure consternante, avec un espace Schengen devenu, selon le mot juste d'un responsable policier, « le ventre mou du monde », où toutes les organisations criminelles trouvent à s'engouffrer. Cela bien avant et indépendamment des failles révélées récemment par les arrivées massives de migrants.

Cela dit, tout ne se résume pas à ce point d'arrivée calamiteux. Les objectifs initiaux, la paix et la prospérité, ont été atteints. Mais l'ont-ils été vraiment grâce à l'Europe ? On peut en douter. Ce n'est pas l'Europe qui a bâti la paix, mais l'inverse : l'Europe s'est bâtie grâce à la paix d'un genre spécial assurée par la Guerre froide. Quant à la prospérité, elle a été générale dans le monde occidental durant les trente ans qui ont suivi la Seconde Guerre mondiale, y compris pour les pays qui n'étaient pas embarqués dans l'aventure européenne. Celle-ci a pu être au plus un adjuvant. Mais la question brûlante aujourd'hui, ce sont les perspectives d'avenir. Que nous promet l'Europe ? Qu'allons-nous devenir économiquement, politiquement, stratégiquement ?

Sur le plan économique, l'avantage compétitif de l'industrie allemande en matière de biens d'équipement est l'arbre qui cache la forêt. La monnaie unique et le libre-échange ne sont sûrement pas les instruments qui permettront à l'Europe de se tailler une place enviable dans l'économie mondiale de demain. Pour un pays comme la France, en tout cas, c'est la marginalisation assurée.

Politiquement, le constat du « déficit démocratique » est devenu un lieu commun, ce qui ne veut pas dire que l'on s'emploie à le corriger. L'expression est au-dessous de la réalité. La manière dont le non au référendum français de 2005 a été contourné est restée en travers de la gorge de beaucoup. C'est contre une grande partie de l'opinion que la construction européenne se poursuit aujourd'hui. La seule force d'appui déterminante dont elle bénéficie, c'est la peur, la peur du saut dans l'inconnu que représenterait une sortie de son cadre. Impossible en même temps de faire confiance aux institutions de Bruxelles. Elles apparaissent à la fois irréelles, illisibles, et structurellement dysfonctionnelles.

Mais l'échec européen le plus fondamental est d'ordre stratégique. L'Europe ne répond pas à ce qui peut justifier une communauté de nations aux yeux de leurs membres, à savoir leur donner le sentiment qu'ils disposent d'un instrument pour comprendre le monde et peser sur son cours. C'est en ce sens que l'Union ne définit pas une identité européenne, l'identité étant fonction de la capacité de se défendre et de s'affirmer. Quelle place pour l'Europe dans le monde ? Il ne faut pas compter sur elle pour affronter la question. Or c'est la question décisive.

Il n'empêche que l'expérience n'a pas été pour rien. Il y a un acquis européen, inattendu et même paradoxal par rapport à la vision des promoteurs de l'entreprise, mais un acquis de première grandeur sur lequel il est permis de tabler pour l'avenir. Loin de conduire au dépassement de la forme État-nation, elle l'a consolidée en la métamorphosant.

Ce que vous appelez « échec » n'a pas le même sens pour tout le monde. Les Français sont globalement dépités parce qu'ils ne voient évidemment pas « l'Europe sociale » que leur avait promise Jacques Delors et qui devait les protéger. Mais les élites politiques ont plutôt tendance à leur dire que c'est un mauvais moment à passer, que l'on va faire encore plus d'Europe et que cela ira mieux. Et vous insistez sur le déficit démocratique, symbolisé par le mépris pour le résultat du référendum de 2005. Or on entend beaucoup d'acteurs de la construction européenne assumer ce que vous qualifiez de « déficit démocratique » en expliquant que ce référendum était une mauvaise idée et que l'on ne peut vraiment avancer qu'en contournant les opinions publiques...

L'Europe est un échec politique et démocratique d'abord parce qu'elle est incapable de discuter de son propre statut et de ses résultats. Cette discussion est structurellement impossible. Ce vice de forme est apparu de manière flagrante lors de la crise grecque. Devant une faillite de ce genre, une institution démocratique aurait normalement cherché à comprendre ce qui s'était passé, pour dégager des responsabilités et des solutions. Qu'en a-t-il été ? Rien de tel ne s'est produit. Qui a fait entrer la Grèce dans l'euro ? Pourquoi ? Comment, des années durant, les organismes européens ont-ils pu certifier des comptes qu'ils savaient faux ? Ce qu'a révélé la crise grecque, c'est qu'il y avait des faussaires dans les institutions européennes, des gens qui ont donné quitus à la Grèce pour des comptes truqués. Qui en a été jugé responsable ? Personne ! Qui a été sanctionné ? Personne ! C'est la philosophie de la construction européenne qui s'est révélée à cette occasion : un édifice sans responsables. Il ne fut pas davantage question de revoir les façons de procéder : on continue comme devant ! Qui plus est, cet échec est une prison, parce qu'on ne peut pas en sortir. On ne peut plus ni avancer ni reculer.

Restons sur ce symbole grec : pourquoi donc cette validation de comptes faux, qui vaut condamnation dans la vraie vie, n'est pas sanctionnée dans cet univers bruxellois qui passe son temps à produire des normes et à évaluer les moindres faits et gestes des citoyens d'Europe ?

La raison souvent alléguée est que les dégâts d'une investigation seraient plus importants que les bénéfices à en attendre. Je tends à penser que la vraie raison est ailleurs : la machine est constituée pour ce but. Ce système institutionnel est conçu pour éliminer la dimension de responsabilité — c'est-à-dire la vraie dimension démocratique — et pour rendre anonyme la décision : c'est tout le monde et c'est personne ! L'édifice européen, c'est la soustraction bureaucratico-politique à la responsabilité faite système. Ces institutions, telles qu'elles sont devenues, ont un défaut majeur : elles ne supportent pas la lumière ; elles ont été faites pour la clandestinité. Du jour où elles sont passées sur le devant de la scène, elles ont montré leur inadéquation. Leur mécanique est aberrante du point de vue de ce que doit être une communauté politique et du point de vue de ce que peut être une décision en contexte démocratique, quelle que soit la définition que l'on choisit du mot « démocratie ».

Quelle est la logique de cet échec : l'inconsistance d'un projet limité à de bonnes intentions ou le résultat d'un dessein caché d'élites qui n'osent pas jouer franc-jeu ?

Ni complot du grand capital, ni grand dessein stratosphérique, mais un projet nébuleux au départ qui, comme il est inévitable dans une entreprise de ce genre, passe par des compromis réajustés en permanence entre des éléments très divers : intérêts économiques, bien sûr, mais aussi intérêts stratégiques, fondamentaux à l'origine, et intérêts idéologiques qui n'ont cessé d'évoluer en cours de route, sans parler des ambitions politiciennes hétéroclites des uns ou des autres. Il faut y ajouter, dans le cas français, la mégalomanie spécifique d'une partie de nos élites qui a cru trouver là un théâtre idoine pour des conceptions trop vastes dans un pays trop petit. À l'arrivée, l'application de ces différentes forces donne une résultante qui peut difficilement être optimale.

Mais ce côté nébuleux que vous reprochez au projet européen ne lui est-il pas constitutif ? Cette approche floue ou dissimulée, n'était-ce pas d'emblée ce que proposait dans les années 1950 le pacte entre le démocrate-chrétien Robert Schuman et le marchand de cognac proaméricain Jean Monnet, à l'origine de la construction européenne ?

Si, et penser que notre destin est suspendu aux élucubrations d'un négociant en cognac donne un peu le vertige ! Mais le négoce fournit surtout un modèle économique qui est en même temps un modèle politique. Le commerce ignore les frontières et déteste la guerre. C'est ce qui a fait de Jean Monnet l'homme de la situation dans un après-1945 qui va s'affirmer peu à peu comme l'âge d'or des échanges internationaux. Par rapport au profil habituel des grands commis de l'État qui orchestrent la reconstruction et la modernisation française, Monnet est un personnage atypique. Il n'est pas comme eux formé au moule du bien public et de l'intérêt général, avec ce que cela peut comporter de rigidité. C'est un technocrate du privé, foncièrement pragmatique, qui croit aux vertus de l'influence et des accords de personne à personne. Ce technocratisme commercial trouve à s'allier avec la démocratie chrétienne dont Robert Schuman est probablement la meilleure incarnation dans le paysage français. Car le projet européen séduit d'emblée la démocratie chrétienne, pour des raisons honorables, du reste : renforcer la capacité de résistance au communisme, consolider la paix, aller vers la réconciliation franco-allemande, rechercher la prospérité économique. Mais aussi en finir avec l'État jacobin à la française en le contournant, disperser les pouvoirs, retrouver les vraies communautés, favoriser un style de gouvernement paternaliste où les gens éclairés prennent entre eux, à bonne distance des passions et des pressions populaires, les décisions qui s'imposent pour le bien commun.

La méthode Monnet est en elle-même très défendable dans le contexte où elle est mise en œuvre. Car il n'allait pas de soi d'obtenir à cette époque l'adhésion des peuples pour la réconciliation franco-allemande, laquelle était la clé de tout. Il n'allait pas non plus de soi de constituer un bloc d'opinion qui allait être immédiatement suspect d'antisoviétisme, alors que les partis communistes français et italien étaient extrêmement forts. Cela obligeait à avancer très prudemment, sur des objectifs limités.

Il faut préciser un peu la nature de cette « méthode Monnet » qui va tant marquer la construction européenne...

C'est la méthode de l'engrenage, dénommée « fonctionnaliste » et théorisée auparavant par David Mitrany, un théoricien anglais des relations internationales. Elle consiste à partir de petites décisions qui correspondent à des besoins sur lesquels tout le monde peut s'entendre mais qui comportent des conséquences dont on préfère ne pas annoncer les développements qu'on espère. C'est une méthode des « petits pas » dont chacun implique le pas suivant. Au départ, cela fonctionne très bien parce que c'est une démarche de contre-pouvoir. Cela commence avec la Communauté du charbon et de l'acier (CECA), dont le but est de réorganiser la production de l'industrie lourde dans le bassin minier qui comprend la Wallonie belge, la Ruhr allemande, le Luxembourg et la Lorraine française. Il s'agit de substituer la coopération internationale à la concurrence sauvage grâce à une démarche planificatrice. Comment désapprouver cette idée d'une régulation pour améliorer le fonctionnement de la production ? Il faut pour cela contourner les gouvernements qui tendent toujours à agir selon des intérêts étroits et à courte vue ; la méthode planificatrice est précisément faite pour leur faire prendre des engagements qui vont les contraindre à des suites qu'ils n'ont pas nécessairement anticipées. C'est une méthode qui joue sur l'ambiguïté, d'abord dans l'inspiration, puisqu'elle consiste à miser sur la défiance vis-à-vis des politiques pour réaliser une grande œuvre politique, mais aussi dans le mode d'exécution puisqu'elle recourt à une planification indirecte. Ce n'est pas le Plan soviétique, affichant des objectifs grandioses, mais au contraire un plan destiné à entraîner les États en avant à partir de résultats déjà obtenus.

Tout le temps où cette méthode concerne des États puissants, enfermés dans des politiques d'intérêt national mal conçues, elle est très convaincante. Le problème surgit quand elle devient une méthode dominante par rapport à des pouvoirs dominés, autrement dit quand le contre-pouvoir devient le pouvoir. Le contrepoids utile se transforme en boussole affolée. La méthode empêche les États de faire de la politique sans porter elle-même les attributs nécessaires de la politique démocratique : la transparence des enjeux et la responsabilité construite sur la confrontation des points de vue.

Jean Monnet et ses amis concevaient-ils vraiment leur méthode comme celle d'un contre-pouvoir, ne la concevaient-ils pas comme celle d'un pouvoir plus efficace que celui de ces enfants peu sérieux que leur semblaient être les chefs d'État ?

Les deux ! Monnet est mû par une grande ambition, celle de la rationalisation technocratique dont il est l'une des figures de proue en Europe. Ces gens pensent, comme l'aurait dit Benjamin Constant, que l'âge de la guerre est terminé et que l'âge du commerce commence, l'âge de l'organisation de la production et des échanges. Monnet estime que l'on va pouvoir instaurer en Europe un gouvernement rationnel basé sur la coordination économique. Mais au départ la chose n'est pas perçue dans ces termes par les populations, qui y voient plutôt un contre-pouvoir salutaire par rapport aux pouvoirs d'États nationaux enclins à commettre beaucoup d'erreurs.

Vous parlez d'ambiguïté, vous êtes critique à l'égard des résultats ultérieurs de cette méthode ; est-ce à dire qu'il aurait fallu d'emblée s'y opposer, qu'elle était pernicieuse dans son principe ?

Je pense qu'on ne pouvait pas faire autrement et qu'il fallait à l'époque probablement en passer par là. Mais il aurait fallu mesurer au bon moment les limites de cette méthode et des institutions qui allaient avec, et les changer à temps.

Mais cette méthode des « petits pas » a débouché sur un premier échec, le rejet de la Communauté européenne de défense (CED) en 1954. C'est quand elle a été relancée par deux grands chefs de deux grandes nations, de Gaulle et Adenauer, que la construction européenne a vraiment avancé. Cette chronologie ne conduit-elle pas à réviser à la baisse le rôle de Monnet panthéonisé par François Mitterrand comme père de l'Europe ?

C'est tout à fait exact. La méthode Monnet n'a jamais réussi à fonctionner en dehors d'une matrice qui lui était extérieure. La matrice première à l'intérieur de laquelle le projet européen prenait sens fut la défense contre l'URSS. Mais quand ce dessein émerge au grand jour, cela donne le fiasco de la CED.

La raison pour laquelle la CED est rejetée n'est pas mystérieuse : c'est d'une part parce que le projet introduit un partenaire supplémentaire, les États-Unis, et d'autre part parce qu'il implique le réarmement de l'Allemagne. Avec des partis communistes qui représentent le quart de blocage de l'opinion, le réarmement de l'Allemagne et l'inféodation aux États-Unis suffisent à donner le sentiment que la CED entraîne les nations occidentales vers une Troisième Guerre. Si tout le monde peut envisager une coopération économique avec l'Allemagne, tout le monde n'est pas favorable à son réarmement ; n'oublions pas que celle-ci n'est pas encore le pays réconcilié avec la démocratie que nous connaissons. Le gouvernement Mendès France explose sur cette question, qui divisait profondément l'opinion de gauche.

Cet échec sera rattrapé par de Gaulle, c'est-à-dire par quelqu'un qui a un raisonnement stratégique et qui, nonobstant ses sentiments personnels, comprend que la situation est complètement nouvelle. D'où le dessein qu'il assigne à l'Europe : non pas une arme contre l'Union soviétique mais, dans un contexte changé, la constitution d'une puissance indépendante entre les deux blocs. De Gaulle a la chance de trouver en Konrad Adenauer un partenaire de son niveau qui comprend sa philosophie, sans nécessairement la partager. Cela crée une nouvelle matrice à l'intérieur de laquelle la méthode Monnet peut se remettre à fonctionner, bien que son auteur fût très hostile à de Gaulle et à cette idée d'un troisième bloc entre les États-Unis et l'Union soviétique, qu'il ne prenait pas au sérieux.

Mais pourquoi de Gaulle, très instruit sur la personnalité de Monnet depuis la guerre, le laisse-t-il réinvestir le champ ?

Peut-être parce qu'il pense alors que cela peut fortifier la construction européenne dans le sens qui lui paraît le bon, celui d'une prise en masse des six pays qui composent à l'époque l'Europe. Quant à ses partenaires, ils pensent que tout ce qui fera avancer le projet rapprochera finalement l'Europe des États-Unis. De l'efficacité des malentendus ! C'est ce qui donne son sens à l'opposition réitérée de De Gaulle à l'entrée de la Grande-Bretagne dans le Marché commun : tant qu'elle n'y était pas, on pouvait penser que l'Europe continentale constituerait un pôle indépendant, ne serait-ce que par la force de son économie. Les autres, Monnet et les petits pays du Benelux, pensaient à l'inverse qu'une Europe de plus en plus forte économiquement se rapprocherait de plus en plus du modèle américain de société.

Vous insistez sur le rôle de l'acteur américain dans cette entreprise européenne. Quand apparaît-il, et sous quelle forme ?

C'est un point que les historiens sont loin d'avoir éclairci et qui est évidemment essentiel : on ne peut pas penser l'Europe telle qu'elle s'est faite sans le concours américain, que l'on a tendance à minorer. Je crois qu'il y a une grande ambivalence dans l'attitude américaine. Dans un premier temps, les Américains sont extrêmement favorables à ce que Monnet et Schuman mettent en route, qui s'inscrit dans le droit fil du plan Marshall. Ils ont une peur bleue que le communisme l'emporte en Europe de l'Ouest et que toute leur stratégie soit ainsi mise en cause. Après, les choses se compliquent avec l'entrée dans le jeu des multinationales américaines, qui prennent assez vite pied sur le continent, dès les années 1950 : elles vont jouer un rôle clé dans l'organisation de ce qui constitue pour elles un marché considérable, devenant ainsi des acteurs de tout premier plan dans la construction européenne. Les entreprises américaines investissent immédiatement et massivement dans le lobbying européen. Ce sont à l'époque les plus grandes puissances économiques du monde, elles ont un intérêt fondamental à se concilier les normes du marché européen. Mais avec de Gaulle, les États-Unis prennent conscience du danger d'une Europe indépendante, d'une Europe qui aurait une voix distincte, et ils s'emploient à faire capoter ces velléités. Une part du ressentiment de De Gaulle à l'égard des Américains s'explique par là : il a compris le rôle des États-Unis dans l'échec de sa conception européenne.

Poursuivons la chronologie : passé les moments pionniers de la CECA et d'Euratom, le fondement réel de l'Europe, c'est le traité de Rome. N'est-ce pas alors que les choses vont changer de nature, avec les conséquences négatives que vous évoquiez ?

Le traité de Rome est encore une illustration de la méthode de Monnet et sa grande réussite. Il s'agit de la formalisation politique de quelque chose qui était resté jusque-là à la fois bureaucratique et technique, avec la CECA et Euratom. Une ambition politique est cette fois-ci clairement affichée. Il ne s'agit plus seulement de points particuliers, mais de mettre en place un cadre institutionnel qui permettra de donner au rapprochement déjà amorcé une ampleur nouvelle et définira le schéma de ce qui est projeté à l'époque comme une union politique, union dont le statut reste assez flou d'ailleurs. Le traité de Rome marque donc le passage au politique après une phase d'incubation économico-technocratique. La Commission européenne est créée et devient l'institution centrale du dispositif. Nouvelle ambiguïté : elle est pour les uns l'embryon d'un futur gouvernement européen, pour les autres un simple organe technique de secrétariat. L'esprit dans lequel cette Commission est créée est révélateur : il lui est dévolu d'exprimer l'« intérêt général européen » et les commissaires désignés par chacun des pays ne sont pas les représentants de ces pays mais les émissaires de cet intérêt général européen sous le contrôle du Conseil politique formé par les différents chefs d'État.

De Gaulle dissipe cette ambiguïté en donnant en 1962 son interprétation du traité de Rome au travers du plan Fouchet, mais celui-ci est refusé par les Allemands, sous pression des Américains !

Parce que ceux-ci, encore une fois, ont des intérêts fondamentaux, tant stratégiques qu'économiques, à défendre en Europe. Le plan Marshall n'est pas simplement un grand geste humanitaire. La prospérité est pour eux un moyen de sauver l'Europe du communisme. Et à leurs yeux, la construction européenne permet de resserrer les liens de défense entre l'Europe et l'Amérique, dont l'Alliance atlantique est l'instrument militaire. Le rôle de ce partenaire extérieur est déterminant dans l'aventure.

Que les Américains aient été opposés à la conception gaulliste de l'Europe que proposait le plan Fouchet, qu'ils n'aient pas bien accueilli l'idée d'une troisième force indépendante, se comprend. Se comprend aussi que l'Allemagne ait joué le même jeu, dans la mesure où, entièrement reformatée après guerre par les États-Unis, elle était sous leur dépendance étroite. Mais comment expliquer que les autres nations n'aient pas été plus favorables au projet français ? Pourquoi la France s'est-elle retrouvée aussi isolée ?

Je pense que tous jugent alors que la France ne fait pas le poids. L'erreur immense de De Gaulle est de ne pas voir à quel point les autres pays ont intégré l'idée de l'abaissement militaire et stratégique européen. En dehors de lui, les Européens ont abandonné l'idée de se défendre par eux-mêmes et ne comptent plus que sur le parapluie américain pour leur sécurité. Jamais, selon eux, l'arme nucléaire française ne contrebalancera la puissance soviétique. Il faut se souvenir de la peur — très rationnelle et très compréhensible ! — que l'Union soviétique inspirait dans ces années. C'est là quelque chose que nous avons complètement oublié. De plus, l'Europe est devenue pacifiste dans ses profondeurs et l'idée que la préparation de la guerre favorise la paix est un raisonnement que la France est seule à tenir.

Vous semblez dire que les autres pays européens ont raté un moment historique en n'entrant pas dans les vues gaulliennes de l'Europe...

La réponse ne peut être que nuancée. Sur le plan stratégique, on est d'abord tenté de leur donner raison : la construction d'une défense européenne, capable de résister à l'Armée rouge, ne se serait pas faite en trois semaines ! Mais politiquement ils avaient tort. Car si on voulait vraiment une union politique européenne, elle était impossible sans la dimension de puissance stratégique. Sans elle, et on le voit encore tous les jours, l'union européenne n'existe pas. Cette défense européenne n'était pas une illusion complète. Mais il eût fallu négocier pied à pied avec les Américains pour conserver leur alliance en leur donnant sans doute des garanties très fortes. Or c'est là que le côté déraisonnable de De Gaulle a joué son rôle : son idée de défense « tous azimuts » était ridicule. Comme si nous étions menacés par les États-Unis ! On ne poursuivait pas une stratégie tous azimuts, on poursuivait une stratégie antisoviétique. Ce devait être clair et l'on a manqué d'un dirigeant européen assez consistant pour faire entendre raison à de Gaulle. D'une certaine manière, le destin de l'Europe — en tout cas, une certaine interprétation du traité de Rome — a été scellé dans ces années. Et c'est à partir de cette interprétation que les défauts de la méthode Monnet vont apparaître : engrenage bureaucratique, règlements autoproliférants, procédures opaques, institutions de plus en plus irresponsables. Or la démocratie, nous y reviendrons, c'est la responsabilité.

Dans les raisons du rejet du plan Fouchet, ne faut-il pas faire une place à la préférence de certains partenaires pour une limitation de l'horizon européen à celui d'un grand marché ?

Ce penchant se manifestera surtout plus tard avec l'arrivée du Royaume-Uni. Mais il est vrai qu'il y a une différence d'optique entre les petits et les grands pays de la construction européenne. Les pays du Benelux sont par tradition des pays commerçants. Leur point de vue sur l'Europe tend à en faire un projet commercial à l'échelle internationale. Ces pays trouvent dans la division internationale du travail, qui se développe à l'époque, l'opportunité de se faire une place de choix comme têtes de pont des multinationales américaines, dont la présence est spectaculaire en Hollande et en Belgique. Cela influence évidemment leur rapport avec les États-Unis et leur vision de l'Europe. Au contraire, les trois grands pays du Marché commun — l'Italie, l'Allemagne, la France — sont bien davantage tournés vers le problème de l'organisation de leur économie intérieure. Même si, par ailleurs, le développement des échanges est déjà très intense, eux ne sont pas encore dans l'optique du « marché européen ». Cette opposition entre des petits pays, commerçants et extravertis, et des grands pays, essentiellement préoccupés par leur modernisation économique, joue déjà un rôle important ; elle ne fera que croître, en particulier avec le tournant néolibéral des années 1980.

Si l'Europe des nations de De Gaulle n'a pas pu advenir, à l'inverse, pourquoi cette Europe transnationale n'a-t-elle pas pu s'imposer plus rapidement ?

Parce qu'il lui a toujours manqué une idéologie digne de ce nom, en dépit des efforts du couple Giscard-Schmidt, et que les cadres nationaux demeuraient prépondérants. Parce que les États, par leur fonctionnement même, rendaient très difficile la pénétration de la bureaucratie européenne dans la vie des nations. Il ne faut pas l'oublier, le moment est encore celui de la régulation publique : chaque pays, après 1945, a développé un système très fort de régulation interne de l'économie, avec une intervention puissante de l'État. À cause de cela, les cadres nationaux demeurent très prégnants.

Mais, à la tête de ces grands États, se trouvent des dirigeants très europhiles : ils auraient pu transposer ce mode de régulation à un niveau supérieur, ils auraient pu déléguer bien davantage à l'échelon européen. Or eux-mêmes ne semblent pas y être parvenus...

Il ne suffit pas de le vouloir. En pratique, il y a une contradiction entre ce mode de régulation interne impliquant une forte responsabilité de l'État en matière d'emploi, de croissance, etc., et sa délégation à l'échelle de l'Europe. En outre, la crise des années 1970 va venir renforcer encore l'exigence de régulation et de protection nationales. D'où, par exemple, la difficulté pour mettre en place le Serpent monétaire européen entre ces États-nations encore assez fermés sur eux-mêmes.

L'argument peut se renverser : en situation de crise, quand tous les États sont frappés, l'idée de régulation en commun prend du sens. Il y avait l'exemple de la PAC (Politique agricole commune) :

si on l'a fait pour l'agriculture, pourquoi ne pas le faire pour l'énergie ou pour le chômage ?

L'interrogation est légitime. Mais le fait est que cela ne se produit pas : le cadre national ne craque pas, en dépit des discours politiques, très majoritairement pro-européens. Il faudra un autre contexte pour que se fasse la relance de l'Europe, avec François Mitterrand qui y trouve le moyen de sauver son septennat de la débâcle. Son coup de génie est de choisir Jacques Delors pour mener l'affaire. C'est l'homme idéal, du point de vue du profil intellectuel et politique, pour faire la synthèse entre les deux forces qui ont dominé depuis le départ la construction européenne : la démocratie chrétienne et le socialisme démocratique. L'affaire se passe en deux rounds. Le premier se déroule sous le signe de la méconnaissance de la vague libérale qui commence à déferler. Le second sous le signe de la méconnaissance de la mondialisation à grande échelle en train d'arriver. Ce sont deux moments assez différents, qu'il faut distinguer.

Premier moment, celui du grand dessein mitterrandien qui va s'incarner dans l'Acte unique (1985-1986) : la réalisation de l'Europe par l'instauration du marché unique, vu comme l'aboutissement du traité de Rome qui prévoyait un « marché commun » par l'abaissement des barrières douanières entre les États membres. Mais le projet demeurant très inabouti, en raison des résistances des États, l'idée est de réaliser ce que le marché commun avait promis sans y parvenir.

Ce pourquoi, sans doute, l'Acte unique s'impose sans susciter la moindre question. Mais cette mise en marché de l'Europe prend un autre sens du fait de l'idéologie néolibérale alors en train de s'implanter : on est en pleine politique de « dérégulation ». C'est à ce moment que l'Europe devient une Europe du marché. Le discours qui va l'accompagner consiste à dire qu'en faisant l'Europe économique, l'Europe politique suivra, le marché rapprochant les peuples... Le cas n'était pas envisagé où l'économie tiendrait lieu d'une politique qui ne viendrait jamais.

Cette orientation est renforcée par une série d'élargissements qui ont conduit à une Europe à quinze, dont la plupart des pays auparavant partenaires du Royaume-Uni au sein de l'AELE, l'Association européenne de libre-échange, dont l'intitulé dit assez le programme. Cette entrée a insensiblement changé l'esprit de la construction européenne en grossissant le camp des petits pays à idéologie libre-échangiste, même lorsqu'ils sont d'inclination sociale-démocrate à l'intérieur. Leur poids croissant a définitivement écarté l'idée d'Europe puissance qui ne signifie rien pour eux. Par ailleurs, l'entrée des pays pauvres du Sud, sortant des dictatures, la Grèce dès 1981, le Portugal et l'Espagne en 1986, a ouvert un autre problème, étant donné l'arriération de leurs économies. La réponse a consisté à développer la politique dite des « fonds structurels ». Là aussi l'effet d'image a été considérable dans la durée. L'Europe est devenue une espèce de poule aux œufs d'or, une machine à distribuer les subventions, ce qui a grandement accru son attractivité, mais pas sa crédibilité auprès des peuples payeurs. Parallèlement encore, cette démarche d'unification par le marché, avec sa production démultipliée de normes, a fait passer au premier plan une dimension présente depuis le départ, mais qui demeurait discrète : l'Europe par le droit. La régulation juridique a pris un nouvel élan et la Cour européenne de justice s'est vue hissée sur le pavois. Mais, encore une fois, ces évolutions n'ont acquis leur plein relief qu'en fonction de leur télescopage avec un contexte dominé par la logique néolibérale. C'est ainsi que se met en place un marché soustrait autant que possible à la politique, arraché délibérément à l'emprise des États. L'étrange, du côté français, étant que ce projet politique de dissolution de la politique n'a pas été compris par ses acteurs, tellement ils étaient hypnotisés par ses supposées ressources futures.

Pas plus que l'effet de la mondialisation ?

La mondialisation ne date pas de la chute du mur de Berlin. Elle était en route depuis une vingtaine d'années. Mais il est vrai qu'elle prend alors une autre dimension. La chute du Mur précipite une seconde métamorphose de la construction européenne qui amplifie les effets de la première. Pour commencer, le motif stratégique primordial qui avait présidé à l'entreprise, la confrontation avec le camp soviétique, disparaît. Ensuite, la réunification allemande arrive à l'ordre du jour.

Enfin, se pose la question de ce qu'il convient de faire avec les pays de l'Est fraîchement libérés du joug soviétique. Tournant historique s'il en fut, dont il faut bien dire qu'il a été géré, du point de vue français, de manière calamiteuse. Mitterrand discerne dans cette situation le prétendu péril d'une dérive de l'Allemagne vers l'Est qui la détacherait de ses alliés de l'Ouest. Au nom de quoi il relance le projet de monnaie unique, afin, supposément, d'enchaîner la puissance allemande dans des liens indéfectibles. En était-il vraiment besoin ? Je reste pantois, rétrospectivement, que ces considérations d'un autre âge aient pu passer pour visionnaires. Mais ce que je constate, comme tout un chacun, c'est qu'elles ont donné le signal d'une fuite en avant générale. Car l'autre argument qui fait florès à l'époque est celui du cycliste : il faut avancer pour ne pas tomber. Si l'on ne passe pas tout de suite à la monnaie unique, ce qui a été construit va se défaire. Même genre de raisonnement à propos de l'élargissement à l'Est. Il va se faire, pression médiatique aidant, sous un signe purement sentimental et compassionnel. Puisque ces malheureux ont subi une domination épouvantable, ce qui est parfaitement exact, il faut les accueillir, ce qui ne dit rien de la manière d'y procéder. Le discours officiel parle tranquillement de « réunification de l'Europe », comme si le continent avait jamais été unifié ! Ce défi aurait pu être l'occasion de revoir les règles et l'esprit même de la construction, qui changeait manifestement de nature. Pas du tout. On avance à l'identique, sans trop se poser de questions non plus sur les motivations des candidats à l'adhésion, supposées par principe nobles et fraternelles. Rarement décisions si lourdes auront été abordées avec si peu de réalisme. L'illusion lyrique faisait office d'impératif catégorique. Loin de ce lyrisme, pour beaucoup de dirigeants de ces pays, pas forcément recommandables, l'objectif premier était d'accéder au tiroir-caisse européen ! Ensuite de quoi, l'adhésion à l'Europe représentait à leurs yeux un moyen de consolider leur alliance avec les États-Unis, leur grande peur demeurant la Russie. Cela peut se comprendre, comme leur peu de goût pour l'économie de commandement, après une expérience de nature à inspirer l'enthousiasme pour le libéralisme débridé. Il n'empêche qu'à l'arrivée l'ensemble de ces facteurs a complètement modifié la physionomie de l'entité « Europe », ses équilibres internes, ses perspectives politiques et sa signification même aux yeux des peuples qui la composent, en particulier ceux qui ont été au point de départ. À certains égards, c'est une réussite, mais une réussite où ceux qui ont été les initiateurs ont de la peine à se reconnaître, c'est un problème.

Ces pays qui sortent de l'idéologie intègrent l'Europe quand celle-ci connaît, avec la création de l'euro, un moment de haute intensité idéologique en faisant d'un instrument technique, la monnaie, un instrument politique destiné à créer l'homogénéité économique qui aurait dû être sa condition de création. Comment des experts de la monnaie ont-ils pu accepter ce programme inversé, cet usage idéologique d'un instrument technique, à commencer par Giscard, qui sait ce qu'est une monnaie ?

La seule réponse que je vois réside dans la force de l'idéologie qui inspire cette fuite en avant. Les années 1990 sont le moment de l'approfondissement de l'idéologie néolibérale. La chute du Mur consacre la mondialisation marchande sous le signe de l'extraversion des économies. L'idéal, à la limite, est d'exporter toute sa production et d'importer toute sa consommation, dans un jeu gagnant-gagnant. En fonction de son principe constitutif de dépassement des États-nations, l'Europe offre un terrain rêvé d'expérimentation à cette idéologie. Cette dernière s'incarne exemplairement dans le projet de Banque centrale indépendante des États, présentée comme un sommet de la sagesse institutionnelle : les États, nous dit-on, ont toujours une vision intéressée et partielle de la réalité monétaire, la Banque centrale sera l'instance d'une impartialité harmonisatrice. À cela s'ajoute, non moins puissante que la vision économique néolibérale, l'idéologie du postnational, effet direct de la démilitarisation. Où pourrait-elle paraître plus plausible qu'en Europe ?

Troisième élément de cette configuration : l'idée de « gouvernance ». On sort du schéma classique du monopole gouvernemental sur un territoire fermé au profit d'un mécanisme de marché politique arbitré à plusieurs niveaux par d'autres instances que l'instance étatique dans un espace ouvert.

L'Europe devient tout autre chose que ce pour

quoi elle a été conçue au départ, elle se transforme en laboratoire de la réalisation de l'utopie néolibérale dans son intégralité. Ce que les États-Unis, par exemple, ne permettent en aucun cas, en dépit de leur libéralisme constitutif à l'intérieur, parce qu'ils demeurent une nation et même aujourd'hui la nation par excellence, où le poids du politique, sous l'aspect du rayonnement américain, de la responsabilité extérieure, de l'ambition stratégique, est au cœur de la vie collective. En Europe, cette embardée conduit la nation vers la tentation de renoncer solennellement à en être une, individuellement et collectivement, au profit d'une sortie du politique. Sauf que les peuples ne suivent pas.

Autre mystère rétrospectif : on comprend, d'un point de vue néolibéral, l'idée du marché unique, mais comment ses concepteurs ont-ils pu imaginer son ouverture complète sur l'extérieur, le livrant à la concurrence des pays non européens ? On aurait très bien pu avoir une dérégulation interne et un protectionnisme européen. L'euro est déjà un mystère, mais l'ouverture à tous les vents de la concurrence mondiale en est un encore plus épais...

Trois raisons me paraissent éclairer ce mystère. D'une part, le mécanisme même de la construction européenne, nombriliste par définition. Les partenaires sont enfermés dans des discussions internes compliquées et finissent par perdre de vue l'extérieur. Il y a quelque chose d'autistique dans leur fonctionnement. C'est sans doute l'un des plus graves défauts de ces institutions : nulle part la définition d'une stratégie n'est possible, il n'y a pas de niveau pour cela. L'Europe est un entre-soi, à beaucoup d'égards ignorant du monde extérieur, et de ce fait prêt à s'ouvrir sans mesure des périls qui en résultent, sans effort pour se situer.

D'autre part, les institutions européennes sont éminemment perméables aux grands intérêts économiques. Un pouvoir politique, celui d'une nation, y est sensible mais dans la limite du regard des citoyens-électeurs. Dans le cadre européen, au contraire, étant donné la quasi-clandestinité du circuit de décision, il n'y a pas de limite à la pénétration des grands intérêts dans le système institutionnel.

Enfin est venue s'ajouter à cela l'idée absurde que nous avions un avantage naturel, offert par le haut degré de compétitivité de nos économies, qui allaient franchir avec le numérique le cap de « l'économie de la connaissance ». Une fois installés sur ce haut plateau, nous allions nous réserver les tâches à haute valeur ajoutée tandis que les coolies du Parti communiste chinois feraient à notre place le sale boulot purement mécanique ! Nous aurions les cerveaux et eux, les pieds et les mains. C'est le propos du traité de Lisbonne, en 2000. Il part du principe qu'en ouvrant largement les frontières nous subirions, certes, une concurrence sévère mais qu'en échange les consommateurs européens auraient accès à des produits à bon marché. Le raisonnement paraissait impeccable. Malheureusement, les choses ne se sont pas passées comme prévu. C'est un autre scénario qui a prévalu. Il enchaîne trois dates clés.

Lesquelles ?

D'abord le 11 septembre 2001, qui marque la fin de l'utopie postnationale. On découvre qu'il y a une nation américaine, avec une vision extrêmement déterminée de son intérêt et de sa stratégie. Le postnational supposait l'intégration des États-Unis dans un espace occidental indéterminé, on parlait volontiers d'« Euramérique », avec l'idée sous-jacente que tous les pays démocratiques avancés allaient vers l'interpénétration. Or, le 11 septembre 2001, on s'aperçoit que les États-Unis ne sont pas destinés à se fondre dans un ensemble indifférencié.

Deuxième date : le rejet franco-hollandais du Traité constitutionnel de 2005. Le traité n'était autre chose que la formalisation du renoncement à changer quoi que ce soit à un système institutionnel remis en question par l'élargissement, qui changeait la nature même de la construction européenne. Il entérinait l'impuissance et le dysfonctionnement sous le voile de grands principes. En 2005, le divorce est prononcé entre les peuples et l'Europe. L'initiative de Nicolas Sarkozy, consistant à contourner ce refus par un tour de passe-passe, a consommé le divorce. Les élites ont à l'époque applaudi ce « geste d'audace » alors que c'était le tombeau définitif de l'adhésion des populations à l'Europe. Que cela n'ait pas été compris est stupéfiant !

Troisième date : la faillite de la banque américaine Lehman Brothers, en 2008, qui achève de montrer que les recettes de la finance néolibérale supposées assurer la prospérité et la croissance *ad vitam aeternam* ne fonctionnent plus. Pour l'Europe, à cause de l'euro, les conséquences seront encore plus ravageuses que pour les États-Unis.

Ce qui est sûr, c'est que l'Europe a totalement échappé aux Français dans ce parcours : ils ont donné l'impulsion initiale, mais à l'arrivée c'est une Europe qui n'a plus rien à voir avec ce que les Français pouvaient en espérer. L'Union européenne a perdu tout sens aux yeux d'une majorité d'entre eux.

Depuis, le sujet politique-Europe semble s'être installé dans une routine qui dissuade le public : son discours officiel semble artificiel, son fonctionnement opaque ou incompréhensible, ses résultats peu saisissables...

Parce que l'Europe est devenue l'exemple même de ce qui est aujourd'hui l'esprit dominant de nos sociétés : on ne semble plus pouvoir parler d'un certain nombre de sujets que sous l'angle des bonnes intentions qui président à leur réalisation. On ne peut parler de l'Europe qu'au nom des objectifs que nous lui assignons. L'épreuve de réalité n'a pas de place dans le discours sur elle. D'une certaine manière, la construction du socialisme, en d'autres temps, a dû remplir une fonction analogue : quand on essayait d'introduire la question de la réalité effective du fonctionnement de l'URSS, on vous répondait par la grandeur du projet ! Le discours sur l'Europe est toujours incantatoire ; il ne porte pas sur la réalité, on ne nous explique jamais le *modus operandi*, c'est un objet politique très curieux qui polarise la volonté du bien.

S'ajoute à cela le fait que l'Europe est la chose des élites. Le communisme, même si l'idée a été partagée par une partie des élites, a d'abord été l'objet des masses. Ce n'est pas le cas de l'Europe, à l'égard de laquelle le degré d'adhésion est indexé sur le nombre d'années d'études : à bac + 15, l'adhésion est de 99 % ! Or les surdiplômés sont des gens particulièrement difficiles à faire bouger dans leurs convictions ; par définition, les élites intellectuelles sont les couches sociales les moins décidées à reconnaître qu'elles peuvent se tromper !

Du côté des populations, joue une argumentation négative, rarement formulée comme telle mais d'une puissance considérable : la construction européenne est loin d'être une merveille, mais on ne peut pas en sortir. C'est une fatalité à laquelle il faut se résigner — « On ne va tout de même pas retourner tout seuls dans notre coin ». L'estime de soi, de la part des Français d'aujourd'hui, est tombée à un niveau tellement bas qu'ils pensent que nous ne pourrions pas nous débrouiller par nos propres moyens. Les Suisses en sont capables, les Norvégiens ou les Islandais aussi, mais pas nous ! Ce pays, dans ses profondeurs, n'a plus confiance en lui. La France est trop petite, voilà le leitmotiv, elle ne peut pas être autonome. Que Singapour, avec trois millions d'habitants, se débrouille très bien, ce n'est pas un argument. De l'inconvénient d'avoir été un grand pays lorsque l'échelle change et qu'il s'agit d'en devenir un petit ! La France a le syndrome d'une ex-grande puissance qui, somme toute, préfère être embarquée dans une affaire collective qui lui nuit, mais qui est d'envergure, plutôt que de ressaisir les choses par elle-même.

Vous incriminez à juste titre les méfaits de la politique des bonnes intentions, qui aujourd'hui tend à présider à tout. Mais cette forme pervertie de la politique n'interdit pas en principe le pluralisme : il y a des bonnes intentions de droite comme il y a des bonnes intentions de gauche. Or tout se passe avec l'Europe comme s'il y avait une voie unique en matière de bonnes intentions...

C'est un fait que j'enregistre. L'exemple paradigmatique est l'espace Schengen, dont l'échec, patent, est inquiétant. Chaque velléité d'ouvrir le problème est suivie d'une retraite précipitée. Dès qu'on touche au domaine de ce qui engage l'Europe dans ses principes structurants — ici la libre circulation —, on entre dans le règne de ce qui est imparable. C'est un processus auquel on ne peut même pas imaginer des correctifs, alors qu'il n'y a pas de politiques migratoires harmonisées à l'intérieur de l'espace Schengen. On biaise, on contourne, on cherche des palliatifs pour éviter, surtout, le réexamen de fond. Tout ce qu'il y a de principes organisateurs dans la construction européenne est devenu intangible. La réalité n'existe pas en dehors de ce qu'on veut qu'elle soit. C'est l'intention qui juge la réalité.

L'argument récurrent pour répondre à la réalité négative de l'euro comme de l'espace Schengen est que cela serait pire sans eux...

En effet, on ne peut imaginer l'alternative que sur le mode de la régression. L'Europe n'est plus concevable comme un sujet rationnel de débat public, avec possibilités d'améliorer telle ou telle disposition, d'échapper à telle impasse, de remédier à tel dysfonctionnement. On est condamné à la révolte abstraite ou à la résignation concrète.

En poursuivant votre parallèle entre la construction européenne et la construction du communisme, il reste une autre possibilité : l'effondrement final.

Oui, l'effondrement par délitement intérieur peut être la réponse à cette situation de blocage, où il est devenu impossible d'avancer et impossible de reculer.

Ce blocage s'illustre par une curieuse attitude des élites. En leur sein, des doutes surgissent, avec parfois des éclairs spectaculaires chez les plus europhiles, comme dernièrement François Heisbourg. Mais il est frappant de constater qu'on ne les écoute pas lorsqu'ils sortent du rail. Les élites ne sont pas capables d'organiser le débat et ceux qui se jettent à l'eau sont perdus. Comment l'expliquez-vous ?

Nous sommes dans une situation qui évolue, celle-ci va peut-être dans le sens d'un cheminement vers une interrogation de plus en plus ouverte dans l'esprit de beaucoup de gens. De plus, il faut noter le grand décalage entre ce qui est avoué publiquement et ce qui se dit en privé, y compris dans les milieux les mieux informés. Mais l'homme politique qui confesse publiquement ses doutes est un homme mort : il aura aussitôt contre lui la coalition de tous, qui l'assassineront comme suspect de mauvaises intentions. Il faut mesurer le fait que tout ce qui reste de légitimité à nos dirigeants est le caractère pur de leurs intentions. Au niveau des réalisations, tout le monde sait qu'ils sont à peu près impuissants. Mais il leur reste une chose et une seule : leur conduite est guidée, sous surveillance étroite des journalistes, par la poursuite de nobles objectifs. Enlevez-leur cela, ils n'ont plus rien ! Ils le savent très bien et ils s'accrochent à l'Europe pour acquérir une respectabilité qu'ils n'ont plus dans aucun secteur de leur action.

Les rares tentatives pour ouvrir le débat — celle du Chirac du discours de Cochin, celles de Philippe Séguin et de Jean-Pierre Chevènement — étaient insoupçonnables de mauvaises intentions. Ils ont tous les trois échoué...

Je mets de côté celle de Jacques Chirac au motif que son discours de Cochin a représenté une des multiples inflexions de son parcours, qui ne tirait pas à conséquence. Il a essayé, il a vu que ça ne marchait pas, et il est passé à autre chose ! Les deux autres personnalités sont plus intéressantes. Marginaux l'un et l'autre dans leur propre camp, mais très respectés, ils n'ont pas réussi à remuer l'opinion majoritaire de leur parti. Leur échec nous fait entrer dans la complexité de ce qui s'est passé en Occident dans les trente dernières années.

Je crois que ces deux personnalités, remarquables toutes deux, articulant une réflexion, une sincérité et un courage politique incontestables, ont été très vite, et pas entièrement à tort, taxées de passéisme. Séguin était marqué du sceau d'un gaullisme qui commençait à apparaître comme d'un autre âge, et Chevènement combinait deux traits en train de devenir étrangers à la culture de la gauche dominante : la fibre patriotique, à un moment où le postnationalisme était devenu la norme de référence à gauche, et un jacobino-productivisme, faisant confiance à l'État et à l'économie industrielle au moment de la fortune du postindustriel et du postétatique. Dans les deux cas, on avait donc affaire à des gens marqués par un passé qui les faisait juger inadéquats au présent.

Or ce n'est pas entièrement faux, et c'est là qu'on entre dans des processus un peu complexes.

Car c'est toute l'ambiguïté du bilan de cette construction européenne, qui n'a pas été entièrement négative, tant s'en faut. Elle a été un échec par rapport à ses objectifs, mais il s'est passé quelque chose. Ce qu'on peut reprocher aussi bien à Chevènement qu'à Séguin, c'est de ne pas avoir pris en compte le positif de ce qui s'est joué dans l'expérience européenne, alors qu'ils pouvaient très bien, selon moi, l'intégrer à leur réflexion. D'ailleurs, le Chevènement d'aujourd'hui me semble en train de faire ce travail. Quel positif ? Non pas le dépassement de l'État-nation. Mais il s'est dessiné dans l'expérience européenne une redéfinition des nations, avec un degré de coopération entre elles et d'ouverture les unes sur les autres qui n'a jamais eu d'équivalent dans l'Histoire. On pourrait résumer cela dans une formule simple : contrairement à l'image héritée du passé, qui culmine dans les guerres mondiales, les nations telles que l'Europe les a inventées sont les creusets non pas de la guerre, mais de la paix. La formule de l'État-nation complètement développée est d'essence pluraliste, autrement dit : une nation ne se conçoit pas toute seule, à la différence d'un empire qui vise à la solitude. Une nation, c'est un élément dans un système de nations. Et quand leur formule démocratique est complètement développée, du point de vue de la citoyenneté de leurs membres, leurs rapports sont placés sous le signe de l'interpénétration, sous le signe de la reconnaissance du fait qu'elles travaillent toutes autour d'un élément commun. En voulant dépasser les nations la construction européenne a involontairement accouché de nations plus mûres et moins contestables. C'est cela qui s'est joué ultimement dans cette construction européenne et c'est ce qu'on peut en sauver.

Le problème européen, c'est que cette entreprise s'est développée en fonction d'un projet qui était ignorant de son véritable enjeu. Elle voulait venir à bout de la malédiction guerrière des nations ; elle leur a permis d'affirmer leur vocation pacifique. Mais ce genre de méprise laisse des traces. Nous sommes coincés par un héritage institutionnel inspiré par le dessein initial et inadéquat à la réalité de ce qui s'est passé politiquement en profondeur dans les sociétés européennes. Le défi européen d'aujourd'hui est de prendre conscience de cet acquis imprévu afin de lui procurer une traduction institutionnelle adéquate.

Contrairement à ce que répète l'opinion dominante, la pente de la nation ne serait donc pas le nationalisme ?

Le nationalisme est un épiphénomène idéologique propre à l'ère des extrêmes du premier XXe siècle. Il correspond à l'exacerbation de la dimension impériale qui continuait d'habiter les nations, en particulier les nouvelles grandes nations qu'étaient l'Allemagne et dans une moindre mesure l'Italie. C'est ce dédoublement entre formule nationale et formule impériale qui est à la source des conflits terribles qui ont ravagé le continent, comme il est l'âme des embardées totalitaires. Il est la marque de l'inachèvement des nations, pas l'expression de leur essence. À l'opposé, nous avons affaire aujourd'hui en Europe, en partie grâce à la construction d'une communauté de nations qui a servi d'accélérateur, à des nations pleinement accomplies, c'est-à-dire totalement dégagées de la formule impériale. Celle-ci reste réservée, dans le monde occidental, aux seuls États-Unis. D'où d'ailleurs la difficulté de ce pays à se positionner par rapport aux sociétés européennes qui trouvent son comportement indéchiffrable.

Une nation désimpérialisée est une nation qui a pour principe la reconnaissance de la similarité de sa formule avec celle de ses voisines. Une nation complètement aboutie ne connaît que des semblables, qui ont donc les mêmes aspirations : la liberté de leurs membres dans la prospérité et la paix. Leur tendance est de développer un haut degré d'interdépendance, nullement de déclencher des conflits. L'intérêt de toutes est de mettre le plus possible en commun. Une nation est la forme politique à l'intérieur de laquelle est possible une société libre, indépendante de l'État. Donc en capacité d'avoir des rapports directs avec les sociétés voisines. En ce sens, l'abaissement des frontières — au sens douanier comme au sens politique — est un objectif tout à fait naturel pour des nations accomplies, dans les limites où leur capacité d'autodétermination est préservée. Les sociétés des différentes nations tendent non pas à fusionner, mais à interagir et à s'interpénétrer très fortement, et les États sont là à la fois pour assurer cette bonne coexistence et pour réaliser les finalités particulières de chacune. De ce point de vue, je reprendrais volontiers au premier degré la formule de

Jacques Delors concernant l'Europe : une fédération d'États-nations, mais dans laquelle les nations restent des nations.

N'est-ce pas jouer sur les mots, la formule delorienne étant le moyen trouvé par de vrais fédéralistes pour rassurer une population attachée à la nation ?

Des arrière-pensées sournoises peuvent conduire à une bonne formule ! Cette fédération serait d'un genre particulier parce qu'elle n'instituerait pas un pouvoir supérieur, mais un pouvoir de coordination entre ces nations. C'est cela qui se cherche en Europe depuis cinquante ans, après le tournant de la désimpérialisation qui a résulté des deux guerres mondiales. La question est donc de savoir si nous serons capables de sortir du système actuel dont l'aberration est de combiner les inconvénients de deux formules : un degré trop grand de pouvoir central par rapport à ce qui doit rester la liberté de chacune des entités politiques, et un degré trop élevé de dérégulation économique. Il est à la fois trop centralisateur et trop libéral. Si elle se montre capable de sortir de ce carcan, l'Europe pourrait acquérir une exemplarité planétaire, et développer sur cette base une vraie stratégie mondiale.

Vous pensez donc qu'il s'est joué dans cette construction européenne, et à son insu, quelque chose de très important, qui est l'aboutissement d'un long parcours : la décantation de la formule de l'État-nation. Mais, en n'en ayant pas conscience, les institutions européennes, poursuivant leur objectif de fédéralisme postnational, ne mettent-elles pas en danger cet acquis ?

Si, bien entendu ! Elles risquent même de l'égarer durablement, de le bloquer dans ce qu'il a de positif en provoquant des réactions de style régressif.

Votre position n'est donc pas européophobe mais bruxellophobe !

Si l'on veut. Mais mieux vaut éviter de s'enfermer dans des expressions toutes faites. À l'appui de mon argument, j'invoquerais l'attraction que l'Europe exerce. Celle-ci a, certes, de très mauvaises raisons, l'attrait du tiroir-caisse européen en tête. Mais au-delà, il y a autre chose dont l'enjeu dépasse l'Europe et concerne l'ensemble des nations. On le voit avec les exemples de la Turquie ou de l'Ukraine. Il s'agit de définir un type de rapports entre des communautés politiques pacifiques, qu'elles soient ou non européennes. Les Turcs ne sont pas le moins du monde européens, il ne s'agit pas de cela ; mais les Turcs, du moins la fraction éclairée d'entre eux, se reconnaissent dans le projet européen en tant que citoyens de la nation turque. Les faire entrer dans les institutions européennes telles qu'elles sont conduirait à une déflagration, c'est certain. Mais, si on partait du principe réaliste qui a prévalu durant les dernières décennies, on pourrait imaginer des procédures d'élargissement de cette structure coopérative beaucoup plus aisées et surtout plus sensées.

Quel bilan faites-vous du rôle respectif des institutions européennes ?

La Commission européenne, le Parlement et la Cour de justice ont été faits, il ne faut jamais l'oublier, en vue de constituer un embryon de pouvoir fédéral européen, et ils en portent une marque indélébile.

La Commission repose sur une utopie pure et simple. Une poignée d'individus est censée dégager un « intérêt général européen ». Si les membres de cet empyrée y parvenaient, ce serait un miracle d'autant plus extraordinaire que les conditions de leur désignation le leur interdisent : pourquoi des gens désignés par des gouvernements nationaux auraient-ils cette faculté miraculeuse de s'élever au-dessus des conditions de leur désignation et de mettre en lumière un intérêt général européen dont je n'ai d'ailleurs jamais vu le début de l'ombre d'une définition sur quelque sujet que ce soit ! Je voudrais qu'on me cite un seul exemple d'un commissaire qui aurait été capable de développer une vision pertinente de l'intérêt général européen. En revanche, les illustrations du contraire abondent. L'élargissement à l'allemande conduit par M. Verheugen, pour prendre un cas névralgique, a été particulièrement saillant dans le genre.

Le Parlement, qu'on nous représente comme

l'instance démocratique de ces institutions, est une cour des miracles politique. D'abord, ce n'est pas un Parlement. Un Parlement est un lieu où l'on débat, où l'on se confronte sur des options fondamentales immédiatement intelligibles par les acteurs des sociétés. Au Parlement européen, rien de tel ; c'est seulement une chambre d'enregistrement, où personne n'a jamais vu une discussion publique sérieuse être menée sur quoi que ce soit. Là encore, les conditions de désignation de ses membres n'ont rien à voir avec la formation d'une volonté générale où les citoyens se reconnaîtraient. Qui d'entre nous est capable de nommer trois députés de ce Parlement ? Tous les partis européens ont trouvé avantage à ce Parlement pour caser ceux dont personne ne veut à l'échelon domestique. C'est le placard à balais de la politique européenne !

La Cour de justice européenne est une institution intéressante, qui est loin de n'avoir fait que des choses inutiles, mais qui est animée par la pire des intentions. Car elle est guidée depuis le départ par une analogie infondée avec la Cour suprême américaine, laquelle a joué un rôle immense dans l'intégration politique des États-Unis, mais sur la base de conditions totalement différentes de celles qui prévalent en Europe : treize États confédérés, qui parlent tous anglais, ont la même histoire, sortent d'une même guerre de libération nationale contre les Anglais, et qui obéissent à des règles de droit très analogues. En Europe, on a une Cour de justice hors sol qui prétend faire naître par le droit une communauté politique. C'est, là aussi, un projet irréel qui a pour lui d'être porté par la vogue actuelle du pouvoir judiciaire, et qui, encore une fois, n'a pas que des mauvais côtés, mais qui achève de donner à la construction européenne ce caractère oligarchique qui ne tient aucun compte de la réalité vécue par les citoyens.

À l'arrivée, nous avons donc des institutions qui cumulent à peu près tous les défauts : une Commission de plus en plus intrusive en raison de la dynamique naturelle de la bureaucratie, une structure trop peu coopérative, paradoxalement, car on a créé une union politique à base de concurrence économique entre ses membres, un système politique qui interdit toute définition d'une stratégie à l'échelle mondiale. Une structure ouverte et vide, qui ne dit rien à l'extérieur et qui est incapable de se poser par rapport aux autres partenaires comme une entité : l'Europe est la première entité politique non stratégique de l'Histoire ! Toutes les entités politiques du monde sont stratégiques, à des degrés divers, mais elles le sont toutes ; tandis que l'Europe est un trou noir stratégique où s'est engloutie toute capacité de se définir par rapport au monde et toute capacité d'avoir une action concertée, que ce soit à des fins défensives ou offensives, ne serait-ce qu'en matière d'immigration. On sait abaisser des frontières mais on ne sait pas organiser une sécurité commune ; on sait seulement signer des traités de libre-échange avec ceux qui le demandent.

Dans un monde de plus en plus dur, organiser l'Europe de cette manière, transformer une grande ambition en grande démission, cela a des effets économiques, la désindustrialisation ; des effets sociaux, le chômage de masse. Or ce bilan, qui crève les yeux, l'Europe semble incapable de le dresser.

Il est même infaisable pour le moment. Mais, en dépit de la douloureuse incapacité où nous sommes d'affronter ces questions, elles viendront d'elles-mêmes un jour ou l'autre dans l'espace de la discussion. Notre intérêt à tous est qu'elles viennent ouvertement, calmement, rationnellement, au lieu de venir sous la forme de passions irrationnelles agitées de façon démagogique par des gens aux finalités douteuses.

N'êtes-vous pas un brin optimiste sur cette capacité à affronter les problèmes et à en discuter calmement ? Vous avez parlé de concurrence économique entre des pays trop peu coopératifs. Prenons l'exemple des Roms. Des pays qui font partie intégrante de l'Europe et qui ont souscrit à tous ses objectifs, en particulier en matière de droits de l'homme, ne respectent pas certaines parties de leurs populations. Résultat ? Ils les exportent au nom de la libre circulation. Or, on a vu que les institutions européennes qui ont été incapables de faire respecter le droit de vivre chez soi ont été tout à fait capables d'intimider les États qui refusaient que d'autres exportent les populations qu'ils maltraitent. C'est le pire des fonctionnements imaginables, avec en prime l'interdiction d'en débattre véritablement. Un tel exemple n'incite pas à l'optimisme.

Sur ce sujet, beaucoup d'éléments nous restent inconnus. On ne sait pas quelle est la part des institutions européennes dans la politique suivie par la Bulgarie et la Roumanie. Certains pensent même que c'est un projet délibéré de la Commission européenne, qui, considérant qu'on n'arriverait jamais à résoudre ce problème dans les frontières de ces deux États, a pensé qu'il fallait le mutualiser. Avec l'idée que, dans des pays davantage pénétrés par l'exigence des droits de l'homme, on parviendrait à une intégration plus humaine de ces populations. Mais, si c'est le cas, qui a discuté de cela, qui l'a décidé, et quelle possibilité a-t-on d'évaluer les effets réels de cette politique ? On est face à la conjonction d'une autorité politique en forme d'édredon et de leaders d'opinion pour lesquels il est impensable de discuter de ce problème.

La question qui nous est posée est celle-ci : combien de temps un tel refus du débat politique de fond peut-il durer ? Je continue de penser qu'une telle situation, pour durable qu'elle soit, est forcément transitoire et qu'arrive un moment où elle est remise en question. Avec l'écroulement du communisme, nous avons eu beaucoup de chance : je voudrais bien qu'on ait quelque chose d'analogue avec l'Union européenne. Mais ce n'est pas certain, parce qu'on a touché aux ressorts ultimes qui font que des sociétés existent et vivent en paix à l'intérieur d'elles-mêmes. Cela crée une situation tellement tendue dans l'esprit de beaucoup de gens qu'une issue passionnelle est plausible.

Votre optimisme est d'espérer que cette Europe sera finalement aussi vulnérable que le communisme...

En quelque sorte ! Mais il faut souligner un élément supplémentaire qui va d'ailleurs dans mon sens : c'est la diversité du rapport des pays de l'Union à l'Europe et la diversité de leurs attentes. Cela rend d'autant plus difficile une action concertée. La France, à cet égard, est seule : nous n'avons pas un allié en Europe. Nous sommes les dindons de la farce que nous avons nous-mêmes montée alors que les Allemands ont réussi par l'Europe, économiquement mais aussi politiquement en ceci que leur modèle est le plus conforme à la structure européenne, avec son fédéralisme, l'importance des juges et les bons sentiments obligatoires. Les Anglais, par ailleurs travaillés par un euroscepticisme virulent, ont su garder leurs distances.

Les Anglais ont surtout un mode d'emploi particulier de l'Europe. On peut se demander si ce n'est pas le bon...

Ils ont, de l'Europe, un mode d'emploi stratégique et à géométrie variable selon l'évolution des circonstances. Ils font de la politique, en un mot, ce que nous sommes incapables de faire.

Ils demeurent une nation politique, admirable en cela, avec une capacité à définir une ligne de conduite claire.

On les présente toujours comme les mauvais élèves de l'Europe...

Alors que ce sont les bons ! Ce sont les mauvais élèves du point de vue des Français, qui voudraient ériger leurs fantasmes au rang de modèles.

Et si toutes les nations européennes se mettaient à se comporter comme les Anglais ?

Ce serait en fait un progrès. On mettrait les choses sur la table et on négocierait en vue de résultats communs effectifs. Les Anglais prennent de l'Europe ce qui leur convient et laissent ce qui leur paraît dangereux : sur l'euro, ils ont clairement dit ce qu'il y avait à dire, dès le départ. Et, contrairement à ce qu'on nous explique à longueur de temps, ils ont montré qu'un système financier aussi puissant que la City peut parfaitement fonctionner dans l'Europe de l'euro sans en être. Les banquiers de la City n'ont pas l'air trop malheureux : c'est une leçon intéressante ! On devrait la méditer...

Chapitre VII

LE MODÈLE FRANÇAIS, DE SA NAISSANCE À SA CRISE

De la chronologie de l'histoire de France que vous avez brossée, et particulièrement de l'épreuve que représentent les conditions de l'intégration à l'Union européenne, ressort une manière très française de réussir ou de souffrir, une dimension — atout ou défaut, il faudra y revenir — qui est propre à ce pays, qui lui fait occuper une place à part dans la typologie des nations, mais que l'on a du mal à saisir, de nombreux termes s'efforçant de cerner cette particularité : « modèle français », « système français », « identité française », « exception française ». Lequel est le bon ?

Il y a une énorme difficulté à nommer le type de phénomènes dont nous parlons. Une grande partie des débats, souvent stériles, qui ont pu se développer autour de ces questions tient d'ailleurs à de mauvais choix de vocabulaire.

Il y a quelque chose de juste dans la notion de « modèle français » parce qu'il y a, dans cette affaire, une certaine recherche d'universalité qui joue un rôle important. Mais il serait illusoire de penser qu'il y aurait une série de principes généraux dans la tête des acteurs qui guideraient leur action ; ce serait trop beau.

D'où la fortune du mot « identité », qui a la vertu de souligner la dimension implicite du phénomène, mais l'inconvénient d'évoquer une sorte de noyau fixe, alors qu'on est en face de quelque chose de beaucoup plus diffus et mouvant ; un cadre à l'intérieur duquel des contenus différents ont pu venir successivement se loger.

Quant à la formule « exception française », elle pèche par prétention parce qu'on ne voit pas pourquoi les Français auraient échappé au sort commun et, surtout, elle ne mène nulle part parce qu'il n'y a que des exceptions. Il y a une exception belge, une exception suisse, une exception italienne, etc. Toutes les sociétés occidentales ont un fond commun, mais chacune vit à sa manière sa version des mêmes principes fondateurs et il n'est pas douteux qu'il y a une très forte particularité du cas français. Elle gravite autour d'un noyau qu'il s'agit de circonscrire.

Ce noyau me semble tenir fondamentalement à la manière dont s'est opérée en France la constitution de la forme politique moderne, l'État-nation. Cela s'incarne dans un événement, l'événement nodal de notre histoire qu'est la Révolution française, qui amène cette forme à l'existence consciente. Émerge à ce moment-là une vision hautement singulière de la politique, de la société et de l'individu. La façon dont l'événement révolutionnaire s'accomplit détermine une manière d'être qui va s'actualiser sans cesse sous de nouveaux visages, tout en persistant d'une manière étonnamment stable. On peut tout de suite la ramasser dans une formule qu'il faudra préciser : la façon dont les Français entrent en démocratie par rupture avec l'Ancien Régime est conditionnée par une appropriation de cet Ancien Régime. Le premier qui ait eu l'intuition de ce foyer générateur est Tocqueville, dans *L'Ancien Régime et la Révolution*, mais il me semble en donner une version limitée en se contentant de montrer, contre la conscience que les acteurs de la Révolution ont eue de leur entreprise, la continuité de l'Ancien Régime et de la Révolution. Il a absolument raison, mais encore plus qu'il ne le croit.

Le cœur de la rupture avec l'Ancien Régime est formé par une appropriation, à certains égards, de l'œuvre de l'Ancien Régime : la Révolution accomplit quelque chose de l'Ancien Régime et le reprend à son compte avec, pour rançon, le fait que le révolutionnarisme à la française va constamment ramener en son sein un héritage de l'Ancien Régime, en relançant sans cesse l'exigence de rompre avec lui. En ce sens, et contre François Furet, il faut dire : « La Révolution française est interminable. » Parce que sans cesse l'hydre de l'Ancien Régime resurgit et appelle à une nouvelle rupture, à une nouvelle actualisation de l'idée révolutionnaire. Je crois que c'est dans ces parages que se situe le noyau dur de la singularité française, qu'on l'appelle « identité », « modèle » ou « exception ». Pour exprimer d'un mot cette étrangeté, je dirais que, pour accoucher de la patrie des droits de l'homme, il faut faire appel à l'État absolutiste !

Ce ne serait donc pas seulement une continuité sous forme de traces, diagnostiquée par Tocqueville, mais une nécessité ?

L'originalité de l'expérience politique française est effectivement de mettre au premier plan les principes généraux que sont les droits de l'homme, mais de le faire dans un contexte prédéterminé par la construction politique de la monarchie absolutiste, dont il va falloir reprendre les éléments pour mettre en œuvre ces principes. Et nous, Français, continuons à nous expliquer avec cet héritage, que l'on voit se former au XVIIIe siècle. Le premier chez qui l'on observe très bien cela, c'est Voltaire. Un Voltaire qu'on ne lit plus beaucoup aujourd'hui, l'auteur du *Siècle de Louis XIV*. Au regard de l'image scolaire qu'on en donne, comment cet homme peut-il écrire un livre qui est une apologie de Louis XIV ? Le mystère français est peut-être résumé là. Voltaire a une phrase extraordinaire à propos de Louis XIV : « Un roi absolu qui veut le bien vient à bout de tout sans peine. » C'est par l'autorité absolue qu'on peut réaliser le bien, par l'autorité absolue du pouvoir qu'on peut réaliser la liberté. La pensée française du XVIIIe siècle a brodé toute une série de motifs sur ce thème, sous la plume de Rousseau, et sous celle des physiocrates : le progrès, la liberté, la raison, toutes ces créations des Lumières viennent s'investir dans l'idée qu'il faut un pouvoir absolu pour les réaliser. Cela résulte pour partie de ce que l'État royal français a dû faire face à une aristocratie qu'il a réussi à dompter, à la différence des Anglais, et à une Église catholique dont il s'est agi de réduire la prépondérance politique, ce qui s'est réalisé.

Une fois, donc, qu'on peut définir l'autorité comme légale, comme orientée vers le bien, comme rationnelle, on a la matrice d'une citoyenneté égalitaire, l'égalité étant assurée par le fait que tout le monde est soumis à l'autorité de la loi. C'est cela qui surgit en 1789 et qui installe d'une part les droits de l'homme comme premiers principes et fait advenir d'autre part l'État-nation à la française, beaucoup plus satisfaisant pour la raison que l'État royal, qui incorporait toute une série d'irrationalités, à commencer par les privilèges. La République est la véritable autorité vers laquelle la monarchie se dirigeait sans pouvoir l'atteindre, et elle engendre en même temps la nation des citoyens dans sa simplicité biblique par rapport à la pluralité de la société des corps de l'Ancien Régime. D'où le culte français de l'unité.

La particularité française sort de cette rupture interne de l'œuvre absolutiste qui détermine l'obligation de s'approprier l'autorité absolue pour accomplir une œuvre qui était en gestation mais qui ne pouvait aboutir. Ce moment de fondation contient le mystère de tout le système français, qui va mettre ensuite un siècle à s'installer.

Avec cette notion de vraie-fausse rupture, ne relativisez-vous pas la nouveauté des droits de l'homme, en laissant entendre que l'essentiel de l'œuvre revendiquée par les révolutionnaires était déjà accompli dans la monarchie absolutiste ?

Aucunement. Non seulement cette œuvre n'était pas accomplie, mais elle était inaccomplissable dans ce cadre. Il y a une vraie rupture, rupture avec la forme politique de la plus ancienne et de la plus puissante monarchie européenne. Mais cette rupture a quelque chose d'un accouchement. Elle extrait du corps de cette monarchie, qui en meurt, ce que celle-ci était faite pour produire sans qu'elle puisse le livrer. C'est ce qui explique un trait singulier de la Révolution : elle est menée par des hommes qui n'étaient en rien des révolutionnaires. Au départ, leur but était de rationaliser la monarchie. Les républicains sont une rareté dans l'enceinte de la Constituante. L'idée dominante était de faire de la monarchie ce qu'elle devrait être, sur la base de l'hypothèse que la rationalité est parfaitement compatible avec la monarchie.

L'un des faits les plus caractéristiques des débuts de la Révolution française, l'un de ceux qui illustrent le mieux mon propos, c'est la Constitution civile du clergé. Ce n'est ni plus ni moins que l'accomplissement de ce que le gallicanisme royal n'avait pu réaliser : loin de chercher à éradiquer la religion, cette Constitution civile veut seulement faire des prêtres des fonctionnaires de la nation. L'Église est *dans* la nation, elle est soumise à l'autorité politique mais à l'intérieur de ce cadre elle exerce son magistère religieux comme elle l'entend.

Sauf que, et c'est là que gît la rupture, pour

opérer cette œuvre de rationalisation, on instaure un principe de légitimité, l'égalité. Et ce principe comporte une dynamique interne qui va bien au-delà du projet initial. À commencer par l'exclusion de principe du roi : s'il n'y a que la liberté et l'égalité, l'autorité publique ne peut être qu'anonyme, impersonnelle. L'égalité des citoyens n'admet qu'une autorité, celle des lois. Et l'égalité, ce ne peut être seulement l'égalité devant la loi, c'est au moins une certaine égalité sociale. Babeuf ne naît pas pour rien dans ce sillage ; c'est à sa façon un disciple de la déclaration des droits de l'homme. Cette expérience initiale va fabriquer en quelques années un moule intellectuel, politique, social, et déterminer une logique profonde qui me paraît le cœur de la particularité française.

L'installation de cette logique profonde ne s'est pas faite sans soubresauts...

Parce que cette liberté, ainsi conçue, a besoin de l'autorité. Cela va donner, au sortir de la Révolution française, l'instauration d'un régime dictatorial : Napoléon est l'enfant de la Révolution et, comme il le dit lui-même, il la clôt. Surgit dès ce moment un conflit non résolu entre l'idée que seule l'autorité républicaine des lois est admissible et que tout commandement personnel est exclu — le moindre soupçon d'arbitraire fait frémir tout Français qui se respecte —, et la nécessité, pour que la liberté existe, d'une autorité capable de s'imposer absolument. C'est pourquoi il y a deux partis en France, irréductiblement affrontés : celui qui veut l'autorité impersonnelle, celui qui veut que l'autorité soit incarnée. C'est d'ailleurs toute l'ambiguïté de Napoléon, jacobin d'origine, mais qui en vient à rejouer l'Ancien Régime, avec la Cour, le surplomb autoritaire des institutions et le système des distinctions — notre Légion d'honneur, à laquelle les Français continuent de vouer un culte qui montre que tout cela n'est pas entièrement mort. La Légion d'honneur, c'est-à-dire le droit à une considération particulière dans la vie sociale : une rémanence affaiblie, mais perceptible, des rangs et privilèges de l'Ancien Régime à l'intérieur de la république.

Quels sont, dès le départ, les traits de ce modèle ?

J'en retiens principalement quatre : l'universalisme, la république, un antagonisme interne et une tendance à la réincarnation des traits de l'Ancien Régime.

Le premier caractère, le plus crucial pour nos problèmes d'aujourd'hui, est l'universalisme. Quand Edmund Burke, l'homme politique britannique fameux pour son hostilité à la Révolution française, dit qu'il ne sait pas ce que sont les droits de l'homme, qu'il sait seulement ce que sont les droits de tel ou tel peuple, il prononce la phrase la plus antipathique qui soit pour les Français. Le souci de la Révolution française, ce n'est pas le droit des seuls Français ; elle se conçoit évidemment comme une expérience politique exemplaire, qui vaut par ses principes pour l'humanité entière. Cela se continuera par exemple dans la colonisation à la française, lors de son grand élan à la fin du XIXe siècle. Les Anglais n'ont pas l'idée que leur colonisation est un prolongement de l'œuvre civilisatrice britannique ; ce sont des commerçants qui poursuivent leurs intérêts. Pour les Français, la colonisation constitue un prolongement de la République ; même si, dans la réalité, bien entendu, les choses ne se passent pas comme cela, cette ambition d'universalité va colorer l'expérience française de la colonisation et lui donner sa singularité.

Contrairement à une tendance actuelle à universaliser l'universalisme français, celui-ci se concevait alors dans des limites, des frontières ?

Absolument, et on touche là à l'idée de nation sur laquelle nous reviendrons. Le but de la politique tel que le concevaient les révolutionnaires était l'incarnation de principes à l'intérieur d'un corps politique délimité. L'universalisme consiste dans l'idée que la manière dont nous concrétisons ces principes dans un corps politique délimité géographiquement possède une valeur universelle et une exemplarité pour les autres corps politiques dans le monde. Cette exemplarité tirait sa plausibilité de ses attestations historiques : les Français ont été les premiers à pratiquer le suffrage universel en Europe. Et jusqu'en 1914, la République française fait figure d'exception sur le continent, avec la République helvétique.

Aujourd'hui, et c'est un élément majeur de la crise, l'universalisme s'est transféré des nations aux droits des individus. Il est posé par principe que les nations sont particulières alors que seuls sont universels les droits que détiennent les individus. C'est là que réside le changement, qui met radicalement en question le modèle français, sur plusieurs plans : l'immigration évidemment, mais aussi la manière dont on va concevoir l'articulation du pouvoir judiciaire, gardien des droits individuels, et du pouvoir politique, expression de la communauté des citoyens. L'implicite, aujourd'hui, c'est que le pouvoir judiciaire, arbitre des droits individuels, est au-dessus du pouvoir démocratique ; un juge a potentiellement raison contre la majorité des citoyens. Or l'idée de nation est fondamentale dans le républicanisme, et la nation a un territoire, une langue forcément particulière mais qui sert à matérialiser l'universel.

Après l'universalisme, le deuxième trait du modèle historique qui surgit de la Révolution est la république, autrement dit : la chose publique. Le cœur du cœur de ce qui s'incarne à partir de 1789, c'est l'idée que le citoyen individuel n'existe que par sa participation à la chose publique, faite de lois qui doivent obéir à la raison. Volonté plus raison, cela donne la volonté générale. D'où résulte la volonté d'homogénéité, d'unité, pour que le pouvoir des lois soit sans restriction. La diversité, pour un Français, veut dire qu'il y a un pouvoir au-dessus qui nous échappe et qui tient tout cela ensemble. Ce pourquoi la notion lui répugne. Le pouvoir en commun suppose l'uniformité dans son application.

Troisième trait : le modèle français est intrinsèquement antagonique. Il ne peut fonctionner qu'avec des divisions extrêmement fortes, qui sont autant de versions autorisées des principes de base. J'y ai fait allusion il y a un instant, en évoquant l'opposition, native de la Révolution, entre le parti de la liberté et le parti de l'autorité. Cette division va se rejouer de multiples façons, mais il y a une constante à la fois de la division et du refus de la division. Refus de la division parce que chacun des camps présente l'autre comme traître aux principes. La vraie division française n'est pas celle qui a occupé tout le XIXe siècle, entre les contre-révolutionnaires et les partisans de la Révolution. Ou, plutôt, ce n'est là que la surface des choses. Derrière, il y a quelque chose de bien plus profond, qui est la division *interne* du républicanisme à la française. La dernière expression instituée en a probablement été, après 1945, le couple gaullistes-communistes. D'une certaine façon, il s'agit là des deux versions du jacobinisme, également autorisées. L'une qui met l'accent sur les conséquences sociales de l'égalité, avec une insistance sur l'internationalisme et la nécessité d'une autorité économique : la version des communistes, qui n'ont pas besoin de Marx pour vouloir les nationalisations. L'autre qui insiste sur le patriotisme comme valeur primordiale, sur l'autorité de l'État comprise de façon assez traditionnelle, personnifiée, portée par un chef identifié : la version des gaullistes. C'est là que se trouve l'antagonisme français par excellence, qui, encore une fois, n'est pas tant celui de l'Ancien Régime et de la Révolution que l'antagonisme interne à la république. Pour le dire en termes plus modernes : il y a une république de droite et une république de gauche et elles sont aussi enracinées l'une que l'autre.

Le quatrième trait de la singularité française est la réincarnation permanente de l'Ancien Régime, qu'on dénonce constamment et qui revient constamment dans le jeu social et politique. L'un des observateurs les plus perspicaces de sa rémanence dans la dernière période a été Philippe d'Iribarne, dont le livre *La Logique de l'honneur* montre très bien comment, en France, la citoyenneté est un statut. Un statut dont le modèle est donné par la liberté nobiliaire comme privilège dans l'Ancien Régime, qui fait que l'honneur est la catégorie par laquelle les gens comprennent leur position sociale dans tous les métiers. Dans la compréhension française de la citoyenneté comme participation égalitaire à la chose publique, il y a quelque chose comme une démocratisation du privilège de l'Ancien Régime. Une des corporations, qui ne se définit pas comme particulièrement réactionnaire, où cette conception statutaire s'exprime avec vigueur est celle des enseignants. Ces rémanences de l'Ancien Régime se diffusent partout dans la société française, mais là où elles se manifestent le plus, c'est dans l'exercice de l'autorité et en particulier de l'autorité publique. L'État français fonctionne à bien des égards comme un État d'Ancien Régime tout en étant républicain dans ses principes.

Comment cela s'articule-t-il ?

Le trait le plus frappant est la façon dont il est dominé par une élite de hauts fonctionnaires constituant une caste privilégiée. Une quasi-nomenklatura de style soviétique pour les plus polémiques, en tout cas une « noblesse d'État », selon l'expression significative popularisée par Pierre Bourdieu. Encore ne comprend-on généralement sous ce nom qu'une haute noblesse, celle des « grands corps », à distinguer d'une petite bien plus large, connue sous la dénomination d'« énarchie ». L'histoire de cette dernière est elle-même édifiante. L'ENA telle qu'elle naît à la Libération est une création républicaine destinée à lutter contre la captation des dits grands corps par une cooptation d'élites sociales se reproduisant en vase clos et à instaurer une administration moderne au service du pays. Le résultat est celui qu'on sait. Le recrutement est indiscutablement méritocratique, même si l'on peut débattre de ses critères. Il dégage des gens compétents et plutôt dévoués au bien public dans l'ensemble. Mais l'esprit d'Ancien Régime a inexorablement rattrapé et gangrené cette méritocratie républicaine. La naissance et le titre ont été remplacés par le rang au concours. Ce n'est plus : « Il ne s'est donné que la peine de naître », mais : « Il ne s'est donné que la peine de réussir un concours », étant entendu en plus que la naissance est un gage solide de réussite au concours. Le classement, pour les plus chanceux, est un sésame pour la vie. Il ouvre la porte du petit groupe à l'intérieur duquel vont se répartir les fonctions importantes, avec un souci vigilant des monopoles à préserver et le jeu des connivences qui en découle. Entre cabinets ministériels, personnel politique et maintenant intérêts privés, dérégulation oblige, le verrouillage mafieux est complet. Mais le détournement de la méritocratie des concours est bien plus répandu dans la société française. Il est consubstantiel au système des grandes écoles. Il tend à recréer partout cet entre-soi des gens non plus bien nés mais bien classés et bien diplômés.

De la même façon, cette France si attachée à l'impersonnalité du pouvoir reconstitue une société de Cour autour de tous les pouvoirs. Pas seulement autour du pouvoir suprême. La présidence Mitterrand, présidence de gauche, eût mérité son Saint-Simon. Mais de bien plus modestes personnages, dans de bien plus modestes fonctions, n'en bénéficient pas moins du même empressement servile. Le phénomène de Cour se retrouve à tous les étages avec sa flagornerie, ses intrigues, ses distributions de faveurs. Inutile de dire qu'il ne contribue pas à donner aux responsables le sens des préoccupations qui anime les gens ordinaires.

D'une manière générale, notre pays, qui déteste l'autorité arbitraire, est celui où l'autoritarisme le plus incontinent sévit le plus largement. La France a un problème avec l'autorité, qui rend les relations sociales spécialement conflictuelles.

Mais ce modèle français dont vous énumérez les traits n'est pas invariable dans le temps, il a une histoire.

Naturellement. Pour le principal, cette histoire a tourné autour d'un problème qui a été l'épine dans la chair de la République en France, à savoir sa difficulté à intégrer les données de base de l'économie et à permettre l'éclosion d'une société économique indépendante. L'économie est le règne des intérêts privés, dont le jeu pousse à l'inégalité. En plus de ne pas avoir été au centre d'une expérience collective axée sur l'appropriation de l'État, elle n'entre pas spontanément dans la vision de la citoyenneté développée sur cette base. D'où une tension native entre la chose publique et la dynamique de l'économie privée. Car non seulement celle-ci pèse lourd, mais elle est la force d'entraînement majeure de la vie collective. Il s'agit donc d'accorder ces deux ordres de réalité. Tâche d'autant plus incontournable que la liberté moderne, avec la révolution industrielle, prend le visage de l'entreprise économique au sein d'une société civile indépendante. Comment accorder cette donnée avec la logique de la souveraineté populaire ? Forgé à l'époque du rationalisme classique, l'État à la française a de la peine à s'accommoder de cette dimension qui lui échappe.

De fait, l'histoire du modèle français — gardons le terme — suit l'histoire des révolutions industrielles auxquelles il est contraint de s'adapter. La IIIe République s'attache à intégrer la première révolution industrielle, c'est-à-dire la disparition de la petite paysannerie et du petit artisanat, qui constituent encore, pour quelqu'un comme Alain, en 1910, l'horizon de la réflexion. Au cœur de la IIIe République, il y a la construction de l'État comme appareil de gestion de la vie collective, incarnant une forte autorité qui permet de faire l'économie d'un pouvoir personnel. L'équilibre ainsi obtenu est mis à mal avec la venue de la seconde révolution industrielle à la fin du XIXe siècle. Elle est l'univers de la grande entreprise, des intérêts organisés et des conflits de classes, des syndicats et des partis, toutes choses en regard desquelles la République radicale apparaît dépassée. C'est de Gaulle qui va permettre la digestion de cette seconde révolution industrielle qui met gravement en question la vision de la politique et de la société sur laquelle campaient les républicains « classiques », si l'on peut dire. Dans cette perspective, l'œuvre gaulliste représente l'adaptation tardive des principes de la république au contexte créé par l'ère des masses et l'univers des grandes organisations.

Et aujourd'hui ?

Je ne sais pas s'il y a une troisième révolution industrielle, mais on voit bien que nous sommes dans un nouveau mode de fonctionnement de l'économie, dans une nouvelle société dont le défi, adressé à la République, est désormais l'individu. Plus le citoyen ni les masses organisées, l'individu. La République des citoyens fonctionnait. La République des grandes organisations aussi. Mais la

République des individus, c'est une autre affaire ! Des individus qui se réclament de leurs intérêts *privés*, qui se soucient comme d'une guigne de l'intérêt général, qui récusent l'autorité de l'État et pour qui la loi se définit de plus en plus comme ce qu'il faut contourner. La perturbation est donc majeure. Le marasme où nous sommes tient à ce qu'une nouvelle synthèse républicaine est indispensable. Ce n'est pas une tâche impossible, mais encore faut-il des gens pour s'y atteler.

La fresque historique que vous avez brossée donne l'impression d'un accomplissement automatique de ce modèle français. Quelle part laissez-vous au facteur humain ? Selon les périodes, ceux qui arrivent aux manettes ont plus ou moins de volonté, plus ou moins de talent, plus ou moins de latitude. Des personnages comme Colbert, Napoléon III, de Gaulle croient au volontarisme, d'autres non...

Il n'y a aucun automatisme, mais il y a une grande cohérence logique de ce parcours. La France est le pays où la forme État-nation a reçu, pour des raisons historiques contingentes, son expression la plus pleine. Cela commence avec l'État royal qui favorise la formation d'une nation de citoyens, nation qui se retourne contre lui. Depuis ce moment révolutionnaire, nous sommes dans la recherche d'un ajustement des deux logiques qui continuent de se déployer, recherche compliquée par l'approfondissement des deux, avec une société civile, notamment économique, de plus en plus indépendante. Bien sûr que dans ce cadre le facteur humain est déterminant. Mais les acteurs ne font jamais qu'exploiter les ressources du cadre. Il aurait pu ne pas y avoir de Bonaparte. Mais Bonaparte n'agit pas dans le vide. Sa reconstruction de l'État s'inscrit dans la droite ligne d'une série d'héritages. Dans l'autre sens, le plus grand talent peut difficilement aller contre la direction d'ensemble, de même qu'il n'est rien sans une situation propice. À cet égard, le parcours n'est pas homogène. Il y a des moments constructeurs et des moments destructeurs. Des moments de création et des moments de décomposition. Auguste Comte aurait dit : des phases critiques et des phases organiques. Par exemple, les années 1930 représentent le moment critique par excellence : la République radicale, qui avait peu ou prou réussi l'acclimatation du modèle républicain en France, est prise en défaut sur tous les plans, qu'il s'agisse de la conduite de l'économie, de la confrontation aux idéologies extrêmes ou des dysfonctionnements du parlementarisme. Il faudra la Ve République pour parvenir à la stabilisation.

Il est clair que nous sommes à nouveau dans une phase critique, qui attend les gens capables de porter un projet adéquat pour remettre les choses en ordre et pour adapter les principes républicains à la nouvelle société. De Gaulle avait opéré une synthèse heureuse entre le principe de personnalisation du pouvoir et l'impersonnalité républicaine. Qui ne voit aujourd'hui que ce modèle a dégénéré : le pouvoir présidentiel est à la fois absurdement autoritaire et absurdement impuissant.

Le modèle français, de sa naissance à sa crise 257

Le président de la République a trop de prérogatives et cet excès se révèle au final paralysant. Il faut trouver un autre équilibre des pouvoirs et un autre style de fonctionnement des institutions. Une des raisons qui font que la France va mal est la persistance de comportements autoritaires d'un autre âge et qui ne sont plus supportés, et ce à tous les niveaux. Cela commence dès le pouvoir municipal, où l'opacité, l'autocratie, le népotisme, le clientélisme demeurent trop souvent la règle, à côté d'expériences démocratiques remarquables. Il n'est pas de jour où la chronique ne soit défrayée par les abus de satrapes locaux ou les extravagances de nomenklaturistes qui se croient tout permis. L'Ancien Régime est toujours là et la Révolution reste à faire !

Revenons sur l'histoire et les origines du modèle français. Qu'est-ce qui a primé dans la République, la nation ou l'État ?

L'histoire des XIXe et XXe siècles français est celle de la formation d'un consensus majoritaire autour de l'héritage étatique. On le condense en général dans les deux notions bien connues de colbertisme, sur le plan économique, et de jacobinisme, sur le plan politique, l'un et l'autre censés être la source de tous nos maux, invoqués à longueur de colonnes par les commentateurs politiques depuis fort longtemps. Derrière ces deux notions, il y a un processus, le processus sans doute le plus spécifique de l'histoire de la France moderne. Je le disais, la décantation de la formule de l'État-nation y a atteint un degré de pureté dont on ne voit pas l'équivalent ailleurs. La responsabilité en incombe à la Révolution française, qui opère une rupture avec l'autorité monarchique, mais pour dissocier le Roi et l'État et récupérer celui-ci comme l'autorité rationnelle, impersonnelle, qui traduit par la loi la souveraineté du peuple et de la nation. De la même façon, la nation sort de la société des corps, des hiérarchies et des privilèges pour donner la nation des citoyens libres et égaux. Le moment révolutionnaire est celui de l'accouchement de cette double gestation en route depuis la fin du XVIe siècle à l'intérieur de la matrice absolutiste, qui voit émerger parallèlement une nouvelle forme d'autorité et une nouvelle forme de communauté politique cachées derrière les anciennes. Passé le choc de leur irruption violente, viendra le moment de leur digestion et de leur appropriation consensuelle, au milieu de vives contradictions, car ces deux entités corrélatives ne sont pas simples à ajuster.

Nation et État émergent-ils de manière simultanée ?

Oui, et de ce fait, la crise révolutionnaire engendre deux versions apparemment antinomiques des mêmes prémisses. La Révolution, dans sa volonté de déconstruire l'Ancien Régime, est dans son principe hostile à l'État séparé ; elle aspire à un gouvernement d'assemblée où l'exécutif n'est qu'un appendice subordonné, ce qui ne l'empêche pas de réclamer l'autorité absolue pour les lois émanées du peuple souverain. C'est la contradiction du jacobinisme : tout le pouvoir à la souveraineté du peuple, mais sans appareil pour la traduire. Le régime napoléonien vient résoudre cette contradiction, en mettant en forme l'État rationnel et en incarnant l'aspiration à la souveraineté nationale qui suppose en fait un appareil extrêmement puissant pour la concrétiser sur le terrain. Mais l'appareil oublie facilement en route la nation dont il est supposé être l'organe : autre contradiction. Cela va ainsi donner au XIXe siècle deux traditions profondément différentes : le républicanisme, hostile par principe au pouvoir personnel tout en étant attaché à l'idée d'une autorité indiscutable du collectif, et le bonapartisme, qui met au contraire l'accent sur le rôle de l'incarnation de l'autorité de l'État, tout en se voulant l'expression de la volonté populaire manifestée par le plébiscite.

Cette tension va se résoudre en deux temps, en fonction de la découverte progressive, d'un côté, que la souveraineté du peuple a besoin d'un appareil pour la concrétiser, et, de l'autre côté, que le pouvoir personnifié n'a de sens qu'au service explicite de la nation. Étatisation de la république et républicanisation de l'autorité incarnée : telles seront les deux grandes vagues d'enracinement et de stabilisation du legs révolutionnaire.

La république se stabilise en incorporant l'État. Ce sera l'œuvre propre de la IIIe République. C'est ce qui en fera le régime conservateur que nul n'attendait ! Car la république est certes le régime qui assure l'expression des droits des citoyens, mais c'est aussi le régime qui garantit l'ordre public et qui donne corps à la chose publique, par exemple au travers des services publics. C'est l'assomption de ce rôle qui la mettra en mesure de recueillir l'adhésion des sensibilités conservatrices, lesquelles ne se résument pas, à loin près, aux intérêts des couches possédantes. Mais la synthèse républicaine laissait pendante la question politique de la forme du gouvernement et du lien entre le peuple et le pouvoir. Le régime d'assemblée n'y répondait pas. C'est à la synthèse gaulliste qu'il reviendra d'opérer la conciliation de la représentation personnelle de l'autorité de l'État et de la souveraineté populaire. La nation et l'État ont enfin trouvé leur conjugaison à peu près harmonique. C'est ce qui achève d'ancrer la démocratie dans le pays sous son visage républicain. À l'arrivée, on a donc une sorte de formation de compromis qui fait de l'État le lieu géométrique du consensus français. Les conservateurs y retrouvent leur souci de l'ordre, les partisans du dynamisme économique y trouvent la force d'impulsion nécessaire à leurs plans, quant à la gauche progressiste et socialiste, elle y voit l'instrument de la redistribution, de la justice sociale et même, dans une version qui va un temps prévaloir, le pilotage de l'économie. Nous avons là le cœur de la politique française : la centralisation contre toutes les féodalités locales, la loi comme règle contre toutes les formes de commandement personnel, la méfiance envers tout ce qui représente une force de dissociation de la société civile dans son auto-organisation, l'idée que la politique doit commander à l'économie. Cette variété des expressions possibles de l'État républicain couvre le spectre à peu près complet des positions politiques françaises.

En lisant les choses de cette manière, on voit qu'il y a eu en France un âge d'or de l'étatisme républicain : il se confond avec les Trente Glorieuses, de la Libération à la crise du milieu des années 1970. Ses points saillants se repèrent facilement : les nationalisations de la Libération, l'instauration de l'État social, puis, avec la Ve République, l'articulation enfin claire de l'État et du gouvernement, sous l'autorité du président de la République. On peut dire qu'à ce moment-là la France a trouvé la forme politique adéquate à son histoire, en venant à bout des contradictions dans lesquelles elle se débattait depuis 1789. Il faut avoir cet aboutissement en tête pour comprendre l'ampleur du choc qui va résulter du changement de monde.

Vous n'avez rien dit, dans cette période où, progressivement, l'État républicain devient objet du consensus, de sa confrontation avec l'Église.

C'est vrai, et il est indispensable d'introduire ce facteur dans le tableau. Il renvoie à l'une des plus longues batailles de l'histoire de ce pays. Le fond de l'affaire est l'idée — elle sort des guerres de Religion — qu'il y a dans l'autorité politique de l'État un principe spirituel supérieur à celui des Églises, pour une raison décisive : le pouvoir étatique ne clive pas, contrairement à celui des

Églises. Il représente vraiment la généralité des citoyens, alors que, par définition, les religions constituent le lieu même des disputes et des conflits d'opinion. L'État apporte un principe de cohésion collective qui peut être allié, comme c'est le cas sous la monarchie, avec l'Église catholique, mais qui la domine parce que c'est de l'intérêt supérieur du pays qu'il s'agit. Ce que ladite Église n'entend pas nécessairement de cette oreille. D'où les querelles de prérogatives qui n'ont cessé de troubler cette alliance, au XVIIIe siècle exemplairement. La Révolution, en prétendant vider la querelle une fois pour toutes, l'a envenimée au point que l'on sait. Un moment étouffée par l'Empire et la Restauration, la bataille se réveille en grand au XIXe siècle avec le tournant antimoderne de l'Église catholique. Le *Syllabus* de 1864 et la proclamation de l'infaillibilité pontificale en 1871 en font l'ennemi juré du camp de la liberté et du progrès. Le principe de l'État moderne va achever de se dégager à la faveur de cet affrontement. C'est l'enjeu de la loi de séparation de l'Église et de l'État de 1905. Son objet n'est pas simplement de retirer sa position officielle à l'Église catholique tout en garantissant la liberté de culte et de conscience. Il est, ce faisant, d'affirmer la complète indépendance du gouvernement de la cité, précisément parce qu'il est l'expression des libertés, vis-à-vis de quelque conviction religieuse que ce soit. Ce qui revient à poser la supériorité de l'instance politique sur les différentes visions religieuses. Elle les dépasse tout en les laissant libres de s'exprimer, dès lors qu'elles ne prétendent pas définir la loi de la cité. Cela n'empêche pas les croyants d'intervenir en politique au nom de leurs idées religieuses, mais cela leur demande de les exprimer dans un langage qui permet à ceux qui ne les partagent pas de les discuter sans qu'elles s'imposent à eux. Liberté républicaine et autorité de la République achèveront de conférer à l'État cette touche de suréminence si particulière à la France.

Comment se fait-il que, dans ce conflit entre systèmes de cohésion collective — celui de l'Église, bien installé, et celui de la République, en projet —, le public l'ait emporté sur le religieux dans un pays où les partisans du public ne sont alors pas majoritaires et ne le seront toujours pas après leur victoire ? Est-ce la conscience de cette supériorité morale de l'État que vous évoquez qui fait la décision, ou un simple rapport de force ?

En effet, les partisans de l'État républicain, à l'époque de la séparation, n'étaient probablement pas majoritaires. Cependant, les catholiques, un moment secoués par cette rupture et tentés, pour certains, par l'hostilité radicale au régime, vont finir par se rallier à la République laïque. Nous ne parlons pas d'une poignée de militants, mais des masses catholiques, notamment rurales, qui font alors leur entrée dans l'univers démocratique. Elles vont adhérer à cette dissociation des deux sphères : d'une part la sphère de la liberté collective qu'administre le pouvoir de l'État, faite seulement de la voix des citoyens réunis, et d'autre part la sphère du rapport personnel à l'au-delà, aux fins dernières et au salut, sphère où l'État n'a rien à dire, nonobstant la dimension spirituelle qu'il comporte dans son ordre — mais dans son ordre seulement. La Grande Guerre parachèvera cette intégration des masses catholiques dans la République. L'Église finira par se rallier à son tour à ce principe et aujourd'hui la laïcité ne lui pose plus aucune question, l'appareil ecclésial est aussi convaincu que n'importe quel citoyen que l'ordre politique se définit exclusivement sur la base de la libre volonté des citoyens. C'est ce qui m'a fait dire que l'Église catholique a été absorbée dans la démocratie. Elle admet que le message dont elle est porteuse ne lui donne pas l'autorité de définir l'ordre politique adéquat à la destination humaine.

La séparation a été, ainsi, l'occasion, fournie par le contexte, d'expliciter un principe fondamental de la modernité politique qui s'est imposé ailleurs en pratique, mais en restant le plus souvent implicite — le principe, ni plus ni moins, de l'autonomie humaine. On comprend le retentissement que cette proclamation a pu avoir à l'époque et l'exemplarité dont elle a investi la République française.

Selon vous, l'apogée de cet État-nation républicain se situe sous la présidence de De Gaulle. Comment expliquer que quelque chose qui fonctionne si bien disparaisse si vite ?

Il y a eu une combinaison de deux séries de facteurs : les critiques internes et le choc de la crise. L'effet de remise en cause interne ne doit pas être sous-estimé, mais il faut remarquer qu'il n'est pas spécifique à la France. Le monde occidental dans son entier connaît les mêmes problèmes et les mêmes interrogations au même moment. Avant même que la crise se déclenche, on a l'impression d'un élan qui trouve ses limites, dont les rendements décroissent, et dont les performances plafonnent. La France l'exprime d'une manière particulière avec Mai 68, qui va faire émerger spectaculairement cette critique, mais sous un signe contradictoire. D'un côté, en effet, Mai 68 a réactivé une France révolutionnaire d'un autre âge ; de l'autre, il promeut une critique très actuelle de la société de consommation, d'un style de gestion autoritaire de l'État, etc. Le terrain était donc préparé, avec la critique de l'absurdité bureaucratique, du caractère irréel du Plan, du dévoiement des nationalisations. Le doute s'installe sur la validité du modèle technocratique tel qu'il fonctionne.

Là-dessus, la crise survient, avec le premier choc pétrolier de l'automne 1973, qui provoque un changement mondial : c'est en fait l'irruption de la mondialisation, y compris sous la forme du nouveau rapport de force qui s'établit, comme nous l'avons évoqué, entre pays consommateurs de pétrole et pays producteurs. Jusque-là, les pays occidentaux faisaient en quelque sorte l'aumône aux Bédouins, qui s'en contentaient. Les Bédouins s'émancipent et réclament une part du gâteau nettement plus conséquente !

Donc, la vague de remise en question est venue

pour partie de l'intérieur, mais plus fondamentalement de la crise, qui marque l'intrusion du monde dans l'espace économique domestique, alors que les Français n'en avaient qu'une vision somme toute lointaine.

Les critiques internes datent du début des années 1970, tandis que la grande vague néolibérale ne survient qu'au début des années 1980. Quel est le lien entre les deux ? Les critiques internes ont-elles à votre avis servi de préalable ? N'y a-t-il pas plus que de la contiguïté, une véritable articulation qui n'a pas été perçue entre les deux phénomènes ? Prenons l'exemple de la centralisation, considérée comme diabolique dans les années 1970. La centralisation est sans doute l'inscription la plus concrète, la plus construite de l'État dans la société. Elle est directement liée à la notion d'égalité, avec l'idée qu'il faut apporter à chacun, par l'école, par la SNCF, par la Poste, par la distribution de l'eau, etc., la même qualité de service. Dans les années 1980, Philippe Séguin n'était pas compris d'avoir été un des premiers à avoir attiré l'attention sur le fait que toucher à la centralisation, c'était toucher à l'égalité.

Les politiques néolibérales sont une réponse à une question qui grandit dans les années 1970 avec l'échec des recettes de la période de haute croissance pour traiter la crise. Mais le premier fait qui doit nous interpeller, pour ce qui nous concerne, c'est que le modèle français cesse d'être compris de ses acteurs. Le phénomène est très frappant et donne à penser sur la façon dont opèrent les discontinuités historiques. Comme si tout à coup il y avait un effet de distanciation. La centralisation n'est plus vue qu'à travers le prisme de l'autorité imposée, on ne voit plus la visée d'égalité. On peut dire la même chose sur tous les autres plans.

Il me semble qu'il s'est joué là quelque chose d'assez spécifique à notre pays. Le tournant a été vécu de manière très doctrinaire, dans l'incompréhension de l'histoire antérieure, mais avec une volonté de rupture très typique de cette histoire. On aurait pu imaginer le développement d'un projet réformiste raisonné, se proposant de remédier aux dysfonctionnements flagrants d'un système de commandement effectivement dépassé et d'une économie administrée paralysante. Au lieu de cela, c'est la bonne vieille radicalité qui parle. La partie la plus active de l'élite intellectuelle se met à cultiver une image noire du passé français. Comme s'il y avait eu une réactivation de l'imaginaire révolutionnaire où le passé républicain se met à faire figure d'Ancien Régime !

Particularité française, la gauche a activement participé à cette déconstruction du passé républicain. C'est l'époque où dans Libération, *en 1984, Laurent Joffrin parle de « la masse grisâtre de l'État français, qui ressemble de plus en plus à un château fort inutile »...*

La perspective de la rupture a touché la gauche comme la droite. La globalisation a été vue par l'aile marchante des deux camps comme l'occasion révolutionnaire de purger le pays de ses archaïsmes étatistes et autoritaires. De fait, l'insertion dans le nouveau paysage international des économies ouvertes, des monnaies flottantes et des acteurs qu'on appelle aujourd'hui « émergents » a été un choc majeur. Il l'a été pour tout le monde, mais il avait de quoi être spécialement traumatique pour un pays comme la France dont il prenait l'héritage à contre-pied. L'impératif d'adaptation s'introduit à droite, avec Giscard d'Estaing. Il déploie une pédagogie inimitable dans son mélange de bonne volonté et de condescendance technocratique, pour essayer de faire comprendre aux Français qu'il faut désormais penser et travailler en fonction du monde extérieur. La crise économique oblige dans tous les cas à repenser le rôle de l'État. La martingale keynésienne ne marche plus. Elle s'enlise dans la stagflation. Le choix n'est plus entre le chômage et l'inflation : les deux vont ensemble. Les rigidités de l'économie administrée deviennent insupportables dans ce contexte. Le consensus se fait au sein du personnel dirigeant sur la nécessité d'en sortir. Libération des prix, désindexation des salaires sur les prix, fin du contrôle des changes : tout cela, que Giscard avait amorcé, c'est à Mitterrand qu'il reviendra de l'accomplir, au nom de la gauche, dans un mémorable tête-à-queue, après une tentative vite abandonnée de socialisme dans un seul pays. En France, le néolibéralisme se fraie son chemin à gauche. *Libération* est son chantre. Il était bloqué à droite par les gardiens de l'orthodoxie gaulliste, que Giscard n'était pas parvenu à circonvenir, jusqu'à ce que Chirac, converti tardivement, devienne un thatchérien enthousiaste. Avec ce ralliement, la mue est achevée. Tout le monde est persuadé, désormais, au sein des partis de gouvernement, que c'est l'économie qui commande, qu'il faut la laisser faire, et que le politique n'est là que pour encadrer sans diriger. Les dénationalisations sont au bout de cette avenue. La supériorité de la gestion privée est tenue pour hors de doute. Qui dit gestion publique dit inefficacité, gaspillage et pagaille bureaucratique. Au-delà de l'économie, l'entité reine devient la société civile, censée faire ses affaires elle-même, l'appel à l'État ne s'imposant qu'en dernier ressort. Fait remarquable, encore une fois, c'est sous la gauche et pour le principal au nom de la gauche que les élites françaises se sont pénétrées de ce credo libéral qui devient la doctrine de la mondialisation.

Mais dans les élites de gauche, l'enthousiasme prime la contrainte...

En général, oui ! L'idée qui le justifie est qu'on poursuit ainsi la modernisation, grande tâche publique depuis la Libération. La gauche des années 1980 croit sincèrement poursuivre cette œuvre de modernisation en adoptant des principes qui vont aux antipodes de ce qu'était celle des années 1945. Michel Rocard et Pierre Rosanvallon sont typiques de cette inflexion.

Cette conversion constitue tout de même un mystère politique : comment ont-ils pu, de bonne foi et dans l'allégresse, penser poursuivre une modernisation de gauche en soldant à la fois un héritage gaulliste qui avait fonctionné et tout leur fond de doctrine depuis un demi-siècle, des nationalisations à l'autogestion ?

Nous parlons ici de la deuxième gauche, fer de lance du mouvement, pas de toute la gauche. Même si celle-ci dans son ensemble, du reste, ne va pas tarder à se mettre à l'unisson, et pas toujours pour de bonnes raisons, en découvrant que la décentralisation, par exemple, est le moyen de construire des fiefs locaux inexpugnables ou que les privatisations ouvrent de riches perspectives de carrière...

Parlons sérieusement. J'évoquais un choc traumatique. L'expression n'est pas trop forte. Le changement de direction manifeste du cours du monde a provoqué un examen de conscience confinant à la crise morale au sein de la société française. L'objet type de la réflexion publique durant ces années, ce sont les échecs dans la durée de quelques-uns des grands projets industriels du gaullisme : le plan calcul, la filière nucléaire graphite-gaz, la sidérurgie, plus tard le Minitel. Ces fiascos se sont mis à symboliser les défauts rédhibitoires du modèle français : des ingénieurs brillants, des projets mirifiques, mais qui débouchent sur le vide, puisque personne ne veut les acheter. Un profond doute sur les vertus de l'étatisme modernisateur s'est insinué dans les esprits à ce moment-là. Un doute aggravé par le volontarisme onirique de la gauche mitterrandienne en 1981. À la faveur de ce doute, la critique d'un modèle enfermé dans un centralisme autoritaire et dysfonctionnel est devenue irrésistible. On n'a plus vu dans cet héritage qu'un fardeau dont il convenait de se débarrasser au plus vite en passant à autre chose, c'est-à-dire aux façons de faire des gagnants de l'heure. Il y avait beaucoup de constats fort justes dans cette critique, mais à aucun moment elle n'a pris l'allure d'un tri entre le bon grain et l'ivraie, entre ce qu'il fallait d'urgence corriger et ce qui pouvait être relancé moyennant réforme. Les élites de droite et de gauche se sont persuadées que ce particularisme handicapant était à liquider en bloc et que le seul programme valide consistait à se convertir inconditionnellement au nouveau cours des choses. Comme si l'on pouvait se débarrasser du passé par décret !

Comment cela a-t-il été vécu par les Français ?

C'est justement là que le bât s'est mis à blesser sérieusement. Ils n'ont rien compris dans leur masse à ce qui leur arrivait, sinon qu'au nom de la modernisation on les abandonnait à leur triste sort de ringards. Bien entendu, non sans leur administrer des cataplasmes sociaux, d'ailleurs fort onéreux. Mais jamais une allocation chômage ne remplacera un véritable travail. Le déni mitterrandien n'a rien arrangé. Les populations ne sont pas entrées dans les desseins des élites et se sont installées dans une attitude de révolte et de blocage. Elles campent depuis lors dans le refus de principe et l'obstruction, dans la conviction où elles sont qu'il n'y a que des mauvais coups à attendre. C'est ce qui a accrédité en haut lieu l'idée d'un pays ingouvernable. La France n'est pas ingouvernable en soi, elle l'est pour accomplir ce programme-là ! Les réformes ont donc été faites à moitié et très mal. Elles ont souvent abouti à garder les inconvénients du passé, tout en en introduisant de nouveaux. À l'arrivée, le pays a l'impression de ne plus savoir où il en est.

Le point sans doute crucial, pour la vie publique, est la décentralisation. La manière dont elle a été faite est typique de ce cumul des inconvénients. On a gardé les défauts de la centralisation et de son style d'autorité centrale ignorant des particularités locales, le manque de remontée de l'information jusqu'à Paris. Mais cela sans prendre garde à l'affaiblissement des contre-pouvoirs qui rendaient le système acceptable. Car, si la France avait un pouvoir central fort, elle avait aussi des pouvoirs locaux affirmés. Il existait en fait ce que le sociologue Pierre Grémion a très bien analysé comme un « pouvoir périphérique » où l'État négociait en permanence avec les élus locaux. C'est en fonction de lui, d'ailleurs, que s'est développé le système du cumul des mandats, qui répondait à une nécessité fonctionnelle : avoir un pied dans chaque monde, de façon à être bien installé localement tout en ayant accès au sommet, afin de contrer éventuellement des initiatives intempestives du pouvoir central. Cette capacité d'intercession procurait une certaine lisibilité du fonctionnement d'ensemble aux citoyens, en dépit du caractère oligarchique de la mécanique.

Paradoxalement, le renforcement des attributions des pouvoirs locaux a eu pour effet de dissoudre cette lisibilité. Une réforme improvisée avec pour seul souci les prérogatives des élus a abouti à une situation où le pouvoir local et son articulation avec le pouvoir central sont strictement indéchiffrables pour le citoyen. Ce qu'il perçoit, c'est un système de partage des pouvoirs entre les élus qui lui est entièrement opaque.

Le résultat est une organisation politique où le rôle des contre-pouvoirs a reculé. La centralisation avait eu pour effet de concentrer les contre-pouvoirs à Paris, parce que c'était là que s'exerçait le pouvoir, qu'il s'agisse de la presse politique ou des organisations en mesure de peser sur les décisions publiques. Au niveau local, ces contre-pouvoirs étaient faibles, si ce n'est inexistants, parce qu'ils n'avaient guère lieu d'être. Ils le restent, alors qu'une part significative du pouvoir est descendue au niveau local. Mais il s'exerce sans contrôle ni contrepoids véritable. On a ressuscité à la base ce qui avait été le défaut rédhibitoire du parlementarisme à la française : la captation de la représentation par les députés. Au total, la démocratie a régressé. Notre décentralisation est l'exemple de la réforme radicalement ratée. Certes, ici et là, quelques personnalités entreprenantes ont su exploiter ses possibilités pour aboutir à de belles réalisations. Georges Frêche a métamorphosé Montpellier, mais à quel prix pour l'image du personnel politique ! Du point de vue de l'implication des citoyens et du rapprochement des choix publics avec les populations concernées, les effets sont à l'opposé de ceux qui étaient théoriquement recherchés.

Le coût politique de la décentralisation — le recul de la démocratie — est en effet considérable. Mais le coût financier n'est pas moindre : on a créé en trente ans 500 000 postes de fonctionnaires locaux, et l'utilité ou l'efficacité de certains d'entre eux sont discutables...

C'est l'un des principaux problèmes français : l'État central est arrivé à un degré minimal de subsistance alors que les collectivités territoriales continuent de s'étoffer allègrement. Vu le volume des dépenses, il y a bien entendu des résultats, mais l'inefficacité globale est impressionnante. La réduction des budgets freine aujourd'hui le mouvement, mais la tendance de fond demeure. La question est juste mise en suspens.

Autre exemple de ce néoréformisme de la gauche, son application à privatiser plus largement que la droite...

Les privatisations ont donné des réussites économiques tout à fait remarquables dans un certain nombre de cas. Mais, du point de vue de l'intérêt collectif, on peut être plus perplexe sur les bénéfices qu'elles ont permis de réaliser. Elles n'ont pas le moins du monde remédié à ce qu'on pouvait reprocher aux entreprises publiques : être sous influence politique et servir de base à un clientélisme avéré. Si l'on avait coupé le cordon entre l'État et les entreprises privées, de façon à ce qu'elles aient un fonctionnement indépendant, au moins les choses auraient été nettes. Mais ce n'est pas ce qui s'est produit. Comme le disait l'économiste Alain Cotta, il y a en France trois sortes d'entreprises : les publiques, les privées et les privatisées. L'intérêt public n'est plus représenté dans les entreprises privatisées, mais l'intérêt des hauts fonctionnaires, lui, ne s'y est jamais si bien porté. La chronique de la vie des grandes entreprises, c'est celle de leur captation par les cabinets ministériels et les grands commis de l'État. Sous le régime en principe libéral de Nicolas Sarkozy, on en a eu plusieurs exemples spectaculaires. On est allé chercher le patron d'une banque dans le cabinet du Président, celui d'une entreprise de téléphonie dans le cabinet du ministre des Finances, etc. Les grandes entreprises sont pour l'essentiel aux mains d'une oligarchie d'ex-fonctionnaires dont le souci de l'intérêt public n'est pas le trait le plus frappant. Ce qu'ils ont de « public » est leur carnet d'adresses, qui leur permet de négocier des avantages considérables dans leur nouveau secteur d'activité. Nous avons vu cela en grandeur nature avec la loi bancaire adoptée par le gouvernement Ayrault, qui a été écrite par des banquiers dont il se trouve qu'ils sont socialistes pour quelques-uns et en tout cas camarades de promotion des gens qui comptent en haut lieu. Moralité : les Français n'ont pas été capables de faire une loi bancaire équivalente à celle des Anglais ou des Américains, qui passent difficilement pour des bolcheviks ! On a quand même du mal à comprendre ce système de gestion plus que jamais incestueux.

Incestueux et parfaitement immoral : des manœuvres, des ambitions et des trajectoires qui auraient été impensables sous les ors de l'État il y a encore trente ans ne posent aujourd'hui de problème à personne. Que s'est-il passé pour que ce soit devenu possible ?

Simplement le fait que la notion d'intérêt public s'est vidée de son sens. L'intérêt général est supposé être la somme des intérêts particuliers, de sorte qu'il est bon que ceux-ci s'épanouissent. Nous avons donc un État pourvoyeur de privilèges à côté d'une économie privatisée. Si la France avait fait le choix clair de la privatisation, à la limite, cela aurait pu être défendu, même si ce n'est pas ma philosophie. Mais le mélange des genres est ce qu'il y a de pire et il ne peut être perçu par le commun des citoyens que comme un système immoral, où les positions publiques ne sont que des voies d'accès aux rémunérations privées. Le spectacle de cette satrapie ne peut pas ne pas avoir des effets délétères. On s'étonne après cela des mécontentements « populistes » !

La gauche ne s'est pas montrée plus cohérente et courageuse sur la réforme de l'État central...

Ce refus de prendre à bras-le-corps le problème de l'État et de la gestion publique est l'échec historique de la gauche française depuis les années

1980. Elle n'a conduit aucune réflexion sur ce thème. En pratique, elle s'est ralliée au courant dominant, celui du « *new public management* », dont le raisonnement est tout simple : il suffit d'appliquer à l'État les règles qui valent pour les entreprises privées. Il faudra bien un jour dresser le bilan de l'application de ces recettes. Sans entrer dans le détail, ce qui est sûr, chacun peut le constater, c'est que l'État y a perdu l'essentiel de sa capacité stratégique. Par rapport aux échéances fondamentales qui sont les siennes, la Défense, l'organisation du territoire, la transition énergétique, on ne peut pas dire que ses moyens de se projeter dans le futur se sont améliorés. Nous avons assisté au contraire à une désorganisation progressive de l'État, aggravée de l'extérieur par la soumission aux directives européennes. Dans un pays où les citoyens vivaient comme un privilège de disposer d'un appareil doué d'une incontestable force projective, dont les capacités s'étaient vérifiées au moment de la grande expansion des Trente Glorieuses, cette déconfiture de l'État est inintelligible et déprimante.

L'État n'est plus du tout acteur, mais il continue d'être payeur !

Il n'est plus qu'une agence de moyens. Comme il a le bon goût d'avoir ancré dans les esprits depuis pas mal de temps le consentement à l'impôt, il jouit encore de ressources considérables, dont le principe a été acquis précisément pendant la phase de modernisation, et il redistribue *larga manu* dans des conditions de confusion impressionnantes. Je ne parle pas de détournements de fonds, mais seulement de désordre, de désorganisation, d'impéritie. Là encore, pour un pays qui a investi la promesse d'organisation rationnelle dans cet appareil, c'est hautement déconcertant.

Le jeu de rôle stérile qui s'est installé entre la droite et la gauche n'améliore pas les choses, la droite disant : l'État fonctionne de plus en plus mal, il faut privatiser grandes entreprises et services publics, la gauche se bornant à répondre qu'elle défendra les fonctionnaires contre cette agression...

La gauche dit en effet qu'il ne faut pas y toucher mais, dès qu'elle a le pouvoir, elle y touche ! Sans attaquer par ailleurs les grands privilèges des uns et des autres dans ces entreprises. On va remettre en cause les acquis des cheminots en matière de gratuité des transports, mais je ne suis pas sûr qu'on touche à la mafia polytechnicienne qui forme le staff de l'entreprise ! En fait, la gauche touche au statut des entreprises d'État par l'intermédiaire de l'Europe. Ce qu'on refuse de faire à partir de Paris, on le fait par le détour de Bruxelles, et l'ensemble des services publics français est ainsi en passe d'être privatisé. Avec parfois des effets épouvantables, comme on l'a vu dans le cas de France Telecom. On a négocié une privatisation avec le maintien des avantages statutaires du personnel. À ceci près que, à partir du moment où l'entreprise est dans un cadre privé, elle obéit à des critères de gestion qui n'ont plus rien à voir avec ce statut et cela provoque les dérives qu'on a vues à l'œuvre — puisqu'on ne peut pas licencier, on met la pression sur les gens pour qu'ils partent. Bizarrement, les privatisations sont au goût de la gauche quand elles sont européennes, et mauvaises quand c'est la droite qui veut les faire ! C'est un débat d'image pipé dans lequel l'intérêt du public est la dernière chose dont on se soucie.

La gauche elle-même s'est finalement ralliée sans trop se l'avouer au dogme selon lequel le privé est plus efficace que le public. Or cela reste à démontrer. Qui a eu affaire à des bureaux de poste privatisés peut attester que c'est plus compliqué que cela ! Et on peut multiplier les exemples. Mais il n'y a eu aucune recherche d'un nouveau modèle d'efficacité publique. Les dirigeants politiques de tout bord ont renoncé à opérer la transformation nécessaire, en mettant les choses à plat, à commencer par les abus et les dysfonctionnements, qu'il s'agisse de l'organisation territoriale ou du fonctionnement interne des administrations, afin de retrouver un système performant, adapté aux circonstances, dont les nouveaux moyens techniques, mais dans le respect de ses principes fondamentaux. On s'est contenté de recourir à des recettes transposées de l'entreprise privée, en les important, qui plus est, sans même se préoccuper d'en produire des versions locales. Comme si, en pareille matière, il pouvait y avoir des solutions abstraites, passe-partout, qu'il suffirait de transplanter chez nous. Si tout cela avait donné un pays dynamique, épanoui, à l'avant-garde de l'économie de l'innovation, je m'inclinerais. Mais ce n'est pas ce que nous constatons. L'entrée de la France dans le monde global a été ratée.

Nos élites se bouchent-elles les yeux, ou bien n'ont-elles pas conscience de ce bilan ?

Je suis de plus en plus frappé par leur degré d'inconscience. Le phénomène a plusieurs niveaux. Il y a d'abord un phénomène de base qui nourrit cette inconscience et en fait quelque chose de presque volontaire : le nouveau cadre européen et global crée chez beaucoup de ceux qui ont par leur position un pied dans les deux mondes une véritable honte d'être français. Ils rougissent d'être les représentants de ce pays qui est le mouton noir de la classe. À cela s'ajoute le fait que l'intérêt collectif a complètement disparu de leurs préoccupations. Quant à ceux qui sont dans le système politique, il y a de leur part une incompréhension manifeste du problème. Pour eux, les blocages de la société française sont irrationnels, passéistes. Entre eux et les citoyens de base, il y a non pas une fracture sociale, mais une fracture morale : ils ne vivent plus dans le même monde que celui de leurs administrés. Car la plupart des citoyens continuent de vivre dans le cadre historique que nous avons décrit, celui de leur héritage national. Au sommet, il y a des gens formés dans une autre culture, celle de l'espace global. Regardez les petits soldats de la globalisation qui sortent des écoles de commerce. Pour eux, ce dont nous parlons n'existe pas, c'est purement et simplement du chinois. La culture commune construite autour de l'acquis historique, qui était un ciment de force incomparable entre les citoyens et les élites, n'existe plus.

Vous avez expliqué que la constitution de l'identité française tournait autour d'un socle historique ancien, transformé par la Révolution : l'État-nation. Nous avons vu ce qui reste de sa dimension étatique. Mais la nature de sa dimension nationale semble avoir été encore davantage perdue de vue...

La notion même de nation est occultée dans l'esprit de nos contemporains par celle de société. Il n'y a plus *des* nations, il y a *de la* société. Ce que pouvait représenter la nation comme principe politique, qui définit seulement ensuite une forme de société, est tombé dans l'oubli. C'est d'autant plus remarquable que, au contraire, le moment révolutionnaire et ses suites ont donné une sorte de clarté, qui a duré cent cinquante ans, à la notion de nation. Elle a été de par le monde, pendant longtemps, un référent essentiellement français. La France, c'était la nation. L'État n'était que son prolongement opérationnel. Ce qui occupait le premier plan, c'était la nation, et je précise : la nation des citoyens.

Mais loin de représenter un particularisme français, comme on l'entend dire aujourd'hui, la nation telle qu'elle décante au moment de la Révolution prétend à l'universel. C'est la mise en forme d'une communauté politique certes particulière, de par le territoire sur lequel elle est établie, mais universelle dans les principes selon lesquels elle fonctionne, et notamment le premier d'entre eux : sa composition par des « citoyens ». La nation est la forme politique qui correspond au principe de citoyenneté. En tant que telle, elle exclut tout particularisme. Elle ne considère pas, dans les êtres qui la composent, ce qu'ils sont concrètement, dans leur condition sociale, la couleur de leur peau ou la langue qu'ils parlent, mais seulement leur capacité de participation à la chose publique. D'ailleurs, les adversaires de cette conception abstraite ne s'y tromperont pas, qui brandiront justement en face d'elle la « vérité » du sang, de la terre et des morts ; du lien fondé non pas sur une appartenance civique mais sur un enracinement ethnique. Du coup, cette nation est ouverte dans son principe à quiconque est prêt à adhérer aux principes qui régissent son fonctionnement. En résumé, la citoyenneté constitutive de la nation à la française se définit par la participation égale de tous à la chose publique, dans un horizon universaliste. Bien entendu, c'est la France particulière qui la met en œuvre, mais ce qui compte n'est pas cette particularité mais les principes qui la fondent, lesquels sont à vocation universelle. C'est évidemment un idéal, un idéal qui va mettre du temps à se concrétiser et va donner lieu à plusieurs batailles sociales et politiques. Mais ce sera le moteur de la République française pendant un siècle et demi. Quelque turbulence qu'il advienne, ce socle ne bouge pas jusqu'à l'après-Deuxième Guerre mondiale, où la Résistance et le gaullisme lui prêtent une nouvelle vie.

Quand cette idée de la nation advient en France, elle est largement minoritaire. Pourquoi s'impose-t-elle ? Comment surgit-elle, et d'où ? Cela aurait-il un rapport avec le fait que la France est un pays moins homogène que beaucoup d'autres, et qu'il fallait donc inventer un système qui permette de faire tenir ensemble des Basques, des Bretons, des Corses, des Alsaciens ?

Comme souvent, la force de l'idéal est proportionnelle à la difficulté à laquelle il est confronté. Il est vrai que la France révolutionnaire s'affronte à un énorme problème de diversité interne, qui va mettre longtemps à se résorber. La proposition de citoyenneté universelle n'en avait que plus de poids. L'idée de nation politique était assez clairement conçue comme solution permettant le dépassement d'une diversité de fait qu'il ne s'agissait pas de supprimer mais dans laquelle il ne fallait surtout pas s'enliser. Mais cette idée forte a des origines indépendantes de la situation concrète que trouvent devant eux les révolutionnaires. Ces principes relèvent d'une philosophie politique qui s'est petit à petit décantée dans la seconde moitié du XVIIIe siècle et qui a fonctionné comme un creuset. Avec la formidable séduction de la promesse d'unité dans la liberté qu'autorisait la citoyenneté universelle.

Contrairement à une thèse souvent défendue, et qui dénonce le caractère « pré-totalitaire » de cette vision jacobine de l'unité, la citoyenneté ne consiste pas à demander aux gens d'abandonner ce qu'ils sont, elle consiste à leur demander de le dépasser. C'est très différent ! Les révolutionnaires savaient très bien qu'ils n'allaient pas éradiquer les particularismes locaux, que le Midi n'est pas le Nord, qu'un Basque n'est pas un Breton. Simplement, il existe un levier permettant d'aller plus loin que cet ancrage, lequel va évidemment persister. Ce n'est pas un projet de négation des différences. Il s'agit d'intégrer les gens dans un cadre homogène, mais ce cadre n'est pas destiné à se substituer à leur existence réelle. Il est destiné à construire un lieu idéal au-delà d'eux. Les instituteurs de la IIIe République n'avaient absolument pas pour projet de nier les cultures locales, mais de leur ajouter un étage en fonction duquel elles prenaient un autre sens.

Ce nouvel étage s'est finalement installé facilement...

Ce qui a ancré cette idée de la nation au XIXe siècle est le mouvement des nationalités, qui traverse tout le siècle européen et qui est compris à l'époque comme la cause par excellence de la liberté. Le mouvement commence avec les Grecs, se poursuit avec les Polonais, l'Italie, l'Allemagne. La cause du droit des peuples à disposer d'eux-mêmes est fondamentale et elle va, ne l'oublions pas non plus, se prolonger jusqu'aux mouvements anticolonialistes du XXe siècle. Dans ce contexte, la France est la nation qui se pense comme nation en fonction de son soutien de principe aux mouvements des peuples en faveur de leur autodétermination.

C'est ce qui expliquera, plus tard, le retentissement énorme de l'affaire algérienne, car il y avait là un heurt de principes qui créait un drame de conscience pour beaucoup de Français.

J'ai tendance à penser qu'on peut comprendre aussi le rôle formateur de l'affaire Dreyfus sous cet éclairage. Elle est un moment important de clarification de l'idée nationale. De quoi est faite une nation ? Est-elle cette réalité supérieure au nom de laquelle les adversaires de Dreyfus refusent l'idée même que l'armée ait pu se tromper ? Ou bien, comme le plaident les dreyfusards, est-elle cette forme politique qui place au-dessus de tout les principes de vérité et de justice, puisqu'elle est faite de citoyens égaux ? Cette confrontation a été déterminante pour la décantation de ce qu'on met en France sous le mot de nation. Nous sommes au moment, il faut le rappeler, où la droite s'approprie l'idée de nation, qui appartenait jusqu'alors au répertoire révolutionnaire. Mais ce faisant, elle en fait un principe de conservation, d'enracinement, elle la particularise. D'où la portée en regard de la réactivation d'une vision universaliste qui s'opère au travers de l'affaire Dreyfus. La nation est digne de ce nom pour autant qu'elle obéit à des principes et ne se contente pas de faire valoir ses intérêts, qu'ils soient géopolitiques, stratégiques ou ethniques.

La prétention à l'universalité n'est pas un monopole français !

Non, mais l'universalisme américain, qui n'est pas moins puissant que le français et qui a mieux survécu que lui, est très différent. C'est un universalisme de l'exception : il existe quelque part sur cette terre un pays qui se consacre à la défense de la liberté, au besoin contre tous les autres. Il y a dans son fondement une donnée d'élection qui n'existe pas dans l'universalisme français. À la différence de la nation américaine, la nation française n'est pas à part des autres ; elle est au contraire un exemple d'application de principes qui peuvent être reçus par tous les autres. L'universalisme américain a ceci de particulier qu'il met les États-Unis à part ; même quand ils donnent l'exemple, ils sont à part. L'universalisme français est destiné à devenir la règle générale.

De fait, il vivait mieux quand la France restait une exception. Il ne faut pas se lasser de rappeler qu'à la fin du XIXe siècle, la France est la seule république en Europe, exception faite de la Suisse. Elle peut se tenir pour « l'avant-garde du vaisseau de l'humanité », comme disait Michelet dans une formule typique. Mais quand on n'est plus l'avant-garde et qu'on est comme tout le monde, c'est un choc. La nation à la française s'est banalisée. Or la France, malgré tout, tirait une énergie puissante de son idée missionnaire. Cette idée n'est plus missionnaire ; les principes qui faisaient son exceptionnalité sont ratifiés partout, non seulement dans l'espace européen mais dans un cadre de plus en plus large. Et nous découvrons, de surcroît, dans le miroir des autres nations, que nous avons une façon particulière de comprendre l'universalité de nos principes fondateurs. Il y a d'autres conceptions de la citoyenneté, qui découlent pourtant des mêmes principes : voilà ce que les Français découvrent avec étonnement. Le cas le plus topique, de ce point de vue, est celui de la laïcité.

Si les principes français ont été exportés partout, nulle part ailleurs ils n'ont été imités totalement. La laïcité, centrale dans l'histoire et le dispositif républicain français, n'a pas fait école ailleurs, à ce qu'il semble...

Avec sa laïcité, la France a en effet poussé plus loin que les autres les principes fondateurs. Le fait est à rapporter à la logique de l'idée républicaine, c'est-à-dire au refus conséquent de l'autorité monarchique, en tant qu'elle représente la subordination à une légitimité supérieure, à la fois dynastique et religieuse. La république à la française développe les implications de ce refus jusqu'au bout, stimulée en cela, il faut le dire, par la confrontation avec l'Église catholique du *Syllabus* et de l'infaillibilité pontificale. Son propos est de bâtir une autorité politique expressément séparée de toute référence religieuse, en tant que traduction de la liberté métaphysique des hommes, liberté métaphysique par ailleurs tout à fait compatible avec la liberté pratique des individus d'adhérer aux convictions et de suivre les cultes de leur choix. Il n'est nullement demandé aux croyants de renoncer à leur foi, mais d'admettre l'existence d'une sphère politique à part de la sphère civile où s'exerce leur liberté de conscience. On voit la différence avec la République américaine, bâtie sur la liberté religieuse et où la liberté politique couronne la coexistence pacifique des confessions. Dans les faits, cette séparation du politique et du religieux s'est imposée progressivement partout. Elle est passée souvent en Europe par la transaction de la monarchie constitutionnelle (sur un fond protestant, de surcroît), ce qui en a adouci les contours. Du coup, la laïcité à la française, avec sa rigueur principielle, fait figure de doctrinarisme d'un autre âge, en regard de ce consensus mou. C'est un bon exemple de la façon dont des idées similaires sur le fond trouvent des traductions culturelles assez différentes en fonction des contextes et des expériences historiques des uns et des autres. Il n'y a que des versions particulières de l'universel. Les Français le découvrent un peu tard, du fait d'une histoire à la pointe du mouvement politique moderne, qui les a incités à prendre leur version spéciale de ces principes dont ils se voulaient les hérauts pour l'universel tout court. C'est un aspect non négligeable de l'ébranlement identitaire provoqué par l'ouverture globale. En même temps qu'il y a banalisation de ce qui a fait longtemps l'originalité française, il y a relativisation de la manière de le comprendre.

Mais pourquoi les Français ressentent-ils si fort cet ébranlement ?

Parce qu'il affecte non seulement des éléments cruciaux de leur vision héritée de la chose publique, mais la cohérence du système liant ces éléments entre eux. On ne saurait trop souligner la solidarité forte qui unit ces composantes principales que sont la citoyenneté, la laïcité, l'école, la culture.

La citoyenneté, c'est l'essence de notre idée de nation : il faut le redire car, aujourd'hui, la notion de nation tend spontanément à se réduire à la nationalité, à une appartenance non choisie. Ce qui fait la nation est la souveraineté, et la souveraineté de la nation est faite de celle de ses citoyens. Dans l'idée du citoyen, il y a celles de partage égal de la chose publique et de supériorité de la chose publique sur la chose privée. Le citoyen se définit par ses droits et ses devoirs à l'égard de la chose publique. Être citoyen, c'est faire l'effort rationnel de s'élever au-dessus de soi-même pour se mettre en état de juger de l'intérêt général, c'est se porter au-delà de l'individu naturel. Le corollaire de cette définition est l'indépendance du citoyen, qui participe à la formation du pouvoir mais ne se sent pas nécessairement engagé dans ce que disent les pouvoirs. Le philosophe Alain sera le chantre de cette conception, avec son idée du citoyen contre les pouvoirs. Le citoyen est indépendant puisqu'il est rationnel. D'où la *dignité* attachée à la citoyenneté à la française, par quoi se réintroduit une connotation aristocratique. Dignité partagée, et donc nullement réservée, mais qui n'en a pas moins des traits d'Ancien Régime.

On comprend à partir de là la manière dont la laïcité va venir se greffer sur cette idée de citoyenneté. La laïcité est en effet le sommet de l'exigence exercée à l'endroit du citoyen par sa participation à la chose publique : elle lui demande de mettre entre parenthèses ses croyances les plus profondes sur le sens de l'existence pour ne regarder que ce qu'il a en commun avec ses concitoyens, qui ne partagent pas forcément ses convictions. La laïcité sacre la transcendance de la chose publique.

On comprend de la même façon la place que l'école va jouer dans cette construction. Car, évidemment, on ne naît pas citoyen, on le devient. Il faut fournir aux individus les moyens de cette exigence vis-à-vis d'eux-mêmes et de cette compréhension de la chose publique au-delà des convictions privées et religieuses. L'école devient l'institution sociale clé, éminemment politique tout en étant non partisane. Elle est le lieu où sont donnés à tous les moyens d'être citoyens.

De surcroît, l'école va devenir, dans cette ligne, un instrument de justice sociale. Cela commence sous la IIIe République. Une fois l'école établie contre les prétentions de l'Église, se pose le problème de l'égalité. L'aile avancée du parti républicain va développer autour de l'école l'idée que la vraie justice sociale, c'est l'égalité des chances. Ces républicains sont anticollectivistes, ils ne croient pas à l'égalisation des fortunes ; mais ils sont extrêmement sensibles au fait que les moyens offerts aux individus pour exprimer leurs talents sont inégaux. D'où l'idée d'une école qui serait le véritable instrument de la justice sociale parce qu'elle serait en mesure de détecter les mérites et de permettre à chacun de les exprimer pleinement. Dans une Cité idéale, les positions sociales seraient distribuées en fonction des mérites révélés par l'école. Cette philosophie va culminer à la Libération dans le plan Langevin-Wallon, qui constitue une utopie politique. L'éducation devient la clé du fonctionnement social. L'objectif doit être, je cite une formulation caractéristique, « la possibilité effective, pour les enfants français, de bénéficier de l'instruction et d'accéder à la culture la plus développée, afin que les fonctions les plus hautes soient réellement accessibles à tous ceux qui auront les capacités requises pour les exercer et que soit ainsi promue une élite véritable, non de naissance, mais de mérite, et constamment renouvelée par les apports populaires ».

Avec une telle vision de la nation des citoyens, la culture acquiert une place éminente au sein de la chose publique. Il ne s'agit pas d'un simple supplément d'âme, et moins encore d'un divertissement des individus, mais d'un vecteur de la civilisation à laquelle la communauté politique est appelée à contribuer. Contrairement à la fameuse phrase du tribunal révolutionnaire condamnant à mort Lavoisier — « La République n'a pas besoin de savants » —, la République française est la République des savants.

Mais alors comment expliquer qu'il ait fallu attendre la Ve République pour que soit créé un ministère de la Culture ?

Parce que jusque-là la culture était dépendante du ministère de l'Instruction publique. D'ailleurs, lorsque André Malraux crée le ministère de la Culture, la notion est déjà en train de changer de sens : la culture se réduit aux arts ; ni les sciences ni les lettres ne font plus partie de son périmètre. On est dans un moment où le concept de culture se spécifie. Mais en même temps, qu'un gouvernement qui n'était pas spécialement de gauche crée un ministère de la Culture au titre de la grandeur de la France vaut reconnaissance de la centralité de la chose.

Malraux marque plutôt la fin d'une histoire. Les Maisons de la Culture, qu'il crée, sont dans le droit fil du Front populaire, de Léo Lagrange : on n'allait pas au spectacle, on allait apprendre, ce qui est tout différent. Cette ambition meurt très vite...

Le moment Malraux s'inscrit encore dans la continuité du projet d'éducation populaire. Les Maisons de la Culture sont le dernier acte de cette grande ambition qui commence avec les universités populaires des dreyfusards, se poursuit avec le Front populaire et s'achève avec ces institutions qui vont bientôt connaître un autre destin.

Que reste-t-il de cette trame républicaine de la nation à la française et de ses éléments essentiels : la citoyenneté, la laïcité, l'école, la culture ?

L'édifice, à l'évidence, est lézardé de partout. Il s'est délité dans ses parties et dans sa cohérence d'ensemble au cours des quarante dernières années sous le coup de la libéralisation des sociétés occidentales, laquelle ne se réduit pas à l'idéologie néolibérale même si celle-ci se greffe sur celle-là. Il s'est produit, d'une part, un énorme changement dans l'économie, qui a renvoyé dans le passé l'univers des grandes organisations planifiées, et simultanément, d'autre part, un changement dans la société sous le signe de la prise de pouvoir par les valeurs individuelles, qui a transformé aussi bien la famille, le rapport aux enfants, l'éducation en général, que le rapport entre les sociétés civiles et l'État. Les sociétés civiles s'autonomisent et l'État devient une sorte de prolongement instrumental de la société civile au lieu d'être l'instance en surplomb qui domine et définit le cadre dans lequel va se situer la vie civile. La supériorité de la chose publique est remise en question. Or elle constituait auparavant le point clé de la vision de la nation que nous avons décrite. Le consensus qui s'installe dans les années 1980 peut à peu près se formuler ainsi : l'intérêt général n'est que la somme des intérêts particuliers qui doivent librement se manifester pour aboutir à une expression satisfaisante.

En France, cette évolution va se traduire d'une façon spectaculaire, dans la liquidation de l'État technocratique, pilote, régulateur, administrateur de l'économie, qui avait culminé pendant les Trente Glorieuses et surtout dans la phase gaulliste. L'idée de planification s'évapore, une grande partie du personnel technocratique rejoint les sociétés privatisées dans un mouvement de fuite significatif. L'idée de régulation étatique de l'économie devient une hérésie, typiquement française, dénoncée comme telle et bonne pour le musée. L'avènement de la Banque centrale indépendante couronnera ce mouvement de dérégulation.

Dans cette mutation, l'idée du citoyen change complètement : on passe à l'acteur de la société civile, qui va voter de temps en temps. Un individu privé qui manifeste dans les échéances électorales ses intérêts, ses opinions, ses désirs. En aucun cas il ne s'agit plus de la participation rationnelle à une sphère supérieure déterminant les grandes règles qui vont présider à la vie sociale. L'école, du même mouvement, doit se mettre au service de l'épanouissement personnel et de l'employabilité future. Quant à la culture, elle bascule du côté des libres loisirs.

Le choc de cette évolution va être spectaculaire sur le terrain de la laïcité...

Ce modèle de laïcité est-il durement éprouvé parce qu'on n'ose plus s'en servir dans ce climat où priment les désirs des individus ou bien parce qu'il est confronté à une situation nouvelle — l'arrivée d'une religion d'importation, l'islam, possédant des paramètres inédits ? Ou, dit autrement, la difficulté vient-elle de ce qu'on n'ose pas faire subir à l'islam le sort qu'ont subi le judaïsme lors du Grand Sanhédrin et le catholicisme avec la loi de séparation, ou bien du problème posé par une religion qu'il est beaucoup plus difficile que les précédentes de faire passer au laminoir de la laïcité ?

Les deux explications s'additionnent. Comme on pensait la question de la laïcité réglée, on a peu ou prou oublié les termes dans lesquels elle s'était posée. Du coup, nous sommes pris à revers par sa reviviscence. D'autre part, nos normes s'appliquent mal à cet objet très spécifique — l'islam — dont, en plus, la plupart des responsables ignorent tout et ne comprennent pas la nature. Intervient ici un paramètre supplémentaire : il est à peu près interdit d'interroger sa nature puisque, par définition, toutes les religions sont supposées être semblables, à ceci près qu'on est tenu de dire du mal de toutes celles qu'on connaît mais pas de cette dernière venue !

Il faut pourtant dire les choses comme elles sont : l'islam tel que nous le recevons s'est incarné dans un espace où il n'a jamais connu le type de pouvoir qui est familier aux juifs, aux catholiques et aux protestants depuis le XVIe siècle. Cela est une donnée objective dont il faut partir. C'est une religion qui arrive dans un état de décalage civilisationnel et culturel considérable par rapport au traitement qu'ont subi les religions à l'intérieur de la culture occidentale. Depuis le XVIe siècle, il existe par exemple, pour les religions qui nous sont familières, ce qu'on appelle la critique biblique. À savoir : un travail séculaire de reconsidération des textes fondateurs, qui a eu un effet majeur, à la longue, sur les consciences religieuses elles-mêmes. Pratiquement rien de tout cela n'existe pour l'islam. On a à peine commencé l'examen du Coran selon les normes philologiques actuelles. Ne parlons pas de l'énorme corpus qui s'est greffé autour des paroles du Prophète, qui sont de l'ordre de ce que nous connaissons comme les Évangiles apocryphes dans le cas du christianisme, ou des manuscrits de la mer Morte dans le cas du judaïsme. Une telle conscience critique n'existe pas dans le cas de l'islam. D'où par exemple le flou artistique sur une question comme celle du voile : non seulement il n'y a pas dans l'islam d'autorité dogmatique qui pourrait dire ce qu'il en est du droit, mais le poids des traditions dans le monde musulman reste suffisamment fort pour représenter un défi à tout ce qu'on pourrait dire d'autorisé sur la question.

Dernier facteur, et non le moindre : il y a une spécificité de l'islam. Le rapport propre de cette religion à la chose politique et à la vérité révélée le rend assez réfractaire à la discussion publique. Le pluralisme religieux n'est pas l'attitude spontanée de l'islam. Et quand on vante le prétendu « miracle andalou » de la tolérance de l'islam, on se moque de nous. Il ne s'agit pas de tolérance, mais de hiérarchie, où la position dominante de l'islam s'accommode de la présence de confessions subordonnées. Tant que l'islam fonctionnait avec ce schéma hiérarchique où il y avait une place bien marquée pour les autres religions tolérées — les « gens du Livre » et eux seulement —, il n'y avait pas de persécution, mais un impôt à acquitter en échange de la protection des autorités et en signe de soumission. À partir du moment où ce cadre hiérarchique s'écroule, l'islam révèle, en revanche, un potentiel d'intolérance considérable. Sa conception de la vérité divine révélée ne le dispose pas spontanément à une aimable coexistence dans le cadre du pluralisme démocratique. Ne rêvons pas. D'où l'importance de prendre le problème de front, et d'encourager de la part des autorités publiques la création de toutes les instances possibles de connaissance et de discussion de cette religion, qui est aussi, ne l'oublions pas, une culture et une civilisation. Or, depuis des siècles, le christianisme n'occupe pas, dans le monde occidental, la place de référence *unique* qu'occupe l'islam dans les sociétés où il est implanté, sans aucun autre courant civilisationnel pour le concurrencer. Depuis les XVIᵉ et XVIIᵉ siècles, il s'est créé en Occident des pans entiers de l'existence collective qui échappent à l'emprise du christianisme. Rien d'équivalent n'existe dans le monde musulman. Là, on a affaire à un bloc civilisationnel homogène sur ce point. La difficulté est donc démultipliée, et ce, au moment où nous n'avons plus les armes pour traiter cette difficulté. On comprend, même s'il faut le déplorer, que la réaction des politiques soit l'évitement du problème, en essayant de faire en sorte que la question soit traitée par les juges, le Conseil d'État ou les tribunaux inférieurs, sans avoir à prendre à bras-le-corps une question qui, de fait, a été laissée au Front national.

Pouvez-vous préciser cette spécificité du rapport de l'islam à la vérité et au pluralisme ? Tient-elle aux textes — dans le cas du judaïsme, il y a la Bible d'un côté et les commentaires rabbiniques de l'autre ; dans le christianisme, il y a les quatre Évangiles — ou est-elle d'une autre nature ?

Le problème spécifique de l'islam tient à sa position historique : dans la série des trois monothéismes il arrive en dernier lieu, en connaissant les précédents. Il a donc une position particulière, qui est la prétention d'absorber les révélations précédentes dans ce qu'elles ont de pertinent, et cela sous le sceau de la prophétie. La révélation est close, elle trouve avec le Prophète son dernier mot. De plus, Dieu parle directement par la bouche du Prophète, sans la médiation qui fonctionnait dans le judaïsme avec Moïse, ou plus encore dans le christianisme avec le Christ annonciateur de la Bonne Nouvelle. Par nature, dans ces deux religions, la source de la vérité est précaire et ouverte à la dissension. Cette ressource interne de polémique, on l'a vue fonctionner à plein dans le cas du christianisme avec les hérésies qui jouent en permanence de la puissance de l'exemple du Christ contre l'institution censée le représenter. Dans l'islam, le sceau de la prophétie marque la clôture de la révélation. Le Coran est révélé littéralement, et comme incréé. On a affaire à la lettre de la parole de Dieu. D'ailleurs, et en dépit des extraordinaires philosophes qui ont surgi au sein de l'islam, l'invention philosophique et théologique a très peu pénétré dans le corps de la religion. La conscience des fidèles est calée sur un texte dont la puissance dogmatique est sans commune mesure avec ce qu'on trouve dans les deux autres religions révélées.

D'où l'immense perplexité des Français à l'égard de cette religion qu'on ne sait pas, littéralement, où mettre et qu'on ne peut pas traiter simplement avec la notion de tolérance.

La vulgate actuelle sur l'islam, faite d'inculture et d'intimidation, consiste à dire que l'islam est simplement « en retard » sur l'Occident, et qu'il faut avoir la bienveillance et la patience de lui laisser rattraper ce retard. Or, si vous avez raison, avec d'autres bons connaisseurs du monde musulman peu écoutés, la question n'est pas celle d'un retard mais d'une spécificité de cette religion. Cette difficulté est-elle identifiée par les politiques ? Ceux-ci semblent, d'ailleurs, avoir oublié ce que fut l'emprise religieuse même non musulmane...

Hélas, la réponse ne fait guère de doute. Je suis toujours stupéfait de voir la légèreté avec laquelle la plupart des hommes politiques abordent ces questions. En fait, nous payons le prix de la sortie de la religion. Nous avons affaire à des gens qui ne savent simplement plus ce que veut dire « religion ». L'Europe est totalement démunie face au phénomène religieux qui continue d'être très vivant dans le reste du monde, et qu'elle ne prend pas au sérieux. Au fond, pour les gens « éclairés » d'Occident, la religion est du folklore : les religieux ont leurs coutumes, nous avons les nôtres, trouvons un *modus vivendi*. Il y a la bourrée auvergnate et il y a le ramadan, voilà la conviction la plus généralement répandue ! Ce manque de connaissance — et de respect — est une preuve de plus de l'ethnocentrisme occidental : un Occidental moyen ne peut plus comprendre ce qu'est une religiosité traditionnelle. Et pourtant, il y a beaucoup de gens dont la religion est la vie dans le monde d'aujourd'hui. Légèreté, ethnocentrisme, à quoi s'ajoute dans le cas de l'islam l'interdit d'aller y regarder de plus près. Quand les Américains ont occupé le Japon, ils ont demandé à des anthropologues de les initier à la culture du pays. Cela ne les a pas empêchés de faire quelques boulettes mémorables. Mais au moins ont-ils essayé. Nous, nous n'avons même pas essayé. Car il est posé une fois pour toutes au départ que cette religion est comme les autres, cela au nom de la tolérance universelle et préalable.

Est-ce l'effet de cette tolérance universelle devenue automatique ou d'une panique face à un problème redouté ?

L'une n'exclut pas l'autre. Il y a aussi un élément de pragmatisme politique qui persuade les politiques qu'il n'y a pas de problème qu'on ne puisse résoudre sous un déluge de subventions ! Plus sérieusement, nous sommes face à un dogme interdicteur. L'ethnocentrisme d'autrefois consistait à dire : « Nous sommes supérieurs aux autres races et religions » ; cela n'empêchait pas de jeter un regard intéressé voire cultivé sur ces formes présumées inférieures d'humanité, par lesquelles nous étions passés autrefois. Les religions supposément moins développées que les nôtres représentaient des étapes du développement humain universel. On faisait preuve d'un préjugé insupportable mais aussi d'une curiosité et d'une connaissance parfois très poussées de ces formes dites archaïques. Le dogme de l'ethnocentrisme contemporain est autre : « Nous sommes tous pareils », cela voulant dire que nous avons tous nos us et coutumes particuliers qui doivent coexister harmonieusement sans qu'il soit besoin de s'enquérir de leur contenu. Autrement dit, toute interrogation sur une *altérité* vraie est stigmatisée du mot infamant d'« exclusion ». Nous sommes dans des sociétés incapables d'interroger la diversité civilisationnelle puisque celle-ci est *a priori* réfutée par l'idée de la similitude universelle.

Il deviendrait donc impossible dans nos sociétés de penser et surtout de reconnaître l'altérité vraie ?

Oui, et cela au titre de la « diversité » ! Cette diversité est de surface, et au fond sans intérêt autre que touristique, puisqu'elle est plaquée sur une identité fondamentale. L'idée que l'unité du genre humain s'accommode d'authentiques écarts civilisationnels, qui nous instruisent sur les possibles humains, n'a plus droit de cité.

Mais ce refus n'est-il pas le signe qu'une difficulté est perçue, mais que les élites préfèrent dans ce domaine aussi la dénégation ? Car cette question illustre aussi le décalage entre les Français et leurs élites. Pour ne prendre que quelques chiffres : 74 % des Français estiment que « la religion musulmane n'est pas compatible avec les valeurs de la société française » et 80 % d'entre eux pensent qu'elle « cherche à imposer son mode de fonctionnement aux autres », dont 79 % des électeurs du Front de gauche. Même la gauche de la gauche partage cette perception d'une altérité problématique.

La fracture est entre ceux qui voient qu'il y a un problème concret du vivre-ensemble, mais qui n'ont pas les outils intellectuels pour le penser, et ceux qui ont les moyens intellectuels et politiques mais qui s'appliquent à dire qu'il n'y a pas de problème, qu'il ne peut pas y en avoir. En ajoutant que seuls des « fascistes » ou des racistes « islamophobes » et « petits-blancs » peuvent voir un problème là où il n'y en a pas ! C'est ce qu'on appelle une impasse politique. Laquelle nourrit une démagogie facile, qui consiste à dire : « Il n'y a qu'à se séparer du problème ! » Ce que tout le monde sait être impossible, car, à supposer même qu'on règle le problème localement, il resurgira sous sa forme géopolitique à une échelle bien plus grande.

D'où une évolution historique singulière : la parole et l'outil de la laïcité sont passés à droite, la gauche au pouvoir ayant obstinément refusé de s'en servir. Les lois du 15 mars 2004 sur les signes religieux à l'école et du 11 octobre 2010 sur l'interdiction de la dissimulation du visage en public ont été votées par la droite. Quant aux juges, sur lesquels les politiques continuent de se défausser, ils prennent des décisions parfois déconcertantes. La dernière en date, celle de la Cour de cassation à propos de l'affaire de la crèche Baby-Loup, a été saluée comme une victoire de la laïcité alors qu'elle en signe plutôt la déroute : elle a donné satisfaction aux responsables de cette crèche privée qui refusaient d'employer une femme voilée en appliquant la jurisprudence de la Cour européenne des droits de l'homme sur les « entreprises de conviction ». Autrement dit, la Cour de cassation a réduit la laïcité à une religion comme une autre, à côté des autres : l'outil de la laïcité, abandonné par la gauche, n'est donc plus vu comme un principe organisateur, mais comme une « conviction » parmi d'autres.

Ne nous faisons pas d'illusion sur la façon dont elle est utilisée par la droite : celle-ci ne met en avant cette question que pour répondre à la concurrence de l'extrême droite, qui la préoccupe, légitimement, au plus haut point. Mais il n'y a pas non plus de véritable réflexion de ce côté-là. Je dirais que cette législation est opportuniste ; elle cherche à cantonner la visibilité du problème, sans s'employer à redéfinir les règles de la coexistence publique.

Pourquoi la gauche a-t-elle lâché la laïcité qui faisait partie de son patrimoine ?

Parce qu'elle comprend encore moins que la droite les religions, qui sont à ses yeux un objet non identifiable. Et parce qu'elle s'est complètement ralliée à la philosophie de la tolérance et de la diversité harmonieuse. Si on rajoute à cela une dose de tiers-mondisme et une dose de culpabilité coloniale, on a un bon résumé du tableau : la religion est une question imposée par l'actualité, mais qui ne correspond en rien à un cadre intellectuel qui permettrait de la traiter. Comme, à gauche, on croit encore davantage au remède de la subvention, la réponse est toute trouvée !

N'y a-t-il pas chez certains, à gauche, l'idée plus élaborée sinon assumée que la laïcité est un archaïsme qu'il faut abandonner au profit du nouveau modèle universaliste qu'est le multiculturalisme ? Beaucoup de penseurs de gauche de ces dernières décennies laissent entendre que c'est le seul modèle viable parce que c'est celui des autres...

Ils oublient que c'est une invention viable dans le cadre nord-américain, d'où elle procède et où elle signifie quelque chose de précis dans un pays construit sur l'immigration, composé de strates multiples, de religions diverses, mais doté d'un principe unificateur que personne ne discute : « Nous sommes tous des patriotes américains, qui avons la chance de vivre dans le plus grand pays du monde qui est aussi la terre élue de la liberté. » Quand vous avez un catéchisme unificateur de cette puissance, l'acceptation d'une vaste diversité d'origines et de cultures est tout à fait concevable. En Europe, nous n'avons aucun ciment patriotique de cette envergure pour transcender la multiplicité des cultures. Nous n'avons pas, ou plus, ce liant qui est la clé de voûte d'un fonctionnement multiculturel. Nous, qu'avons-nous à proposer ? Un niveau de vie. Ce n'est pas à la hauteur du défi multiculturel. Le multiculturalisme tel que le laboratoire américain l'a élaboré est une solution intransposable en Europe.

L'assimilation à la française ne serait donc plus capable de venir à bout du problème ?

C'est une question de vitesse. Dans deux ou trois générations, je suis convaincu que le monde musulman sera démocratisé. Mais dans l'intervalle ? Le problème n'est pas ontologiquement insurmontable, c'est entendu. Mais nous sommes engagés dans une course contre la montre. Il faudrait pouvoir aller vite, étant donné la capacité de rupture que représente déjà cette question dans l'opinion.

Les travaux de Gilles Kepel montrent bien que la sécularisation de l'islam recule et que son emprise augmente au contraire depuis vingt ou trente ans sur le sol français. Ce que confirme la dernière enquête de l'Insee « Trajectoires et origines » de 2008 analysée par la démographe Michèle Tribalat, qui conclut à la fin du modèle français d'assimilation au profit de la séparation, un phénomène de diaspora ayant tendance à imposer la logique du multiculturalisme, avec un effet d'autonomisation des flux migratoires, l'État ayant de moins en moins de contrôle du phénomène.

Dans l'immédiat, on assiste à un recul de l'intégration. Est-ce que cela veut dire que, dans le long terme, on aura la même tendance ? Rien ne permet de l'affirmer. Beaucoup dépendra de ce que nos sociétés seront capables de proposer comme *valeurs* aux populations immigrées. Pas seulement un niveau de vie et des allocations en tout genre.

Car la laïcité est aussi une valeur : elle consiste à considérer que c'est une performance civique de construire une société qui permet à des gens aux convictions très différentes de participer ensemble comme citoyens à un processus politique commun. Pour l'instant, nous ne savons pas faire valoir cela. L'atout américain en ce qui concerne l'immigration tient à l'idée d'Amérique qui fait que, quand on devient citoyen des États-Unis, on a l'impression de faire un pas important dans la vie en adhérant à une communauté de valeurs. Est-ce qu'en Europe il y a quelque chose comme une communauté de valeurs qui serait présentée aux nouveaux venus et susciterait leur adhésion ? Manifestement pas. Le problème européen de l'immigration réside là.

Tout de même : la liberté, que beaucoup d'immigrés découvrent ou retrouvent après en avoir été privés, est bien une valeur. D'ailleurs, nombre d'entre eux la perçoivent comme un horizon désirable.

Bien sûr que c'est pour eux un horizon désirable. Mais si ce n'est pas mis en forme dans un discours, dans un système de représentations qui souligne les conséquences que cela comporte, ce n'est rien d'autre qu'un état de fait : c'est comme ça ici, point... Aucune adhésion n'est demandée à quelque valeur que ce soit. Or c'est cela qui avait été porté en France à un degré beaucoup plus élevé qu'ailleurs, avec l'idée d'assimilation, qui était un mélange de promesses et de contraintes tout à fait remarquable. Aujourd'hui, on ne voit plus que la contrainte, alors qu'elle était couplée à la promesse universaliste : n'importe qui peut devenir français. Mais c'était à une condition : adopter une culture politique posée non seulement comme celle qui a cours ici mais comme la valeur par excellence, comme la condition de l'émancipation du genre humain. Dans le contexte de l'époque, cela s'accompagnait d'un regard dévalorisant porté sur la culture d'origine. Mais, encore une fois, c'était couplé à l'adhésion à un message politique fort : celui de la France éternelle, flambeau de la liberté parmi les peuples mais pour les peuples.

Pourquoi ce modèle convaincant et longtemps efficace ne fonctionne-t-il plus ?

Parce qu'il se heurte aujourd'hui, entre autres, au changement de nature de l'immigration. Celle-ci avait pour débouché l'adoption de la patrie d'accueil, moyennant une sorte de conversion par laquelle le « vieil homme » se débarrassait de sa tradition d'origine (ce qui n'empêchait pas de la garder au fond de soi). Elle relève désormais avant tout d'un phénomène de diaspora économique dont les acteurs entendent garder le contact avec leur culture native. Ce lien conservé avec la culture d'origine met en péril non seulement l'assimilation, qui est aujourd'hui réprouvée fortement, mais même l'intégration dans son acception la plus élémentaire. Ce changement est mal vécu par les Français, qui cultivaient une sorte de fierté xénophile à l'égard de leur attractivité de pays d'accueil — la même que celle des Américains, qui sont fiers qu'on ait envie d'être américain. Le trajet exemplaire était celui de l'enfant d'immigré qui réussissait à l'école et devenait un Français modèle. Les gens y trouvaient la confirmation d'une capacité collective dont on ne pouvait que se féliciter. En revanche, le séparatisme identitaire, qui est la marque de l'immigration diasporique d'aujourd'hui, est vécu comme un rejet agressif.

C'est comme cela qu'est perçu le voile islamique : le signe revendiqué et affiché du non-partage des femmes, d'un refus du métissage.

On ne se mélange pas : tel est le message. C'est pour cela que je parle de séparatisme identitaire. Quand bien même cette coexistence reste pacifique, ce qui est majoritairement le cas, elle est vécue par les autochtones comme l'expression d'un mépris.

Vous pointez, dans les raisons de la crise de l'intégration, la responsabilité de la société d'accueil qui ne défendrait pas assez ses valeurs. Il y en a pourtant une qui l'est, et même de plus en plus : l'égalité hommes-femmes. Or l'on voit qu'elle ne pénètre guère l'immigration de culture musulmane. Dans ce cas, il s'agit donc moins d'un déficit dans la défense de nos valeurs que d'une résistance nouvelle et particulièrement forte.

Le statut de la femme est l'une des butées typiques sur lesquelles la coexistence dans la diversité rencontre ses limites. C'est la question brûlante car, dans la culture musulmane, comme dans nombre de cultures traditionnelles, la subordination des femmes est fortement marquée. La réponse des élites est : n'en parlons pas ! Face à ce genre de difficultés, nous n'avons pas de discours, sinon d'évitement. Or une communauté politique est un groupe qui est capable de discuter de tout. C'est sa définition. Le statut de la femme dans l'islam constitue un point de blocage dont nous sommes incapables de débattre tranquillement. Sur ce chapitre, la solution multiculturelle montre ses limites. Difficile de se dire : « Pour nous, l'égalité hommes-femmes, et pour les musulmans, l'inégalité ! »

Cela ne va-t-il pas plus loin que l'évitement, avec la formulation d'un discours d'adaptation, parfois d'inversion des valeurs, dont l'absurdité n'est même plus perçue ? L'on dira par exemple d'un père catholique qui ne veut pas que sa fille épouse un musulman qu'il est raciste, mais d'un père musulman qui refuse que sa fille épouse un non-musulman qu'il est respectueux de sa culture !

Parce que se surajoute la culpabilité, avec en corollaire l'idée que les cultures minoritaires sont les bonnes et que les cultures majoritaires sont oppressives par définition ! Si on y adjoint encore le fait que les musulmans appartiennent plutôt à des milieux défavorisés, on arrive à l'idée que, nécessairement, ils ont des droits que nous n'avons pas. Je reconnais à Thierry Tuot le mérite d'avoir osé le dire franchement dans son rapport au Premier ministre « Pour une société inclusive » !

Comment expliquez-vous que les attentats de début 2015 et la grande mobilisation du 11 janvier, vécus sur le moment comme un « choc » donnant l'impression que « plus rien ne sera comme avant », ne semblent finalement rien changer de votre analyse sur le long terme ?

L'ampleur des attentats fut aussi saisissante que l'ampleur de la réaction, mais le mystère est que ni les uns ni l'autre n'ont laissé de trace. On pouvait penser que cela infléchirait beaucoup de choses, et nous sommes retournés au *business as usual* sans que ces événements introduisent de changement significatif dans la vie publique. « L'esprit du 11 janvier », qui a tenu lieu de doctrine officielle pendant deux ou trois mois, s'est évaporé sans que son contenu ait pu être identifié et fixé. C'est comme si l'événement n'avait jamais existé. Sa signification est restée opaque ; elle n'est pas entrée dans la conscience politique commune.

La France a pourtant été le centre du monde pendant plusieurs semaines : pourquoi la répercussion des attentats a-t-elle à ce point dépassé le cadre national ?

Si on voulait être méchant, on pourrait dire que la France n'est plus qu'un symbole à usage mondial : à côté de Louis Vuitton et Dior, et à peu près sur le même plan, il y a la Déclaration des droits de l'homme et du citoyen. La France a une image de marque. Aux yeux du monde, elle reste avec l'Italie le pays patrimonial par excellence. Mais, à la différence de l'Italie, patrimoniale sur le plan culturel, la France est patrimoniale sur le terrain politique, avec les Lumières, les philosophes du XVIIIe siècle, la saga révolutionnaire, etc. Si bien qu'un attentat contre la liberté d'expression, en France, prend une signification extraordinaire, qui émeut les gens à l'échelle du monde.

La réaction mondiale n'aurait-elle pas été la même si une rédaction entière avait été anéantie aux États-Unis ou en Angleterre ?

Où que ce soit, le massacre d'une rédaction eût probablement provoqué une émotion considérable. Mais le fait que cela se soit passé en France, et à propos d'un journal qui représente quelque chose qui n'est probablement possible qu'en France, a démultiplié l'impact. *Charlie Hebdo* est l'héritier d'une longue tradition très française, sans équivalent ailleurs. Premier amendement de la Constitution américaine ou pas, un journal comme *Charlie Hebdo* est inimaginable aux États-Unis. Les journalistes de *Charlie Hebdo* étaient des transgresseurs autorisés, licites. Soyons plus précis : les héritiers d'une victoire sur l'interdiction de la transgression, *Charlie Hebdo* prenant la relève de *Hara-Kiri Hebdo* après l'interdiction de celui-ci pour cause de dérision à l'endroit de la mort du général de Gaulle, sans que cette fois les autorités osent bouger. Or ce droit à une dérision tous azimuts est une particularité française. Il serait d'ailleurs intéressant de voir précisément comment l'événement a été présenté dans les différents pays du monde. Quel langage a-t-on employé pour présenter un journal que personne, sans doute, ne connaissait en Australie ou en Croatie ? Des médiations ont été évidemment nécessaires pour susciter l'émotion planétaire. Plus près de nous, je serais étonné qu'Angela Merkel ait jamais entendu parler de *Charlie Hebdo* !... Comment s'est construite l'image de *Charlie* dans tous les pays qui ont réagi, et l'image de la France par la même occasion ?

Le seul dénominateur commun des commentaires de la presse étrangère était la présentation des journalistes de Charlie Hebdo *en héritiers de Voltaire...*

C'est sans doute aussi ce que pensait la grande majorité de ceux qui, en France, sont allés manifester le 11 janvier...

Au nom de quoi sont-ils descendus dans la rue ? Au nom de quoi se sont-ils abonnés en masse à un journal qu'ils n'avaient sans doute jamais ouvert de leur vie ?

Ce qui m'a le plus frappé, c'est un profond désir de paix, et de traiter les problèmes par la paix. J'ai rarement vu une manifestation aussi pacifique. Dans une manifestation, il y a toujours quelque chose d'un peu menaçant — il s'agit toujours de créer un « rapport de force ». Là, rien de tel. Les forces de l'ordre n'ont déployé aucun incident dans cet immense rassemblement qui exprimait le rejet viscéral d'une violence aberrante à un niveau plus profond et plus large que celui de la politique ordinaire. Un rejet qui donnait toute sa place à la police et à l'autorité politique, mais pas comme cette dernière l'a imaginé sur le moment : cet épisode n'a pas doté miraculeusement notre président d'une « présidentialité » dont il manquait singulièrement. Il est vrai que François Hollande était adéquat par son personnage à cette aspiration pacifique. Il s'est trouvé en phase avec l'événement. Mais c'est lui qui était porté par la foule, non pas lui qui la mobilisait ! Il était au sommet de la vague, soutenu par elle ; il ne l'avait en rien suscitée. Quand elle est retombée, il n'est pas resté grand-chose de cet élan.

Cette manifestation n'avait-elle pas une dimension sécuritaire ?

La paix n'est pas tout à fait la même chose que la sécurité, qui implique des moyens potentiellement violents. La paix est au contraire un idéal. Personne n'a demandé au gouvernement d'embaucher immédiatement 50 000 CRS ou d'envoyer un commando au Yémen ! Il y avait dans ce 11 janvier quelque chose de conjuratoire, du style Restos du cœur : « On n'a plus le droit ni d'avoir faim ni d'avoir froid » — « On n'a plus le droit de tuer des gens comme on n'a plus le droit de fesser les enfants. » C'est la seule explication que je trouve au fait que l'événement se soit complètement affaissé, dilué : ce n'était pas une manifestation politique, portant un projet doté de moyens, mais quelque chose comme une explosion utopique. Personne n'aurait eu l'idée, dans ce contexte, de brandir une identité politique. Tout ce qui nous divise — et que nous n'ignorons pas, semblaient dire les manifestants — n'est pas important dans la mesure où nous refusons la violence qu'implique toute division. Pas de haine, pas de violence. Et peut-être pas non plus de réalisme dans la compréhension de ce qui venait de se passer...

Vous dites que l'aspect utopique explique la dissipation très rapide de l'événement. N'y a-t-il pas une autre raison, à savoir l'inquiétude, vite censurée par le déni, de découvrir que cette communion unanime n'en était pas une et que le pays était en réalité profondément divisé dans ses réactions ?

Vous avez raison. Le choc en retour a été la découverte du fait que, contrairement à ce à quoi les gens aspiraient, tout le monde n'était pas présent le 11 janvier. La suite a révélé que nous sommes en réalité profondément désarmés et que nous manquons même des ressorts pour nous donner les moyens de faire face à ce qui nous désarme. Lutter contre ce genre de menaces suppose des moyens que nous ne sommes pas prêts à assumer. Dès qu'on envisage les conditions concrètes du combat, on retombe dans l'ornière des obstacles insurmontables. Aussitôt revient par exemple l'inquiétude à l'égard des lois liberticides. Il est significatif que la réponse officielle ait été celle de l'école : il faut enseigner la laïcité. Cela participe du côté utopique que j'évoquais. La réponse par les Lumières : si les gens sont éclairés, ils se conduiront mieux. On ne peut pas ne pas être d'accord. Mais c'est dans un horizon plutôt lointain, dans dix ou quinze ans dans le meilleur des cas ! Cette réponse par l'école a révélé le fait qu'en réalité la société française n'est pas prête à adopter les moyens véritables de combattre ce contre quoi elle s'est soulevée.

L'école s'est révélée le lieu des contradictions de l'effet 11 janvier. Les « incidents » significatifs constatés lors de la minute de silence, y compris dans le primaire, ont provoqué un premier réflexe de minoration et de dissimulation (ce fut la première attitude de la ministre de l'Éducation) avant que le Premier ministre n'impose la reconnaissance de la réalité, mais cela n'a débouché, comme vous le dites, que sur des invocations utopiques. Ne faut-il pas y voir le refus de prendre la mesure d'une situation plus inquiétante que prévu ?

L'après-11 janvier a débouché sur un mélange très singulier d'inquiétude et de « On ne veut pas le savoir ! », mélange qui caractérise la société française d'aujourd'hui : dès que des éléments de réalité apparaissent, on préfère les ignorer.

Le second choc, celui du 13 novembre, différent par la cible visée (la jeunesse de l'Est parisien) et le nombre des victimes (dix fois plus important), ne semble guère avoir changé le constat établi quelques semaines après le 11 janvier : la promesse « plus rien ne sera comme avant » n'a guère été tenue...

Le scénario semble en effet se répéter. Une émotion immense, intense, des serments définitifs, et puis une émotion chasse l'autre, la tyrannie de l'actualité fait son œuvre, et puis au bout de quelques semaines la page se tourne et tout repart comme auparavant. Les mesures de sécurité, plébiscitées dans un premier temps, deviennent une gêne lorsque leur vraie fonction se révèle, qui est de rassurer les gens et pas de les protéger de quoi que ce soit. Les polémiques habituelles reprennent le dessus après l'apparence d'unité créée par le choc de l'événement. Il faut dire que le gouvernement a fait ce qu'il fallait pour leur donner du grain à moudre, après le 13 novembre. Comme tous les faibles qui veulent paraître forts, il en a rajouté dans les mesures spectaculaires, état d'urgence, révision de la Constitution, déchéance de la nationalité. Du coup, la dispute prévisible et légitime sur le bien-fondé de ces dispositions finit par éclipser l'objet auquel elles sont censées répondre. La vérité est que la société française, à l'instar sans doute des autres sociétés européennes, n'est pas prête à se donner les moyens de faire face à une menace comme celle qui l'a frappée par deux fois. C'est au-delà de ses perspectives concevables. Comme l'étrange cérémonie d'hommage aux victimes du 13 novembre en a fait en quelque sorte la devise officielle, en allant chercher Jacques Brel comme poète du deuil national, elle n'a « que l'amour » à opposer à des ennemis dont les motifs lui sont inintelligibles.

Comment définiriez-vous alors ce problème, entraperçu le 11 janvier et le 13 novembre et aussitôt dissimulé par les autorités politiques ?

Aussitôt dissimulé en effet, par des discours convenus sur les raisons sociales de ce crime, le chômage, l'« apartheid », etc. Toutes choses sans doute vraies aussi, mais qui ne remontent pas à la racine religieuse du problème. La ligne officielle, incarnée notamment par notre président, est que l'islam n'est pour rien là-dedans. Une ligne adoptée en partie pour des raisons électorales : la droite est tentée, pour résister au Front national, d'adopter une ligne droitière sur les questions d'immigration et d'islam, ce qui a pour effet mécanique de pousser les immigrés, notamment musulmans, vers la gauche. Mais, indépendamment de ces raisons électorales, reconnaître qu'il y a un problème avec l'islam serait se mettre dans l'obligation d'envisager toute une série de conséquences, y compris au niveau international : reconnaître, par exemple, que le wahhabisme saoudien n'est peut-être pas notre meilleur allié naturel au Moyen-Orient... Ce serait remettre en question tout le jeu diplomatique occidental dans la région. Ce n'est pas rien. À qui vendrait-on ensuite nos « Rafale » ? Dire quelque chose qui implique qu'il y ait un problème lié à l'islam, c'est se mettre de grosses difficultés sur les bras. Et c'est aussi se mettre à dos les fractions militante et médiatique de ce pays. À cela il faut ajouter une fois encore que nos politiques demeurent convaincus qu'il n'y a pas de problème dont les subventions ne puissent venir à bout. Ils continuent de penser que si un plan Marshall des banlieues était possible, le problème de l'islam serait résolu. L'une des énormes différences entre la base de la société et le sommet est que le sommet est persuadé qu'on a ce qu'il faut pour résoudre le problème, tandis que la base est convaincue du contraire… Cela fait l'optimisme des élites et le pessimisme de la population. Laquelle en tire les conclusions en votant contre les partis de gouvernement, c'est-à-dire Front national. Ce qui ratifie le diagnostic des élites, qui interprètent le pessimisme de la base comme preuve de xénophobie, de racisme ou d'islamophobie. D'où leur insistance rhétorique sur l'école, qui n'en peut mais. Apparemment d'ailleurs la conscience de ses limites s'est faite jour. J'ai été frappé de voir, après le 13 novembre, que ce remède qui passait pour souverain dans le défunt « esprit du 11 janvier » n'était plus guère évoqué.

Voulez-vous dire que les élites dirigeantes ne se rendent pas compte de la nouveauté et de l'importance du phénomène de l'emprise religieuse ?

Je le pense. Elles n'ont pas la grille de lecture qui leur permettrait de le comprendre. Le principe matérialiste selon lequel, en dernière instance, les convictions des gens sont commandées par leurs intérêts matériels l'a totalement emporté dans les têtes des élites dirigeantes. De ce fait, des phénomènes d'irrédentisme identitaire comme ceux auxquels nous sommes confrontés leur paraissent strictement impensables. Il y a là un point aveugle.

Autrement dit, le diagnostic de la situation de la société française n'est pas fait par ceux qui prétendent conduire son avenir.

Non, et j'en viens à penser que, dans les sociétés où nous vivons, le diagnostic est la chose la plus importante en politique. C'est à partir d'un diagnostic clair et assumé que peut se fabriquer le consensus. Après, le dissensus sur les moyens peut survenir et il est normal. Mais l'élément clé, attendu de la part des politiques, c'est de bien formuler le diagnostic et ensuite de discuter des moyens.

Quel pourrait être aujourd'hui le discours-diagnostic des dirigeants à même de comprendre la situation et de rassurer ceux qui s'en inquiètent ?

C'est évidemment la bonne question. Toute la difficulté est de trouver un langage qui nomme le problème sans l'aggraver, sans amplifier le séparatisme identitaire musulman auquel nous sommes confrontés. Il s'agit d'avoir un discours ferme sur le fond, mais d'ouverture, puisque le but est d'aller vers la paix civile, vers la résorption de la fracture. Celle-ci ne peut se résorber que par un dialogue sans concession avec les musulmans et par un appel à leur intérêt bien compris. Leur intérêt est de vivre en paix, bien intégrés, dans une société qui les accepte. Si, au contraire, ils font tout ce qu'il faut pour marquer une séparation, ils ne doivent pas s'attendre ensuite à autre chose que de la défiance. Par exemple, et sans juger du bien-fondé ou non de la chose, si les femmes musulmanes marquent par le voile — qui n'est pas un signe religieux, mais civilisationnel — un refus de la société d'accueil, elles peuvent être certaines de ne pas obtenir la bonne acceptation qu'elles souhaitent par ailleurs. Il leur faut comprendre ce que les autres voient dans un signe qui est peut-être pour elles l'émanation d'une conscience religieuse mais qui choque néanmoins profondément la masse de la population d'ici. Je ne vois pas ce qui empêche un dirigeant politique de tenir un discours intelligent, équilibré, travaillé avec soin, sans langue de bois, sur ce thème. À condition d'être courageux et d'être prêt à se faire vilipender par Mediapart, cela me semble parfaitement faisable.

Si c'est faisable, pourquoi cela ne se fait-il pas ?

Parce que aujourd'hui ce sont les communicants qui commandent en amont le discours politique, et que leurs recettes sont dépassées par un problème de cette ampleur. Les fabricants habituels de discours, genre normalien-énarque bien diplômé, bien propre sur lui, ne savent pas faire ça. Il y faut une implication personnelle qui échappe à la mécanique politique ordinaire.

Le modèle français, de sa naissance à sa crise 321

Tout cela est vrai, mais le paradoxe est qu'un tel discours vaudrait à celui qui le tiendrait une popularité immense et immédiate.

Y compris auprès d'une grande partie des immigrés, qui ont envie de s'intégrer. Mais votre observation montre bien le piège où nous sommes enfermés : nous avons des dirigeants politiques qui préfèrent le confort suicidaire de la « bonne image » dans le petit milieu où ils évoluent à la réponse aux aspirations de leur population. Ajoutons le poids de la routine, des automatismes de la machine politique, l'inertie générale.

Il est vrai qu'une grande partie des immigrés accueillerait un tel discours avec faveur. C'est d'ailleurs du côté des intellectuels musulmans que le choc du 11 janvier a finalement eu le plus d'effets. Plusieurs d'entre eux ont eu le courage de lancer franchement le débat sur le contenu problématique du Coran en proposant de le réformer pour éviter qu'il serve de justification à la violence. Mais leur initiative ne semble guère entendue par les responsables politiques européens, qui paraissent tétanisés face à une minorité musulmane qui résiste fortement à ces appels au réformisme, souvent avec bonne foi parce qu'elle est sous une emprise religieuse importée de sociétés non sécularisées. Quel succès le discours de l'intérêt bien compris que vous suggérez pourrait-il avoir sur des esprits profondément déterminés par le religieux ?

Aucun succès direct, c'est l'évidence. Néanmoins, l'expérience historique montre que des stratégies indirectes sont possibles et efficaces. Cela nous renvoie à un problème contemporain plus général. Nos sociétés ne comprennent rien à la religion, dont elles ne veulent plus entendre parler. Il faudrait de notre part un effort culturel véritable. Le religieux occupe une place immense, à l'échelle du globe, ne serait-ce que de l'autre côté de la Méditerranée ; nous devons être armés pour y répondre. Qu'est-ce que François Hollande ou Bernard Cazeneuve pourraient avoir à dire à un islamiste radical de l'État islamique ? Ils ne savent même pas de quoi il est question ! Le confort est ici de parler d'« apartheid » plutôt que de religion. Chacun sait du reste que c'est parce qu'il était pauvre que Mahomet est devenu musulman... Sans la pauvreté, il n'aurait pas eu de visions ! Autrement dit, il faut prendre le problème religieux au sérieux, sur le fond. Et cette tâche n'incombe pas seulement aux politiques, mais à tous, et en particulier aux couches éduquées de la population. Aux enseignants, notamment. Quand on parle de laïcité, il est bon de savoir un peu ce qu'est la religion...

Nous ne savons plus ce qu'est la laïcité parce que nous ne savons plus ce qu'est la religion ?

C'est le fond de la question. Mais nous sommes pris à contre-pied et obligés de réviser nos convictions, à commencer par l'économisme primaire qui tient lieu d'explication à tout et qui empêche l'Occident de comprendre les autres sociétés du globe. Si on les prend au sérieux, on peut discuter avec des fondamentalistes. Si on a seulement à leur opposer notre liberté de conviction et notre préférence pour Rihanna, il est sûr que le dialogue n'ira pas loin...

N'y a-t-il pas au fond une crainte diffuse que le bréviaire européen — démocratie, droits de l'homme, accueil de la « différence » — soit en danger face à des certitudes religieuses et culturelles défendues par ces minorités agissantes (plus considérées que les majorités paisibles) qui n'entendent négocier que leur respect ?

Les opinions européennes sont partagées entre une tranquille assurance sur la validité de leurs principes et une inquiétude croissante devant une pression à laquelle elles ne se sentent pas les moyens de riposter. C'est que par eux-mêmes ces principes auxquels elles font confiance ne fournissent pas les instruments pour résister à l'hostilité qui les vise de l'extérieur. Ils nous laissent désarmés. Or la première chose que l'on attend de la politique, c'est la capacité de se défendre. L'angoisse qui commence à percer ici et là, c'est que nous ne l'avons plus. C'est cette angoisse que Houellebecq, avec son flair habituel, a su capter et mettre en forme de scénario plausible dans *Soumission*. Le formidable écho qu'il a rencontré est parlant.

L'angoisse provoquée par l'échec de l'intégration est d'autant plus forte que, trop souvent, la réponse des politiques consiste à se défausser sur l'école, laquelle connaît une crise qu'ils nient ou qui les laisse également désarmés et impuissants...

L'école, on l'a vu, n'est plus là pour former prioritairement des citoyens, mais pour permettre l'épanouissement d'individus privés qui auront à faire valoir le bagage qui leur aura été communiqué. La notion de mérite, dans une philosophie de l'individu qui cherche d'abord son épanouissement dans sa période de formation, puis son intérêt quand il est adulte, n'a plus grand sens. Le projet républicain n'est plus compris. Le rôle en fonction duquel l'école s'est constituée est remis en question. Une révolution culturelle mine de l'intérieur son fonctionnement. Plus exactement, ce système ne marche plus qu'à son sommet, pour les élites. Là, le système méritocratique continue de fonctionner à plein tout en puisant dans un vivier de plus en plus étroit car il s'agit seulement de se distribuer les *meilleures* positions sociales, pas l'ensemble d'entre elles. Ce système subsiste en haut parce qu'il représente un privilège incroyable de la bourgeoisie française, qui est de bénéficier des meilleures formations pour ses enfants, mais gratuitement. Partout ailleurs, les élites paient cette qualité assez cher. Nous, comble du comble, nous salarions même les meilleurs parmi les meilleurs, à Normale Sup ou à Polytechnique, pour récompenser l'expression de leurs talents !

On a donc en France deux écoles. Un petit secteur ultra-sélectif qui continue de fonctionner impeccablement, et un secteur de masse en déshérence parce qu'il n'a plus de philosophie qui lui soit adéquate. D'où le sport national, de haut niveau, qu'est le contournement de la carte scolaire, où il s'agit de faire jouer tous les réseaux, tous les pistons, toutes les combines. C'est un des secrets de polichinelle de la France contemporaine. Discours officiel : célébration de ce modèle admirable qu'est l'école de la République, qui refuse les ségrégations et promeut la mixité sociale. En pratique, de la part des mêmes, pour leurs enfants : l'inverse ! S'il y a un lieu où l'on peut mesurer la dégénérescence de l'idée républicaine, c'est là. La société des initiés contre les idéaux républicains.

Vous dites que, au sommet de l'édifice, le système méritocratique fonctionne encore bien. C'est vrai en ce qui concerne sa capacité à sélectionner les élites de l'économie, de l'administration, de la recherche, mais l'autre aspect du système — le brassage social — s'est détérioré, puisque, en cinquante ans, la proportion des élèves d'origine ouvrière qui intègrent l'École normale supérieure, Polytechnique ou l'ENA a été divisée par trois.

Il faut s'entendre sur la méritocratie, qui comporte deux aspects. Dans le projet initial, elle désignait en effet une politique de brassage social au titre de l'égalité des chances. Les meilleurs enfants du peuple devaient pouvoir accéder aux meilleurs postes en fonction de leurs talents. Mais il y a aussi l'aspect strictement intellectuel de la méritocratie, qui ne s'intéresse qu'aux performances des individus. C'est ce dernier qui demeure. Les concours, avec tous leurs défauts, jugent objectivement des mérites des candidats. Ce qui cache aux élites l'ampleur du problème posé par la disparition des milieux populaires, c'est qu'elles continuent de se vivre comme pourvues d'une légitimité méritocratique car effectivement elles ont travaillé pour passer des concours difficiles. La dimension intellectuelle de la méritocratie n'a donc guère bougé. Ce qui s'est perdu en route, c'est son aspect social, qui n'est même plus compris. Si le bocal dans lequel les élites sont recrutées est de plus en plus étroit, qu'est-ce que ça peut faire, demandait un jour un ancien élève de l'ENA, du moment que ce sont toujours les meilleurs qui arrivent ? À l'intérieur du cercle étroit qui fournit les établissements les plus prestigieux, tout continue de fonctionner comme avant. Ailleurs, c'est l'effondrement.

Cet effondrement contient un mystère : pourquoi a-t-on continué dans le même sens ? Il y a quarante ans, le sociologue Raymond Boudon avait bien montré que la plupart des réformes discutées et annoncées — le collège unique, la disparition des notes et des sanctions, les changements de programmes — seraient défavorables aux enfants des milieux défavorisés. Et l'histoire lui a donné amplement raison. Pourquoi, malgré ces éléments de connaissance, a-t-on persisté ?

Parce que l'idéologie a une propriété remarquable : les apparences sont plus importantes que la réalité. L'important, désormais, c'est que tout le monde — apparemment — bénéficie de la même formation. En réalité, derrière cette apparence, allaient se cacher des phénomènes de sens contraire. Mais cela ne comptait pas. La manière dont officiellement les gens sont traités à égalité est plus importante que ce qui va advenir de leur destin social. Opérer un tri, éventuellement précoce, est vécu comme une ségrégation. En revanche, le fait de mettre les gens dans des établissements qui portent le même nom et qui conduisent nominalement aux mêmes diplômes est perçu comme un progrès en vertu de cette philosophie selon laquelle la chose qui compte est que chacun soit traité à égalité avec les autres, le résultat important peu. Cela paraît, à la réflexion, extraordinaire, mais c'est ainsi. Nous sommes là devant une règle non écrite du fonctionnement de nos sociétés, avec laquelle nous sommes obligés de composer.

Pourquoi la question des contenus transmis a-t-elle à ce point perdu de l'importance ?

Il faut, pour le comprendre, préciser que, derrière la république scolaire, il y avait une république de la haute culture. Le mot est difficile à employer parce qu'il s'agit d'un des termes qui ont subi le lessivage le plus radical et la transformation sémantique la plus profonde dans les dernières décennies. Mais c'est bien de quelque chose comme cela qu'il s'agit : la haute culture. La nation républicaine était faite pour faire rayonner le pays dans l'expression des formes de la haute civilisation. Je pense que cela a été très important dans la façon dont le modèle républicain s'est sédimenté, forgé. Il était associé au rayonnement culturel incomparable de ce pays. Et je pense aussi que le déclassement culturel de la France est un élément majeur de son trouble contemporain. La France, au travers de sa capitale, était un lieu de consécration pour les écrivains et les artistes. Jusque dans les années 1960, cette image continue de fonctionner, avec des choses qu'on peut rétrospectivement juger de façon sévère : le nouveau roman, la nouvelle vague, le structuralisme. Mais le fait est, elles suscitaient l'intérêt, la curiosité et même l'enthousiasme. Soudain, une cassure se produit, assez inexplicable, mais qui nous a banalisés, si ce n'est réduits à pas grand-chose.

Ce qui nous reste, c'est la fameuse « exception culturelle ». Ce que j'en connais me laisse dubitatif. Le déclassement culturel de ce pays est déroutant. Le pays qui a inventé au XIXe siècle le roman-feuilleton est incapable aujourd'hui de faire un feuilleton télévisé convenable. Que s'est-il passé ? La psychanalyse avait trouvé en France une seconde patrie. Qu'en reste-t-il aujourd'hui ? Comme rayonnement intellectuel, à peu près rien.

Il ne nous reste qu'un grand passé. Beaucoup de monuments à visiter, des musées prodigieux, des paysages admirables, des plages magnifiques ; nous sommes la première destination touristique du monde. Ce n'est pas glorieux.

Chapitre VIII

LE SYSTÈME POLITIQUE ET LES ÉLITES

D'où vient la réputation de cette relation particulière qu'entretiendrait la France avec la politique ?

La France est le pays de la croyance en la politique. Celle-ci comporte deux volets distincts : le rapport au monde extérieur, autrement dit le rôle de la France dans le monde ; et, à l'intérieur, le souci de transformation de la société, de la modération réformiste à la radicalité révolutionnaire. Ces deux aspects pouvaient se contredire, et même violemment, mais ils étaient unis par une même foi. Au moment du gaullisme, ils ont donné des versions antagonistes, le volontarisme modernisateur au nom de la grandeur de la France et l'aspiration à un changement profond de la société, mais l'unité du système était fournie par la même croyance en la politique. Et finalement, une bonne partie de la gauche se retrouvait, *nolens volens*, dans la politique d'indépendance gaullienne, tandis que la droite empruntait sans le dire à la gauche parce qu'elle y trouvait les éléments d'un projet réformiste ambitieux. En sens inverse, si les libéraux n'ont jamais vraiment percé en France, c'est en raison de leur faible investissement dans le politique et de leur volonté de ramener celui-ci à son plus bas étiage. Le dernier qui va réussir à donner une incarnation à cette attente, c'est François Mitterrand. Mais c'est aussi lui qui est son fossoyeur puisque, via l'échec de sa grande politique sociale initiale et via l'Europe, il enterre les moyens qui permettaient de croire au volontarisme politique national.

Cela explique l'ambiguïté de la situation actuelle. D'un côté, les Français sont emportés par la dépolitisation générale, par le culte de l'individu, par le souci du bien-être ; d'un autre côté, ils continuent d'attendre beaucoup de la politique mais ne se reconnaissent plus dans le personnel qui les représente. La politique n'est plus vécue que sur le mode de la promesse et de la déception. Que promet Sarkozy en 2007 avec le thème de la « rupture » ? Une grande politique. Et il en fait une petite. Hollande ne promet rien et il déçoit quand même. Immense déception tempérée par la dépolitisation : tel est le sentiment qui règne aujourd'hui.

Vous expliquez la dépolitisation actuelle par la déception, les promesses non tenues, les décisions non prises. Mais n'y a-t-il pas aussi un sentiment de dépossession face à des décisions importantes prises sans le consentement des Français ? L'action politique s'exerce par le suffrage universel. Or un certain nombre de décisions importantes — la forme de l'intégration européenne, la mutation du système scolaire, l'ampleur et les formes de l'immigration — ont échappé à la discussion démocratique. Cette dépossession ne contribue-t-elle pas au désarroi politique ?

Ce n'est pas douteux, mais il faut distinguer deux aspects. Il y a, d'une part, une dépossession mécanique exercée par l'Europe : elle tient aux transferts de souveraineté vers des instances supérieures. La directive Bolkestein soulève une tempête, mais les travailleurs détachés sont massivement présents. C'est davantage qu'une dépossession : elle est vécue comme quelque chose qui va contre le vœu du peuple. Si on l'avait consulté, il aurait dit non... À cet égard, l'impact du contournement du non au référendum de 2005 sur le Traité constitutionnel européen par Nicolas Sarkozy a été ravageur. Il revenait à signer une déclaration de mépris à l'égard du suffrage universel. Le tout sans la moindre explication et avec l'appui tacite de la gauche, qui s'est soigneusement abstenue de rappeler qu'il y allait de la souveraineté du peuple. Si on avait voulu ratifier le thème frontiste de l'« UMPS », on n'aurait pas pu faire mieux !

Mais à ce premier facteur s'ajoute un second. Il tient au retournement complet du système institutionnel gaulliste. Le sens de l'élection du chef de l'État au suffrage universel était de le détacher du système des partis et de le placer au-dessus. Personnalité indépendante, il était ainsi supposé pouvoir faire des choix à distance des clivages partisans. À l'usage, cette élection, étant donné l'enjeu dont elle est chargée, ne pouvait que devenir, une fois l'homme exceptionnel disparu, l'otage des partis qui se construisent et se reconstruisent autour de cette échéance capitale. Au rebours de l'intention initiale, nous sommes plus que jamais dans un système verrouillé par la dictature des partis. D'où en retour la popularité de l'idée de primaires qui vient contrebalancer cette évolution. L'ouverture qu'elles représentent reste toutefois fort relative : vous avez le choix entre **Martine Aubry** et **François Hollande**, c'est-à-dire deux purs produits de la machine socialiste.

Les partis s'organisent autour de l'échéance présidentielle, mais en obtenant l'onction du suffrage universel, le Président dispose d'une véritable autonomie ; ni Mitterrand, ni Giscard, ni Chirac, ni Sarkozy n'ont été les otages de leur parti originel une fois élus !

D'accord, mais l'élection elle-même est capturée par les partis ! Ce qui est vrai, c'est qu'à partir du moment où il est élu, le Président est contraint de se fabriquer une légitimité plus large que celle du parti qui l'a investi. Même Chirac, réélu en 2002 dans les circonstances qu'on sait, avec un score écrasant, a eu pour premier souci de chercher le contact avec la frange la plus large possible de l'opinion, au travers d'ouvertures « sociétales » — handicap, sécurité routière, etc. C'est pour cela que, depuis Giscard, l'« ouverture » est le mot d'ordre nécessaire de tout président de la République en France. Cela n'empêche pas qu'il doit commencer par se frayer un chemin dans une mécanique des partis assez implacable.

À côté de cette appropriation du système par les partis, l'affaiblissement de l'État contribue également à la dépolitisation. Nous sommes passés de l'image de l'État omnipotent à l'image de l'État impotent. Impotent à cause de l'Europe, à cause de la décentralisation et, bien entendu, à cause du primat de l'individu sur le collectif. Je dirai en outre que l'affaiblissement de l'État est aujourd'hui directement dicté par les partis eux-mêmes, dont l'enracinement dépend de la décentralisation. Aux yeux des partis, ce sont les forces décentralisées qui comptent le plus. Du même coup, la capacité du cadre constitutionnel à permettre l'émergence d'une grande politique, ambitieuse sur tous les plans, me paraît fortement remise en question.

L'affaiblissement de l'État s'accompagne de l'affaiblissement corrélatif du corps des hauts fonctionnaires, concrétisation par excellence de la foi française dans l'État méritocratique. Dans les Républiques instables, la IIIe et la IVe, ce sont eux qui assurent la continuité des politiques publiques, ce qui n'est pas une mince affaire ; ils s'en sont du reste honorablement tirés. C'est un groupe qui correspondait bien à l'esprit de la Ve République, telle que de Gaulle l'avait conçue, dans la mesure où sa motivation était le service public et la priorité de l'intérêt général, en faisant passer les options idéologiques individuelles au second plan. Peu visible par définition, ce personnel a joué un rôle clé dans plusieurs circonstances cruciales. Depuis 1945, il a eu en outre une responsabilité de premier plan dans la modernisation de la société française. Héritier en bonne partie de la Résistance, il en a incarné l'esprit réformateur. Ce petit milieu a puissamment nourri le débat intellectuel et politique depuis la Libération. Il n'est que de penser au rayonnement du Club Jean Moulin dans les années 1960. Un certain nombre d'hommes politiques de haut rang sortent de ce milieu : Rocard en est l'exemple le plus connu. Or ce groupe s'est complètement dilué et délégitimé.

Pourquoi ?

Dilué en ce qu'on ne l'entend plus du tout et que son rôle de proposition est devenu nul. Il s'est délégitimé de double façon : en se mettant au service des politiques, ce qui lui a retiré l'aura d'impartialité qui en faisait un dépositaire crédible de l'intérêt général, et en passant massivement dans le privé où les conditions financières sont sans commune mesure avec le public. Son désintéressement est devenu, pour le moins, problématique. Je pense que c'est un élément clé, non dit, non spectaculaire, de l'affaiblissement de l'État en France. Le citoyen français a vécu longtemps sur la conviction que, si on remettait la gestion collective entre les mains de l'État et de ses fonctionnaires les plus qualifiés, tout irait mieux. C'est une croyance qui n'est plus guère partagée.

Notre système institutionnel tel qu'il est et l'affaiblissement de l'appareil d'État rendent donc improbable la poursuite d'une politique de grande envergure. L'apparence monarchique que conservent nos institutions nous cache l'évidement réel du pouvoir de nos princes. La vérité est qu'ils sont souverains sur beaucoup de petites choses — nommer des gens, leur passion principale —, mais que les grandes leur échappent.

La Constitution offre une possibilité technique pour le Président d'affranchir son action politique du carcan des partis ou du souci des calculs majoritaires : faire s'exprimer le peuple par la voie du référendum. Ce moyen, dont les conditions d'utilisation ont été élargies par Nicolas Sarkozy, n'est guère utilisé et régulièrement les Français sont ébahis devant l'usage qu'en font les Suisses. Comment expliquer cette sous-utilisation du référendum ?

Ce n'est pas un mystère. Dans l'esprit de De Gaulle, le référendum était l'arme absolue contre le système des partis. Mais, précisément, quand le système des partis s'empare de l'institution, pourquoi utiliserait-il un instrument qui risquerait de le mettre en porte-à-faux par rapport à ses orientations ? C'est ce qui s'est produit avec le référendum de 2005 sur l'Europe : le résultat a échappé aux partis. Ils s'en souviennent, et ils sont bien décidés à ne pas renouveler l'expérience. Plus l'élection est partisane, moins le référendum trouve sa place dans le paysage institutionnel. Les élus des partis sont là pour représenter le peuple, ils n'aiment pas qu'on le fasse parler en dehors de la représentation qu'ils lui donnent. Quinquennat aidant, je ne vois pas que le référendum ait des chances de devenir un instrument régulier du fonctionnement de notre système politique. La seule condition pour qu'un système référendaire se développe, ce serait qu'il puisse être déclenché par le peuple, comme en Suisse.

Quels effets ont eu ces nouvelles conditions de l'action politique sur le profil du personnel politique ?

Au risque de choquer, je crois devoir dire que le mouvement de dépolitisation de la société fait apparaître, dans le vide ainsi créé, un personnel politique d'un genre nouveau, désigné selon un principe d'antisélection : ceux que leurs qualités désigneraient pour l'exercice du métier politique ne veulent pas embrasser la carrière et ceux qu'il serait préférable d'éviter se mettent sur les rangs. Tendance, il faut le dire, qui touche encore plus la droite que la gauche. L'appel de l'argent, comme voie naturelle ouverte aux talents, s'y fait encore plus sentir. Tout le monde le sait chez les initiés, mais personne n'ose le dire, et on comprend pourquoi. Les électeurs le perçoivent confusément ; ils ont le sentiment d'un terrible abaissement de la qualité du personnel politique qui se traduit par une dégradation criante de son image. On a vu apparaître une nouvelle génération d'« entrepreneurs politiques », imbus de com, peu regardants sur les moyens, sans aucun intérêt pour les idées, mais guidés par un sens sûr des bénéfices qu'ils peuvent retirer de leurs fonctions. Ce problème de personnel politique, il faut le souligner, n'est pas propre à la France ni même à l'Europe, il est lié à la dépolitisation des sociétés. C'est aujourd'hui l'un des plus graves défis qu'aient à relever les démocraties : jusqu'ici, elles reposaient sur un processus qui passait pour plus ou moins naturel de sélection des élites politiques. Force est de constater que la nature ne fait plus l'affaire.

Ce tableau peu réjouissant — personnel médiocre et cynique, système politique sans pouvoir, affaiblissement de l'État — transcende-t-il le clivage droite-gauche ?

Oui, en raison notamment d'un élément clé : la mue idéologique qui s'est imposée aux grands partis de gouvernement, la gauche socialiste et la droite conservatrice. Toutes deux ont subi, dans les années 1980, le choc insensible, mais décisif, du néolibéralisme. La gauche, qui est de surcroît au pouvoir dans ces années, va voir son credo idéologique complètement laminé en quelques années par le déferlement de la vague libérale, qui l'emporte sur toute la ligne. La formule de collectivisation des moyens de production devient inintelligible ; toutes les représentations organisatrices de la gauche passent à la trappe. Le PS devient un parti sans autre programme politique que des « valeurs » vagues. On croit alors que la droite a devant elle un boulevard, et on se trompe. Car la gauche trouve dans la vague néolibérale un support apte à la requinquer pour trente ans. Ce support, ce sont les droits de l'homme. Le mot d'ordre de la gauche devient : le plus possible de libertés pour les individus, le plus possible de droits à distribuer à ceux qui en sont dépourvus. Battue politiquement, elle retrouve ainsi un leadership culturel et idéologique. En tout cas en France.

De son côté, la droite n'est pas moins lessivée de son fonds de commerce autoritaire, clérical, patriarcal, familial. Elle troque définitivement le sabre et le goupillon pour l'entreprise et le marché.

À l'arrivée, on se retrouve avec une droite qui a abandonné la dimension conservatrice qui passait par l'État d'autorité, et une gauche qui a abandonné la dimension de justice collective qui passait, de fait, par la notion d'intégration. En pratique, cela signifie que les deux partis abandonnent une grande part de leur électorat. Cela a pour conséquence d'engendrer un vide sidéral qu'un troisième parti ne pouvait que remplir en récupérant les morceaux abandonnés en route. Sans oublier que, trente ans après — c'est-à-dire maintenant —, le libéralisme de la droite et le droit-de-l'hommisme de la gauche se trouvent dans une impasse. Ils ont eu leurs effets, leurs capacités de transformation de la société se sont révélées énormes, mais ils ne sont plus des réponses plausibles aux défis collectifs qui sont devant nous : la crise de 2008 pour la droite libérale, l'impossibilité de gouverner au nom du droit des individus pour la gauche, face à des situations où le problème est éminemment collectif, achèvent de saper l'édifice. Les forces antisystème ont désormais un boulevard devant elles. Car, quand il y a des abandons, il y a des récupérateurs...

Tout cela était-il écrit par avance ? Face à la crise du modèle idéologique collectiviste, on pouvait imaginer que la gauche crée un réformisme de gauche ; certains y œuvraient, du reste. Quant à la droite, inspirée par la réussite de la politique gaullienne, vite devenue nostalgie, elle aurait pu offrir un cadre plus résistant au libéralisme.

Vous avez raison : l'histoire n'est jamais écrite. Mais n'oubliez pas sa ligne de pente principale : la paresse l'emporte presque toujours en dernière instance ! Car, pour opérer ces mutations, il eût fallu se retrousser les manches et entreprendre un vrai travail intellectuel et politique. Même ceux qui à gauche étaient favorables au réformisme n'ont pas fait grand-chose en dehors de la réforme de l'État social — purement technique au demeurant. Reconnaître le rôle des syndicats dans l'entreprise — ce à quoi je suis très favorable, évidemment — ne change pas le monde de l'entreprise ! Sur le fond, la critique du marxisme n'a seulement pas été entamée à gauche. Il a cessé de faire autorité, c'est tout, mais on continue de vivre sur les débris de son langage. La critique du « capitalisme » fait toujours recette, sans qu'on se tracasse beaucoup de savoir en quoi il consiste. Aussi ne reste-t-il qu'à s'y soumettre, après avoir bien protesté. À droite, le rôle protecteur de l'État et la dimension inclusive de la nation, associés à un libéralisme modernisateur, tels que les défendait le gaullisme, n'ont pas été compris par les successeurs de De Gaulle. Cette synthèse s'est vite défaite sous l'empire de ses héritiers, parce que ce n'étaient que des héritiers : ils n'ont pensé qu'à dilapider l'héritage. Le travail intellectuel face au néolibéralisme n'a pas été fait, ni d'un côté ni de l'autre.

Vous datez l'effondrement idéologique de la gauche des années 1980. Mais celui de la droite libérale est plus tardif, postérieur à la crise de 2008.

Le mot d'effondrement n'est pas le bon. Il faut plutôt parler d'affaissement et de décomposition lente. L'ébranlement remonte aux années 1980, dans les deux cas, et il a la même source. Mais il ne s'est pas contenté de secouer les héritages installés, il a aussi apporté des renouvellements qui ont pu faire figure de planches de salut et qui continuent de le faire. La désillusion chemine peu à peu. L'heure de vérité n'a pas encore sonné, ni à droite ni à gauche. En ce qui concerne la gauche, on voit bien qu'elle patine, qu'elle est en grande difficulté. Mais sa reconversion dans les droits de l'individu continue de fonctionner à merveille. Nous sommes dans le moment du doute, pas encore dans celui du reflux. Après l'effondrement du bloc communiste, il avait paru logique de croire que la social-démocratie aurait tout l'espace devant elle. Grosse naïveté, car la social-démocratie, en réalité, vivait, sur un mode démocratique, dans le même espace théorique que le communisme : elle constituait la version démocratique du projet collectiviste. Sur la question des droits individuels, elle n'avait pas de doctrine originale par rapport au communisme. En se ralliant d'enthousiasme à leur cause, elle s'est installée dans une incohérence qui la mine aujourd'hui. Son identité réelle est un « social-individualisme » en forme d'oxymore. Elle travaille à une individualisation qui dément la socialisation qu'elle espère !

Cette contradiction a son paroxysme chez les Verts : ce sont les seuls, à gauche, à avoir un programme. Mais ce programme est intrinsèquement incohérent et inapplicable selon les principes mêmes qui constituent leur philosophie : champions mondiaux des libertés de toute espèce, ils sont confrontés au fait qu'on ne pourra pas faire une politique écologique sans une forte dimension de contrainte collective. Pudiquement, ils se gardent bien d'évoquer cette nécessité. Une vraie politique écologique ne peut pas ne pas marquer le retour du collectif, sur un mode qui n'a rien à voir avec le collectivisme, mais qui implique tout de même une dimension de limitation et de discipline. Appelons les choses par leur nom : il faudra bien mettre en place un système de rationnement, certes fondé sur des critères de justice, mais un rationnement tout de même !

La social-démocratie agonisante et les Verts avec leurs contradictions inavouables ne sont pas le tout de la gauche. Il y a aussi l'extrême gauche, dont vous ne dites rien...

Parce qu'il n'y a pas grand-chose à en dire ! Après l'explosion du communisme, on a connu une phase de transition, occupée par des personnages comme Arlette Laguiller puis Olivier Besancenot, qui ont réussi à maintenir, au titre du trotskisme, une identité très ancrée dans la culture politique française, où l'idée de révolution a tenu une telle place depuis deux siècles qu'elle n'allait pas disparaître par enchantement. La page me semble maintenant tournée. En témoigne le phénomène Mélenchon : il est frappant qu'il parle à cet électorat en déshérence en le droitisant ; car, qu'il le veuille ou non, il demeure dans la mouvance de la gauche officielle. Il est plutôt le sas de décompression de l'ancienne extrême gauche dans son long chemin vers la gauche de gouvernement. L'héritage de la culture de gauche extrême se défait petit à petit. Avec, comme il se doit, du reste, la prime verbale à la radicalité. Elle demeure un ingrédient apprécié de la culture politique française, d'autant plus que ces fiers propos sont avidement relayés par les médias — ça au moins, ça se détache du bruit ambiant. À défaut de Grand Soir, ces discours vindicatifs permettent à quelques énergumènes de se donner des postures avantageuses sur la scène publique. Ce « radical-chic » fera sans doute encore longtemps recette, mais il est inoffensif. Nous sommes bel et bien, je crois, dans le moment historique de la résorption de l'extrême gauche française.

Et donc de la passion révolutionnaire ?

Elle subsiste, mais elle n'est plus qu'une survivance archéologique, sans aucun élan d'avenir, sans aucune adéquation aux situations politiques réelles. Conservatoire rhétorique qu'on est éventuellement content d'entendre mais auquel on ne prête pas une grande capacité d'entraînement. La mer révolutionnaire rentre dans l'océan du progressisme ordinaire.

Reste donc le réceptacle de tous ces reflux, trahisons et impuissances, que vous appeliez le « troisième parti » : le Front national. Comment le qualifier et le situer ?

La difficulté d'appréhender le phénomène Front national est celle de l'analyse des organismes mutants. Ce qu'on sait de sûr, c'est sa provenance : il vient de l'extrême droite nationaliste traditionnelle, une extrême droite dont l'autoritarisme fascistoïde d'origine s'était déjà considérablement ramolli, chez Jean-Marie Le Pen, sous l'effet de l'air ambiant. C'est ce qui lui avait permis d'atteindre le second tour de l'élection présidentielle en 2002. Mais la greffe Marine Le Pen a conduit la mue un cran plus loin. En fait, il ne s'agit de rien d'autre au fond que d'une adaptation à l'environnement. Le Front national se dilate aux proportions de l'espace politique qui lui est laissé par les rétractions conjointes de la droite et de la gauche de gouvernement. D'un côté, il récupère la dimension nationale, conservatrice, autoritaire laissée en jachère par la droite libérale, dimension qu'il lui est tout naturel de reprendre à son compte. De l'autre côté, ce qui allait beaucoup moins de soi, il occupe le terrain social et populaire abandonné par un Parti socialiste devenu un parti bourgeois, modérément soucieux des intérêts des classes défavorisées, sacrifiées sur l'autel de la mondialisation, et de surcroît rejetées à cause de leurs sentiments peu acceptables envers l'immigration. L'intelligence politique de Marine Le Pen a été d'opérer cette ouverture supplémentaire vers les délaissés du peuple de gauche. La nature a horreur du vide, la politique aussi. Ce qu'il est convenu d'appeler « populisme » n'est en réalité que le révélateur des demandes que les forces classiques sont incapables de satisfaire.

La progression de ce parti antisystème par l'usage du suffrage universel doit-elle être interprétée comme une menace pour la démocratie, comme c'est encore souvent l'argument principal des forces politiques qu'il bouscule ?

Qui peut sérieusement le penser ? Je crois d'ailleurs qu'une partie du personnel politique, à droite, en tout cas, a compris que cet argument automatique n'avait aucune portée, en mettant plutôt l'accent sur l'irréalisme du programme du Front national.

Il y a tout de même pas mal de gens pour prendre cette menace au sérieux.

Tout cela est si loin dans nos têtes que nous manions des mots sans plus nous rendre compte de ce qu'ils recouvrent concrètement. Faire un coup d'État, établir une dictature ou même un régime autoritaire, ce n'est pas un jeu d'enfant. Cela suppose des moyens, le noyautage de la police, de l'armée, de la magistrature, des appareils d'information, etc. Il faut des forces organisées pour tenir la rue, intimider les opposants, réduire la société au silence. Ces moyens, le Front national ne les a pas et ne cherche manifestement pas à se les donner. Il est une banale force électorale qui, à supposer qu'elle accède au pouvoir, resterait dans les limites des libertés publiques et à la merci du verdict des urnes, sans la capacité d'étouffer les critiques virulentes que ne manquerait pas de soulever sa politique. Ce qui me semble plus à craindre, c'est le chaos politique qui s'ensuivrait. Pour le reste, inutile de jouer à se faire peur pour se dispenser de se demander ce qui alimente cette impressionnante ascension, en dépit du pilonnage dont le Front national et son personnel font en permanence l'objet. Là est la vraie question.

Que signifie le passage de Jean-Marie Le Pen à sa fille Marine ?

La différence des générations joue son rôle. Marine Le Pen n'est pas engluée comme son père dans une histoire de vaincus qui n'en finissent pas de régler leurs comptes. Mais surtout elle paraît dotée de ce dont Jean-Marie Le Pen est dépourvu, à savoir un véritable raisonnement politique. En dépit d'un réel talent de tribun, Le Pen père n'a jamais eu d'autres perspectives que celle de perturber ce jeu démocratique qu'il déteste — à démagogue, démagogue et demi ! Marine Le Pen, elle, a agi en femme politique. Elle a vu l'espace qui s'ouvrait devant elle. Elle pense conquête du pouvoir. Y réussira-t-elle ? C'est une autre affaire. La tâche n'est pas aisée. Construire une alliance stable entre la composante nationale et conservatrice qui vient de la droite et la composante populaire et sociale qui vient de la gauche n'est pas une mince entreprise. Sa grande force est dans la faiblesse de ses adversaires de la droite et de la gauche établies, auxquels la bonne conscience tient lieu de toute doctrine. Mais cela ne suffit pas. En tout cas, jusqu'ici, elle s'en est bien sortie. Elle a su, à chaque étape, faire prévaloir l'avantage stratégique qu'elle pouvait tirer de tel ou tel thème sur le moule dans lequel elle a été formée et sur l'héritage de son père. La vindicte de ce dernier, visiblement furieux de voir sa progéniture faire mieux que lui, la servira sans doute, au final, en faisant ressortir le contraste.

Cette crise de la représentation politique, avec la dissidence d'une fraction de plus en plus importante des électeurs, ne semble pas constituer une préoccupation chez les élites françaises, qu'elles soient économiques ou intellectuelles...

Les élites françaises ont en effet la propriété remarquable d'être très sûres d'elles ; elles jouissent d'une sécurité identitaire et d'un sentiment de légitimité qui font partie de leur héritage spécifique et qui ne sont pas l'un des moindres problèmes de ce pays, parce que cela ne les porte pas à reconsidérer leurs opinions. Cela dit, ce problème des élites n'est pas propre à la France ; il se pose un peu partout dans le monde occidental, comme en témoigne la montée des populismes. Jacques Julliard l'a résumé d'une excellente formule, que je rapporte de mémoire : « L'élitisme des élites nourrit le populisme des peuples. » Elle me paraît assez bien traduire ce couple infernal qui occupe de plus en plus notre horizon politique.

Mais il faut d'abord dire un mot du problème que pose l'usage actuel du mot « élites » au pluriel. C'est la transformation d'une notion qu'on employait plutôt au singulier, consacrée à la fin du XIXe siècle par les sociologues italiens Pareto et Mosca. Il y a quelque chose d'étonnant dans ce retour d'une notion avancée au départ à la fois pour justifier le rôle des dites « élites » contre la poussée démocratique des masses et pour contester la conception marxiste de la stratification sociale. Pour celle-ci, aucun mystère : la classe possédante était naturellement la classe dominante qui inspirait la classe gouvernante. Ce schéma d'analyse a eu cours tout au long du XXe siècle ; c'est tout récemment qu'on a vu resurgir la notion d'« élites », avec l'effritement des notions de classes dominantes et dirigeantes, qui ne paraissaient plus adéquates à la nouvelle situation. Le passage au pluriel est significatif. Il met l'accent sur le pluralisme des élites en question. Elles sont effectivement diverses. Elles concernent l'économie, la politique, les médias, le monde intellectuel. Ce que ces divers groupes ont en commun, c'est de définir l'orientation générale de la vie des sociétés sur le plan des valeurs, des principes directeurs, sans pour autant exercer toujours une fonction de commandement. La classe des journalistes, ceux qui fabriquent l'opinion, ne gouverne pas, mais joue un grand rôle dans l'orientation de nos sociétés. Dans le fonctionnement des élites, le plus frappant, à l'heure actuelle, est le consensus qui les réunit et qui constitue leur vrai ciment. Consensus qui n'empêche pas qu'elles comportent une droite et une gauche. Mais nos sociétés ont une capacité à fabriquer une sorte d'unité intellectuelle qui va au-delà de ces clivages, laquelle correspond en gros à ce qu'on appelle la « gouvernance ».

Le mot « élite » n'est pas neuf. Une différence importante avec son acception actuelle ne tient-elle pas au fait qu'auparavant y était attachée une notion de devoir ? Faire partie de l'élite n'impliquait pas seulement des prérogatives ou des privilèges, mais des devoirs et un souci de la société dans laquelle elle intervenait...

Tout à fait : « élite » est le terme qui, à la fin du XIXe siècle, vient remplacer celui d'« aristocratie ». Il désigne ce milieu particulier qui s'attache aux fonctions de gouvernement. Le pluriel actuel enlève au terme d'« élites » ce qu'il conservait de dimension aristocratique, car les nouvelles élites sont méritocratiques dans leur définition. Dans la sociologie de Mosca ou de Pareto, la continuité familiale, l'héritage d'un milieu rompu aux fonctions de commandement comptaient beaucoup ; cette dimension est marginale dans le monde où nous sommes. Le fait fondamental qui nous fait aujourd'hui parler d'« élites », en réalité, c'est la globalisation, ou plus précisément le développement de la dimension internationale dans la vie des sociétés. Les élites se définissent désormais prioritairement en fonction de cette ouverture des sociétés à l'international, avec ce qu'elle implique de personnel spécialisé.

Le phénomène ne se réduit pas à cela. Deux autres éléments pèsent : d'abord, ce qu'il est convenu d'appeler l'économie de la connaissance, qui déplace l'accent de la fonction de production classique vers toutes les tâches de direction, de management, de conception, de recherche-développement ; ensuite, la montée en puissance du monde de la communication et des médias. Les élites, c'est ce qui résulte du croisement de tous ces paramètres. Il suffit de les survoler pour comprendre que leur conjugaison produit une tendance nette à l'oligarchisation de nos sociétés. C'est un aspect fonctionnel très important de ce qu'on appelle couramment le retour des inégalités, qui n'est pas seulement économique : il correspond aussi à de fortes disparités dans la distribution du pouvoir et du savoir, dans la participation au processus de définition des choix fondamentaux de la vie collective.

Mais le terme d'oligarchie ne convient qu'imparfaitement à la réalité nouvelle des élites. Il est beaucoup trop étroit pour rendre compte d'une diversité qui fait se rejoindre les élites du gouvernement, les élites des entreprises, les élites du diplôme et les élites de la visibilité, à savoir tout ce qui relève de la sphère médiatique — les gens qui ont une opinion autorisée et parlent au nom des autres.

Si l'on parle de plus en plus des élites en tant que « problème », c'est en raison du sentiment de divorce croissant entre elles et le peuple, non ?

Encore une fois, ce problème n'a rien de spécifiquement français. Il concerne au moins l'ensemble du monde occidental. Il prend une acuité particulière dans le cadre européen. Les sociétés européennes se sont caractérisées au XXe siècle par un mouvement d'égalisation et de démocratisation très profond qui a rapproché les couches sociales et fait entrer les masses en politique. Or, actuellement, se produit un phénomène inverse et l'échelon européen fournit une sorte de traduction institutionnelle à cette divergence nouvelle entre les élites et la base. La construction européenne appartient aux élites, qui l'ont pensée, voulue, approuvée, le reste de la population ne s'y retrouvant pas et la comprenant de moins en moins.

En France, la situation très particulière des élites tient à ce que leur rôle a été consacré par leur refondation révolutionnaire. La culture française des XIXe et XXe siècles a fabriqué une élite de commandement étonnamment homogène, intégrée, mais révolutionnaire en ceci qu'elle est une élite du mérite, sélectionnée de manière rigoureuse par un système de concours. Il y a donc une légitimité spéciale de ces élites qui tient à leur mode de désignation et de formation ; et la centralisation du système politique français lui fournit un théâtre approprié pour s'exprimer : elle est la pointe émergée d'un principe cardinal de la République, la méritocratie scolaire. En ce sens-là, dans ce pays, République et élites allaient très bien ensemble. L'effort des républicains a été de républicaniser les élites, en les méritocratisant. Il aboutit en 1945 avec la création de l'ENA. En retour, le système des concours, des classes préparatoires et des grandes écoles donne aux élites en France une légitimité incomparable. Il engendre une osmose au sommet entre les élites économiques, administratives, politiques, avec circulation d'un monde à l'autre qui en fait un milieu relativement homogène. Les Trente Glorieuses marqueront l'apothéose de ce modèle. C'est à cette élite d'après 1945, de l'État modernisé et modernisateur, que s'applique au mieux la formule de « noblesse d'État » consacrée par Pierre Bourdieu. Elle met le doigt sur sa faille constitutive : toute méritocratique qu'elle soit, cette élite demeure une élite de la naissance, une méritocratie héréditaire, elle reste en réalité largement l'émanation des couches sociales dominantes traditionnelles qui ont trouvé dans ce système un moyen de perpétuer leur position dans la société. Nous retrouvons le processus de colonisation de la Révolution par l'Ancien Régime. Et de fait, tous les défauts qu'on avait pu dénoncer à propos de la société de corps se retrouvent au final dans ces élites : l'entre-soi, la surestimation, la bonne conscience de remplir un rôle indispensable.

C'est en partie au même moule qu'il faut rapporter le rôle des intellectuels dans la société française. Ils doivent leur appartenance à l'élite et la place qu'on leur accorde au fait d'incarner à leur manière un principe méritocratique ; ils participent du gouvernement des meilleurs, par leurs lumières, par leurs talents, par le fait qu'ils contribuent à une vie collective qui se veut inspirée par la liberté de l'esprit et non par l'héritage d'une tradition perpétuée par la hiérarchie de la naissance.

Tout cela fait de cette étrange noblesse d'État et de ses dépendances une république des bons élèves émanés des bons milieux. D'où les contestations régulières dont elle fait l'objet, y compris de l'intérieur, que le pamphlet de Jean-Pierre Chevènement, Alain Gomez et Didier Motchane, *L'Énarchie ou les Mandarins de la société bourgeoise*, publié en 1967, a synthétisées, dans le moment même où elle s'épanouissait en majesté.

Pendant longtemps, ces critiques régulières n'entamaient pas la légitimité de ce modèle. Comment la défiance s'est-elle installée ?

Jusque dans les années 1970, après la grande réussite de l'après-guerre et les Trente Glorieuses, l'image des élites, en dépit des critiques qui se manifestent, paraît globalement ratifier les espoirs qu'on avait placés en elles. Le sentiment commun est que le pays dispose d'élites exceptionnellement compétentes. Avec le recul, il est permis de juger que ce n'était pas faux. Mais après ce moment d'accomplissement, il s'est produit une mutation des élites.

Les facteurs de cette révolution sautent aux yeux : la globalisation économique, la relance européenne qui va faire de Bruxelles un échelon déterminant de la vie des communautés politiques, la vague néolibérale, l'individualisation. Ce qui s'est passé là ne se réduit pas, comme on le dit trop vite, à un recul de l'État par rapport au marché. Derrière le recul de l'État, il y a un phénomène de décomposition de la fonction gouvernante : l'image de ce que « le pouvoir » veut dire explose littéralement. Pour reprendre une formule de Durkheim, le pouvoir était identifié classiquement comme un « cerveau social ». Il était l'instance qui servait à penser la collectivité et qui était capable de définir un intérêt général et de conduire le changement. C'est cette fonction classique du pouvoir qui s'est décomposée dans nos sociétés depuis cinquante ans. Avec, en France, des effets de désorientation politique d'autant plus marqués que ce pays avait misé sur l'État plus que les autres.

La dilution de la fonction gouvernante a engendré ce qu'on peut appeler une privatisation morale et sociale des élites. Car l'exercice de cette fonction reposait sur l'identification à un devoir, très puissant, exprimé en France dans la notion de *service*. L'élite était inséparable d'une éthique du service de la collectivité. Les deux guerres mondiales et la Résistance en avaient renforcé le relief. L'ébranlement de la vision classique de ce que veut dire gouverner ou diriger a complètement brouillé ce devoir des élites envers leur société d'appartenance, et cela dans tous les domaines. Il allait de soi qu'un patron avait pour finalité le bien de son entreprise et sa pérennité, quelque opinion qu'on avait du système de l'entreprise privée. À l'heure de la « valeur pour l'actionnaire », l'idée relève d'un folklore désuet. Même chose dans la sphère politique, chez les élus, bien que cela ait toujours été plus compliqué, dans la mesure où le système représentatif a souvent produit des gens qui étaient surtout intéressés par le pouvoir et sa reconduction ; mais enfin, il existait dans ce personnel mélangé des gens soucieux de servir les intérêts supérieurs du pays. On en a vu !

De cette idée de service, il ne reste plus qu'une relique à usage des discours de directeurs de l'ENA pour la promotion sortante. Nous sommes passés dans une société où *individualisme* signifie qu'il est de la nature de chaque individu de poursuivre son intérêt personnel dans un cadre où l'intérêt général n'est que la somme des intérêts particuliers. Cette philosophie est l'exact inverse de celle qui avait présidé à la valorisation du rôle des élites. On voit tout de suite ce qui va en résulter : du côté des patrons, la flambée des rémunérations et des stock-options ; du côté des fonctionnaires, le passage au premier plan des « carrières ». Chez les politiques, le but d'un candidat n'est plus rien d'autre que de gagner les élections, il n'y a plus grand monde pour l'ignorer. Étonnez-vous que le regard des populations ait changé !

En dehors des facteurs extérieurs que vous évoquez, comment expliquez-vous cette mutation radicale et historiquement très rapide des principes internes des élites ? À vous entendre, on a le sentiment d'un coup de baguette magique : elles avaient un surmoi moral qui a subitement disparu. Que s'est-il donc passé ?

Je voulais vous épargner mes spéculations métaphysiques ; vous me contraignez à vous les administrer ! Il se produit en effet au milieu des années 1970 un événement global, au sens où il a à voir avec la globalisation mais aussi en ce qu'il touche l'ensemble des repères de la vie personnelle et de la vie sociale. À mes yeux, il s'agit de l'ultime tournant théologico-politique de la modernité. C'est le parachèvement du processus de sortie de la religion tel que je le définis, à savoir la sortie de la structuration religieuse des sociétés. En apparence, c'était déjà fait au moins depuis 1945 : que restait-il de l'organisation hiérarchique et traditionnelle des sociétés, de l'appartenance communautaire ? En réalité, ça ne l'était pas. Il y avait une sorte d'équilibre maintenu entre l'organisation autonome de la société et un héritage encore prégnant de la structuration religieuse. S'il n'y avait plus de tradition au sens d'une autorité du passé à laquelle se conformer, le lien historique avec le passé demeurait absolument structurant, en particulier pour les communautés politiques ; c'est d'ailleurs ce qui faisait la force des nations. S'il n'y avait plus soumission à la loi du groupe, l'appartenance restait un repère décisif pour les individus. La société n'était plus organisée hiérarchiquement ; il n'empêche que le rapport de supérieur à inférieur fournissait toujours l'armature de la vie sociale. C'est tout cet héritage archimillénaire qui se volatilise dans les années 1970 : entre 1974, où l'impact de la crise commence à se faire sentir, et 1980, où le gros du travail est accompli. Dès 1979, vous avez Margaret Thatcher, la politique Volcker de désinflation compétitive aux États-Unis, la révolution islamique en Iran, l'entrée des Soviétiques en Afghanistan, et le début des réformes de Deng Xiao Ping, le premier à avoir compris que la collectivisation des moyens de production n'était pas la recette idéale. En cinq ou six ans, un système global de compréhension de la vie des collectivités venant des profondeurs du temps s'est défait. À partir de là, le changement ne va cesser de s'amplifier.

Le lieu social où le bouleversement se mesure le mieux est la famille, lieu ultra-conflictuel où coexistaient des valeurs tout à fait modernes — le culte du privé, le culte de l'amour entre conjoints, un souci du bien-être des enfants — et un fond traditionnel où la hiérarchie des sexes demeurait organisatrice en même temps que la hiérarchie entre générations. Cette famille en forme d'alliance des contraires prend fin exactement dans ces années, avec l'égalisation des sexes et celle des générations. La famille cesse de se définir comme groupe faisant société, avec toutes les obligations qui étaient afférentes à ce rôle de cellule de base de l'organisme social, notamment en matière d'éducation. Tout cela vole en éclats, et quand on relit aujourd'hui, par exemple, ce qu'un Lacan professait au sujet de la fonction paternelle une ou deux décennies auparavant, on se demande de quel monde il parle. Mais cela vaut pour l'ensemble des rôles d'autorité.

Ce que vous suggérez, c'est que les élites ont alors cessé de considérer qu'elles avaient le devoir de guider les peuples ?

Tout au contraire, leur rôle, transformé, est d'une certaine façon amplifié, au moins à leurs propres yeux. Car la mondialisation a eu pour effet de déboussoler les populations et de leur faire perdre leurs repères traditionnels, provoquant des attitudes de repli et de refus. Du coup, les élites se sont retrouvées devant des peuples récalcitrants, auxquels il s'agissait de faire comprendre, à grands renforts de « pédagogie », les bienfaits du monde dans lequel on les faisait entrer, les beautés du mélange et les bonheurs du libre-échange.

Mais cette euphorie pédagogique n'a pas duré. Passé le premier moment de la foi des néophytes, elle a fait place à une attitude de déni à l'égard des dégâts de la prétendue martingale. Aujourd'hui, c'est cette fermeture, plus ou moins mâtinée de cynisme — « si ce n'est pas bon pour eux, au moins, c'est bon pour nous » —, qui domine.

Comment expliquez-vous ce revirement ?

Le phénomène me semble relever, en dernier ressort, de la haine de soi — notion dangereuse, à manier avec précaution. Pas la haine de soi en tant que personne, la haine de soi en tant que Français, en tant que ressortissant d'un pays déterminé, qu'on le veuille ou non. Justement, on peut ne pas le vouloir, et, mieux encore, tirer des bénéfices de ce déni. Les élites françaises ne sont pas seulement coupées des populations, elles ont aussi et surtout un discours de mépris à l'égard des Français, et même, derrière eux, de ce qui a fait la France. C'est une des fortes singularités françaises du moment, entretenue par la fraction du milieu journalistique et intellectuel qui donne le ton. À en croire cette vulgate dénonciatrice, nous aurions le malheur de vivre dans un pays rétrograde, fasciste, raciste, peuplé de beaufs infréquentables.

Depuis quand ?

Je n'en repère les premières manifestations que dans les années 1990. Sous Valéry Giscard d'Estaing, la droite française cherche certes à changer la France et utilise l'Europe pour cela, mais elle le fait alors sans mépris pour le peuple. Giscard lui-même ne cède pas à cette pente : quelqu'un qui se préoccupe de changer le rythme de *La Marseillaise* pour lui redonner son cachet d'origine ne peut pas être un ennemi de son pays ! Je pense qu'il s'agit d'une thématique directement liée à l'émergence du postnational, thématique qui prend en France une coloration tout à fait particulière dans la mesure où elle croise l'anticolonialisme et la repentance. Elle est contemporaine de l'imprécation de Philippe Sollers contre « la France moisie » et du *Monde* de Jean-Marie Colombani et Edwy Plenel, grands orchestrateurs de cette rhétorique.

Le phénomène ne débute-t-il pas plus tôt ?

Le phénomène a des antécédents, comme toujours. Il y a une détestation de la France qui vient de loin à l'extrême droite. Elle a trouvé un relais dans les fidélités pétainistes et chez les nostalgiques de l'Algérie française. Ce qui est intéressant, c'est qu'à un moment donné ce discours passe à gauche, alors qu'il n'avait jamais eu le moindre écho de ce côté-là. Le livre emblématique de ce point de vue est *L'Idéologie française* de Bernard-Henri Lévy, en 1980. Ce qui était tenu à gauche pour le contraire même de la France révolutionnaire devient tout à coup sa pente dominante, la pente pétainiste, antisémite et néofasciste dont il faut la purger. Mais le propos reste équivoque par rapport à la suite. Car la dénonciation se fait au nom d'une France idéalisée des droits de l'homme, trahie par ces dévoiements et qu'il s'agit de restaurer dans sa pureté. En fait, ce discours est typique d'une gauche habituée à régner idéologiquement, sinon politiquement, et qui comprend que le peuple révolutionnaire sur lequel elle comptait pour le guider n'est plus au rendez-vous. Voilà qu'il est devenu réactionnaire ! La fonction du clerc s'en trouve changée. Pour conserver son magistère, au lieu de célébrer le peuple, il faut qu'il s'en fasse le procureur. Il se pose en curé exhortant les pécheurs à se repentir. Il leur fait honte, en leur expliquant que les capitalistes sont plus progressistes qu'eux. C'est ainsi que les prolétarophiles sont devenus prolétarophobes et se sont mis à trouver toutes sortes de vertus à l'universel capitaliste. Mais ce n'étaient que des travaux préparatoires inscrits dans un cadre politique classique. On n'en était pas encore à l'aspiration à dissoudre carrément la nation française, pour la bonne raison qu'en 1980, l'idée qu'on avait sous la main un processus global permettant de fondre les nations n'était pas du tout d'actualité.

C'est la mondialisation dans sa version postérieure à la chute du mur de Berlin, la mondialisation des années Clinton et de l'apparition du web, qui change la donne. Non seulement on a des motifs de ressentiment à l'égard de la France, mais on a désormais les outils pour la dépasser. L'Europe fournit un premier relais qu'il ne s'agit que de mettre au service de la dilution dans un espace mondial ouvert, où disparaîtront ces références passéistes qui nous ont fait tant de mal.

En fonction de ce nouveau contexte, il s'est produit un transfert d'universalisme, de la part des élites françaises. Jusque-là, elles voulaient une France universelle, mais qui avait vocation à l'universel en tant que française. Elles ont gardé l'universel, sauf que la France, dans son particularisme, est devenue un obstacle sur sa route. Désormais, il est entendu qu'il faut s'extraire du cadre français, engoncé dans sa singularité archaïque et résiduelle, pour accéder à l'universel. Se faire oublier en tant que Français devient le premier devoir aux yeux des élites intellectuelles, médiatiques, économiques et politiques. Nos hauts fonctionnaires sont réputés, dans les organisations internationales, pour mettre un point d'honneur à ne surtout pas défendre les intérêts de leur pays. C'est ce qui justifie de parler d'une haine de soi dont le paradoxe est qu'elle est une particularité française, un pur produit de notre histoire.

Il y va en effet dans cette posture d'un ultime recyclage de l'arrogance aristocratique et de la supériorité cléricale. Elles avaient trouvé une incarnation dans l'élite technocratique, mais sous le signe du service du pays et de la bienveillance envers le sort de son peuple. Les avant-gardes révolutionnaires autoproclamées en offraient une autre version, construite là aussi sur l'estime du peuple et le souci du salut général. Avec cette dernière mutation, les signes positifs s'inversent. Ils sont remplacés par un mépris hostile : « Nous, nous savons ce qu'est le monde, et vous, vous l'ignorez, vous ne méritez que d'y disparaître. D'ailleurs nous travaillons activement à éliminer ces survivances lamentables. » Cela correspond à ce que Pascal Perrineau a théorisé comme opposition entre les attitudes d'« ouverture » (globale) et de « fermeture » (locale). C'est effectivement là que passe la plus profonde ligne de clivage de notre vie politique, entre les « territorialisés moisis » et les « déterritorialisés universels ». Pareille opposition n'est évidemment pas de nature à renvoyer une image mobilisatrice de son destin au pays, ni à développer une discussion publique constructive.

Cette haine de soi n'est plus propre aux élites, elle se diffuse auprès du petit bureaucrate, de l'élu politique local, du moindre journaliste...

C'est tout à fait vrai. Elle joue comme un modèle auprès de chaque détenteur d'une parcelle d'autorité. Dans le cas des bureaucrates et des élus, ce modèle trouve un support naturel dans la référence à l'Europe. Celle-ci fournit le point d'appui extérieur qui permet de regarder de très haut les ploucs locaux et d'entreprendre leur rééducation. Car la visée doctrinaire et moralisatrice est fondamentale dans cette recomposition du regard.

De manière générale, la dévaluation des modèles hérités de l'histoire nationale dans l'esprit du personnel dirigeant est saisissante. Tout ce qui se pratique ailleurs est tenu spontanément pour meilleur. Pour un pays auquel on a pu reprocher pendant longtemps, à juste titre, sa fierté autiste, c'est un virage violent, et souvent mauvais conseiller. Autant la curiosité pour ce qui marche chez les autres est salutaire, autant elle devient mortifère lorsqu'elle tourne à l'autonégation masochiste (et en réalité persécutrice pour ceux du bas par ceux d'en haut, qui sont naturellement du bon côté). La bonne démarche consisterait à faire le tri, en réexaminant les raisons, bonnes et mauvaises, qui nous ont conduits à nous en remettre à telle ou telle formule, pour regarder comment faire mieux à la lumière d'expériences probantes. Au lieu de quoi les exemples étrangers arrivent comme des arguments d'autorité, ne tenant aucun compte de l'histoire et du cadre dont ils sont le produit. Ils ne convainquent personne et se bornent à décourager les troupes. Avec des sources qui devraient être inspirantes, on fabrique un pays démoralisé.

L'élite intellectuelle a aussi adopté cette posture...

Dans son cas, l'explication est la recherche d'un universalisme de substitution par rapport à l'ancien internationalisme révolutionnaire. Il a été trouvé dans un droits-de-l'hommisme qui a en outre pour fonction de faire payer au peuple sa trahison de l'idéal révolutionnaire. La promesse collectiviste s'est retournée en une défense inconditionnelle des droits de l'individu par-dessus les frontières, dont l'immigré clandestin est l'incarnation parfaite. Le sans-papiers a pris la place du prolétaire comme agent de l'universel, le prolétaire, présumé ignare et xénophobe, étant devenu, lui, la figure d'un particularisme égoïste et de toute façon dépassé. Ce qui permet à ses détracteurs de jouir d'une image avantageuse de leur supériorité morale.

Le problème, c'est que dans ce rôle les intellectuels n'ont plus aucune spécificité. Ils en avaient une, puissante, tout le temps où ils étaient en charge d'éclairer l'avenir, soit en tant qu'« hommes à imagination », comme disait Saint-Simon, soit en tant qu'hommes de science en possession des lois du devenir social. En tant que chantres des droits de l'homme, ils redescendent de leur piédestal pour se retrouver sur le plancher des vaches. La tâche est à la portée de tout le monde. Il n'y a pas besoin d'eux pour célébrer l'ouverture au monde, les bienfaits de la libre circulation des hommes et la diversité. Cette reconversion voue les intellectuels à la disparition de la scène publique. Car s'il s'agit de mobiliser l'attention sur une bonne cause, leur modeste notoriété est écrasée par celle des vedettes du show-biz.

N'est-ce pas plutôt qu'ils ont changé de rôle, troquant celui de guide des masses pour celui de dénonciateur de leurs errements ?

C'est vrai, mais encore une fois, est-ce qu'il y a besoin d'eux pour cela ? Le moindre journaliste fraîchement émoulu de la plus petite école de presse, le dernier de la promotion, est capable d'en faire autant à moindre prix ! Cette fonction « critique » ne demande aucune compétence particulière ni ne crée aucune autorité spéciale. Elle est juste un ingrédient constitutif du flux médiatique.

Oui, mais ce flux médiatique semble toujours chercher la caution de quelques grandes voix de l'université ou des grandes écoles ! Bernard-Henri Lévy et Alain Badiou continuent de jouer ce rôle pour nombre de gazettes...

Bernard-Henri Lévy aura incarné en effet, jusqu'à la caricature, ce semblant d'autorité intellectuelle à usage médiatique. Mais il a de moins en moins d'écho, il est de moins en moins nécessaire au système journalistique, qui se rend compte qu'il peut s'en passer. BHL, comme il faut dire dans le langage de la tribu, donne de plus en plus l'impression d'un figurant payé par le syndicat d'initiative local pour rappeler aux touristes que c'est à Saint-Germain-des-Prés que les choses se passaient autrefois. Encore faut-il lui reconnaître un authentique talent d'acteur. Il est unique en son genre et il ne sera pas remplacé. En tout état de cause, sa capacité d'influence sur les esprits et plus encore sur les orientations politiques est très faible. Quant à Alain Badiou, je ne vois pas qu'il ait recruté beaucoup d'adeptes pour la cause communiste qu'il défend. Paradoxalement, il a beaucoup plus d'influence en tant que philosophe qu'en tant que tête politique. L'ère de l'intellectuel classique est décidément révolue. Sa relève est d'ores et déjà acquise, elle est assurée par « l'expert ». L'expert, c'est-à-dire un technicien d'un domaine spécialisé — l'économie au premier chef — dont le rôle, médiatiquement parlant, n'est pas de soulever les consciences, mais de garantir aux populations que les manettes sont en de bonnes mains.

Mais il y a encore des voix très médiatisées pour expliquer aux gens ce qui doit les indigner, comme Stéphane Hessel en a offert un exemple retentissant il n'y a pas si longtemps !

Les gens avaient-ils besoin de Stéphane Hessel pour s'indigner — des inégalités, des injustices, de la corruption, des abus de pouvoir, des manquements et des errements de la puissance publique, etc., etc. ? Tout au plus trouvaient-ils dans son propos, d'une indigence totale, la confirmation de ce qu'ils pensaient déjà. Son succès a été l'un de ces symptômes qui témoignent de l'affaiblissement de la figure de l'intellectuel. Le grand intellectuel expliquait le monde ou aidait à concevoir un autre monde. Il était investi d'une autorité de l'esprit qui le mettait en position de défier les autorités établies. Que reste-t-il de tout cela dans l'indignation à la Stéphane Hessel, ou dans les dénonciations en tout genre qui font l'ordinaire de ceux que l'on continue par routine d'appeler « intellectuels » ?

Il y a donc malgré tout une persistance du phénomène ?

L'apparence de survie des intellectuels est largement liée à l'emploi que la corporation médiatique fait de leur discours. La profession journalistique le relaie pour se légitimer, tout en les concurrençant. Car elle prétend faire la même chose, pour son aile marchante en tout cas. Le journalisme est devenu lui-même une activité « critique » dont le but n'est pas bêtement d'informer, mais de former des consciences. C'est qu'en France la profession a servi de bassin de recyclage au militantisme gauchiste en perdition. De ce point de vue, *Libération* restera assurément la marque des années que nous venons de vivre : ce journal issu du gauchisme a créé un modèle de journalisme qui a infusé un peu partout dans la presse, à commencer par *Le Monde*.

Une seconde raison explique qu'un semblant d'intellectuel parvient à surnager : la posture

« critique » est tout ce qui reste aux acteurs d'une Université très dégradée pour se donner un supplément d'âme. Dénoncer les méfaits du capitalisme, les séquelles du colonialisme, la montée du racisme, les ravages du sexisme, pour se borner aux principales têtes de chapitre, est le moyen de se convaincre de l'utilité d'une recherche qui se déroule dans une assez grande indifférence publique et d'en magnifier l'enjeu, au moins à ses propres yeux. Je pense pour cette raison qu'il y a un avenir considérable à l'extrême gauche dans l'univers académique. Mais cela ne suffit pas, malheureusement, à constituer un discours d'envergure sur le monde et son avenir. En revanche, cela produit un discours hargneusement retourné contre sa société d'origine. Ce n'est pas propre à la France, pour la raison même que j'ai évoquée, mais le phénomène a en France une force particulière, qui s'explique par les héritages culturels et historiques de ce pays.

Quels effets a eus pour la profession de journaliste cette arrivée massive d'anciens gauchistes, qui y ont notamment importé leur rapport particulier à la vérité ?

Elle a eu un effet ravageur sur l'espace public, en installant un climat hystérique qui empêche d'y faire émerger des diagnostics partagés. Chacun peut le constater : il est impossible d'arriver, sur quelque sujet que ce soit, à des accords sur la réalité à partir desquels on pourrait définir des politiques, éventuellement opposées, mais fondées sur une reconnaissance commune des termes du problème à résoudre. Au lieu de quoi nous naviguons dans un brouillard épais à propos des constats sur lesquels il faudrait être d'accord pour être ensuite en désaccord sur les solutions. C'est un des éléments clés de notre blocage politique.

Car les hommes politiques, inféodés qu'ils sont au monde des médias, n'ont plus aucun moyen de dissiper ce brouillard. Ajoutons que, par l'amplification de sa capacité d'intimidation, le monde journalistique est devenu un véritable *antipouvoir*. Il exerce une sorte de censure *a priori* de l'action politique, la frappant de suspicion et d'indignité dès le commencement. On n'a plus affaire à un contre-pouvoir, mais carrément à un anti-pouvoir, bien moins soucieux de prendre le pouvoir que de le détruire. Un personnage comme Edwy Plenel en offre l'illustration exemplaire. Sa radicalité en fait une figure particulièrement intéressante. Sa manière d'être fidèle à ses idéaux de jeunesse est révélatrice. Ce n'est pas qu'il continue de croire qu'en collectivisant les moyens de production on instaurera le communisme et on supprimera l'État. C'est qu'il a recyclé le deuil de ses espérances dans une négativité absolue vis-à-vis des gouvernements en place quels qu'ils soient. L'appel à une vraie « gauche de gauche », qu'il sait pertinemment impossible, dissimule en dernier ressort un nihilisme à l'égard de la politique — puisque la nôtre n'a pas marché, qu'aucune ne soit praticable. Sa démarche a le mérite d'une clarté qu'on ne trouve pas chez la plupart de ses confrères, moins conséquents et moins virulents.

Il n'empêche : à l'arrivée, la somme de ces censures, protestations, dénonciations, condamnations, indignations produit une sorte d'empêchement politique de principe. Bien entendu, la plupart des journalistes s'en défendraient en arguant du fait que, le jour où un dirigeant politique sera à la hauteur de sa tâche, ils baisseront les armes, mais ils sont intimement convaincus que ce jour n'est pas près d'arriver ! Ce à quoi ils aspirent, par un curieux mélange de moralisme et de libertarisme bien dans l'esprit du temps, est l'incapacitation des pouvoirs. Élisabeth Lévy et Philippe Cohen avaient écrit autrefois que les médias étaient devenus le premier pouvoir (*Notre métier a mal tourné. Deux journalistes s'énervent*). Je ne crois pas que ce soit vrai. Car ils ne cherchent aucunement à remplir la fonction qu'un pouvoir digne de ce nom est censé exercer : proposer une analyse, indiquer une direction, définir des décisions. On ne trouve évidemment rien de tel dans les médias. En revanche, il y a bien une rivalité entre le pouvoir politique, au sens classique, et le pouvoir des médias, qui fonctionne comme une force d'inhibition prodigieuse. L'étonnant étant que cette position ne vaut aucune reconnaissance, aucun prestige à la profession journalistique de la part du public. Elle est prise dans la même réprobation, elle a une aussi mauvaise image, si ce n'est pire, que la profession politique. La fabrique de l'impuissance ne leur réussit ni à l'une ni à l'autre.

Les politiques se sont mis dans la main des journalistes, dans un rapport qui est de dominants à dominés. Aujourd'hui, la première préoccupation de l'action politique est sa réception par les journalistes, avec lesquels élus et ministres passent un temps fou avant de passer un temps fou à lire ce qu'ils écrivent. Autrefois, les politiques gouvernaient sans voir de journalistes. Hubert Beuve-Méry, le directeur du Monde, *n'avait jamais mis les pieds dans le bureau de De Gaulle. Ce rapport de domination n'était pas obligatoire. Pourquoi les choses ont-elles tourné de la sorte ?*

C'est le fruit des transformations sociales des quatre dernières décennies. En schématisant, le personnel politique disposait d'un lien direct avec les populations, au travers de partis qui étaient des partis de masse, dotés à des degrés divers de leurs propres organes d'opinion. Ils s'appuyaient sur des forces sociales organisées, l'Église catholique pour la droite, à gauche les mouvements ouvrier et syndical. Ce lien entre la base et le sommet s'est rompu avec la débandade des grandes organisations, la dépolitisation et la fuite des militants. Dans cette situation, coupés qu'ils sont de la société, les politiques n'ont plus d'autres relais pour s'adresser à la population que les *médias*. Le mot est bon, et il a d'ailleurs émergé dans l'usage au moment où ce phénomène se produisait. Comme le rôle des politiques est de convaincre les électeurs et de défendre des convictions, ils sont obligés de passer par les journalistes, dont ils sont en effet devenus les esclaves. Ajoutez à cela le fait que les hommes politiques sont en concurrence. Qui d'autre que les journalistes peut leur donner la visibilité qui leur permettra de s'imposer aux dépens de leurs concurrents ? La scène médiatique est le marché où se font et se défont les réputations. Et pour les plus jeunes d'entre eux, c'est le moyen de s'autonomiser : grâce aux médias, ils peuvent échapper aux logiques d'appareil qui leur laissent peu de place et s'affirmer par leurs propres moyens. La dépendance est devenue structurelle, avec pour le moment des résultats désastreux des deux côtés.

Comment conciliez-vous l'idée que les nations européennes sont demeurées des nations, se renforçant, même, et cette autre thèse que vous soutenez selon laquelle dans nos sociétés le politique se délite, se réduisant de plus en plus à l'affirmation des droits de l'homme ?

Les deux observations doivent être articulées. Le renforcement des nations n'est pas de type nationaliste, c'est le renforcement d'une adhésion devenue largement inconsciente à laquelle il faut réserver le nom d'identité. L'identité est la forme résiduelle du sentiment d'appartenance à une collectivité. Cette dimension identitaire s'est profondément renforcée sous l'effet de la construction européenne, par un mécanisme simple, qui est que la mise en commun oblige chacune des sociétés à mesurer sa particularité. Mais dans l'implicite, la plupart du temps. L'identité va de pair avec le sentiment de la relativité de cette identité. En quoi elle se distingue essentiellement de ce qui a fait l'âme du nationalisme dans ses versions agressives du premier XXe siècle : la conviction, à l'opposé, de l'exemplarité de sa particularité, sur un mode plus ou moins universaliste la poussant à s'affirmer aux dépens des autres — le résidu impérial dont nous parlions tout à l'heure. En ce sens, le nationalisme n'existe plus en Europe. Ses bases ont disparu. L'assimilation courante des populismes d'aujourd'hui aux nationalismes du passé ne témoigne que de l'ignorance de l'histoire. Même leurs expressions xénophobes sont purement défensives. Rien à voir avec ce qu'étaient les délires de supériorité des nationalismes dans leur phase d'incandescence.

Dans le même temps — grâce justement aux nations dont c'est la dérive pathologique dans le moment de leur complète décantation —, se développe un individualisme plus débridé que jamais. Ces individus appartenant en réalité plus que jamais aux sociétés européennes et aux États sociaux qui les caractérisent oublient cependant qu'ils sont des citoyens et se conduisent en purs individus sans appartenance ni obligation à l'égard de la collectivité. Les sociétés qui consacrent le plus d'efforts à la liberté des individus voient la liberté de ces individus se retourner contre elles. C'est une pathologie de transition.

Donc, à proprement parler, il n'y a pas de délitement du politique, il y a une contradiction entre la réalité sous-jacente des sociétés et la conscience spontanée de leurs acteurs, infantilisés par les privilèges extraordinaires que leur histoire leur a procurés. Mais en un certain point l'inconscience de la formule politique de nos sociétés devint hautement périlleuse.

Chapitre IX

NOUS SOMMES TOUJOURS
DANS L'IDÉOLOGIE

Face à un présent ressenti comme problématique et inquiétant, l'un des réflexes les plus fréquents au sein des élites est d'user de comparaisons avec le passé. L'une d'elles revient dans de nombreux domaines, qu'il s'agisse d'économie, de diplomatie ou de politique : la référence aux années 1930...

Il est vrai qu'à un certain point de vue, notre présent ressemble aux années 1930 : nous sommes à nouveau au milieu d'une embardée idéologique. Mais la ressemblance s'arrête là. Car ce moment idéologique est d'un signe exactement opposé. Nous vivons d'ailleurs une conjoncture étrange car, tout en étant intensément idéologique, elle se présente comme le contraire de ce que nous avons connu dans les années 1930. Les idéologies de cette époque peuvent être enfermées dans un seul mot : l'hyperpolitisation, caractéristique des idéologies totalitaires. Va de pair avec cette hyperpolitisation une phase d'extrême mobilisation des masses, qui se mettent en mouvement, qu'on organise, qui donnent le spectacle de leur puissance.

Nous sommes, nous, dans un contexte de dépolitisation, et à certains égards de dépolitisation radicale. Et, bien loin d'être dans une phase de mobilisation des masses, nous sommes dans une phase de privatisation des individus. La crise des années 1930 avait eu pour effet de mettre en avant les discours les plus radicaux, stalinisme contre fascisme et national-socialisme. Pour nous, le pendule idéologique est à la modération extrême — l'extrême centre dont parlait Jean-François Kahn, l'expression me semble assez juste, car il y a un certain extrémisme dans notre modération, même si elle ne ressemble pas à l'appel des organisations extrémistes d'antan. Les années 1930 étaient l'ère des masses, le moment de l'entrée des foules dans l'action politique ; c'est sur elles qu'on comptait — en fonction de l'axiome : « Ce sont les masses qui font l'Histoire ». Quant à nous, la partie proprement idéologique qui nous intéresse concerne essentiellement les élites, dont c'est d'ailleurs un élément de coupure avec les peuples. Autrefois, l'avant-garde consciente devait entraîner les masses ; aujourd'hui, les masses sont hors du coup, elles regardent la télévision ! L'idéologie concerne les superdiplômés, même si elle diffuse dans toute la société.

Au centre des projets totalitaires, il y avait un grand objectif, qui était de maîtriser l'économie par le politique, avec une version d'extrême gauche contre une version d'extrême droite, mais dans les deux cas cette maîtrise politique constituait le cœur de la visée totalitaire. Nous sommes, à l'opposé, dans une expérience qui vise fondamentalement à la liquidation du politique au profit de l'économique : il s'agit aujourd'hui de libérer au maximum l'économie de la régulation politique, considérée comme une entrave à sa bonne marche. C'est dans ce cadre qu'il faut comprendre la mondialisation et la marginalisation des États-nations en tant qu'obstacles à l'empire du marché global. Plus profondément encore, dans l'imaginaire des projets totalitaires qui dominaient les années 1930, l'objectif était de reconstruire l'unité du peuple contre les divisions qui s'étaient développées dans la société depuis l'émergence du capitalisme...

Du capitalisme ou de la démocratie ?

Du capitalisme *et* de la démocratie. Le capitalisme oppose les patrons et les prolétaires, la démocratie parlementaire oppose les opinions, en libérant des antagonismes vus comme destructeurs par les adeptes des totalitarismes. Leur aspiration est de retrouver une unanimité des esprits par la doctrine que le parti qui encadre les masses est capable de proposer. Nous sommes aujourd'hui à l'opposé : moins il y a de doctrine, mieux on se porte, du moins le croit-on. Tout ce qui représente une adhésion idéologique paraît hors de mise, tandis qu'est valorisée par-dessus tout l'indépendance des individus. D'où une frappante marginalisation des thèmes de « classes » ou de « nations ». Tout ce qui représente par rapport aux individus une appartenance de rang supérieur, ou un encadrement collectif, est récusé au profit d'une déliaison des personnes aussi étendue que possible. L'englobement collectif a disparu.

À tous égards, donc, le climat intellectuel se présente aujourd'hui comme le parfait inverse de celui qui prévalait dans les années 1930. Au point que cette symétrie dans l'opposition a quelque chose de mystérieux.

Dans la configuration des années 1930, par leur participation parfois active à la mobilisation, leur part d'adhésion à la naissance des projets totalitaires, les individus pouvaient donner le sentiment de chercher eux-mêmes à retrouver l'unité perdue par la division capitaliste ou démocratique. Dans la configuration actuelle, peut-on dire que les individus sont acteurs de la déliaison sociale et de l'anomie ? La souhaitent-ils ?

Oui, la symétrie va jusque-là. Mais attention : nous parlons de l'idéologie, pas de la réalité. Du point de vue des discours, les individus ne peuvent que souhaiter leur réalisation personnelle la plus complète possible, c'est leur horizon existentiel. Donc la plus complète indépendance vis-à-vis des autres et de leur société correspond à leurs aspirations les plus profondes. La symétrie va jusque-là, et elle est intéressante à faire ressortir pour marquer la radicalité de ce monde sans radicalité apparente ; car, encore une fois, il y a une vraie radicalité dans le monde où nous sommes, même si elle est d'un genre tout différent de celle d'autrefois, et il faut comprendre pourquoi.

Mais alors n'est-il pas inapproprié d'utiliser le mot « idéologie » pour la situation où nous sommes, par rapport aux définitions ordinaires du mot ? La symétrie inversée que vous établissez entre le contexte des années 1930 et la situation présente ne repose-t-elle pas sur le fait d'utiliser le même mot en lui donnant deux acceptions différentes ?

Je suis bien conscient qu'il y a quelque chose de choquant dans le fait d'utiliser le mot « idéologie » dans le contexte où nous sommes, par rapport aux acceptions ordinaires du mot. Il est vrai que le sens qu'avait le mot « idéologie » dans le moment totalitaire pourrait conduire à conclure à son absence aujourd'hui. Le spectacle apparent du monde d'aujourd'hui est celui d'une disparition des idéologies. Le sociologue américain Daniel Bell en avait fait le constat il y a longtemps et, bien qu'apparemment démenti par la vague révolutionnaire de la fin des années 1960, il avait raison : les grandes idéologies révolutionnaires, que ce soit à l'enseigne de la nation ou du socialisme, ont perdu toute espèce d'autorité. Elles n'ont plus qu'une existence vestigiale. En tout cas elles n'ont plus aucune capacité de mobilisation intellectuelle et sociale.

Apparemment, nous sommes donc sortis de l'idéologie ; tous les ingrédients qui assuraient le rayonnement de ces grandes idéologies d'extrême droite ou d'extrême gauche ont disparu. Le projet d'une science de la société devant guider l'action politique d'un parti rassemblé autour de cette doctrine n'est plus au rendez-vous. Aucune force politique n'est là pour proposer une théorie générale de l'histoire aboutissant à un grand projet de société future.

Le constat qui paraît s'imposer est celui d'une désidéologisation allant de pair avec la dépolitisation. Mais en raisonnant de la sorte, on confond idéologie révolutionnaire (ou idéologie radicale) et idéologie tout court. On comprend fort bien comment cette confusion a pu s'installer, du fait que les idéologies totalitaires ont à ce point occupé le devant de la scène, et mobilisé les esprits au XXe siècle, qu'elles ont complètement capté le terme d'idéologie. Mais c'est une grave erreur, qui empêche de comprendre que ces idéologies révolutionnaires ont surgi à un moment déterminé de l'histoire, qui est derrière nous maintenant, et en se détachant d'un tronc beaucoup plus large, plus ancien, qu'elles ont fait un instant oublier, mais qui perdure au-delà de la configuration qu'elles auront représentée. Les idéologies extrêmes n'ont été qu'un cas particulier des idéologies en général. On peut dire en vérité qu'il y a une idéologie ordinaire, qui est un phénomène constitutif et indépassable des sociétés où nous vivons. Des sociétés qu'on peut appeler, pour faire ressortir la nécessité du phénomène idéologique, « sociétés de l'histoire ».

Comment les définissez-vous ?

Ce sont des sociétés en mouvement du fait de l'action délibérée des acteurs — y compris leur action politique —, acteurs placés de ce fait devant la nécessité d'expliquer leur vision de l'avenir, laquelle détermine les choix politiques proposés aux citoyens. Dans ces sociétés, l'idéologie est le discours qui prend en charge le mouvement de l'histoire pour en tirer des conclusions politiques. Je crois que c'est la définition la plus générale qu'on puisse en donner. Sur ce point, les sociétés de l'histoire s'opposent aux sociétés religieuses, qui définissent leur ordre en fonction d'une extériorité de leur fondement et d'une antériorité de leur tradition, autrement dit en fonction des modèles du passé. Ce ne sont pas nécessairement pour autant des sociétés fixes, mais des sociétés conçues sous le signe d'un ordre qui doit de toute manière s'imposer au mouvement. Une société religieuse ne peut pas être une société idéologique. L'idéologie est ce qui émerge avec l'historicité, c'est-à-dire la conscience historique et la réalité d'un devenir assumé en conscience à partir du début du XIXe siècle. Ce passage à une histoire reconnue comme l'œuvre des hommes et voulue pour telle va de pair avec le gouvernement représentatif, la délibération collective, et le processus électoral. Qui dit élection dit choix entre différentes options. Ces options s'appuient sur des idéologies, c'est-à-dire sur des explications du mouvement historique, avec les conséquences pratiques à en tirer. On voit tout de suite qu'il va y avoir plusieurs de ces explications en concurrence. Le phénomène idéologique est inséparable du pluralisme intellectuel des sociétés modernes, ce pluralisme que veulent nier les idéologies totalitaires. Dans la société où s'installe le gouvernement représentatif, il s'agit fondamentalement de définir un rapport au passé, de déterminer les urgences du présent, et de répondre à la question : vers quoi voulons-nous et pouvons-nous aller ? Quel est l'avenir qui paraît à la fois possible et souhaitable et vers lequel doit se diriger l'action collective ?

L'idéologie ne propose pas que des explications, mais également des scénarios.

Des scénarios et des croyances. Car l'avenir, par définition, ne peut être qu'objet de croyance. Même les supposées « sciences de l'histoire » font appel à des croyances, relativement à la direction future du processus dont elles prétendent identifier le moteur. Or, en la matière, les possibilités fondamentales sont en petit nombre. Ou bien on pense que l'avenir va et doit ressembler au passé — c'est la thèse conservatrice —, ou bien qu'il va représenter un progrès par rapport au présent — c'est la position libérale, qu'illustre la formule de Stuart Mill : « Le progrès, c'est la même chose avec quelque chose de plus » —, ou bien on pense que l'avenir peut être très différent du passé et du présent — c'est le propre de l'idéologie socialiste. Si on est conservateur, on estime que tout ce qui s'écarte de l'héritage du passé est funeste ; si on est libéral, on pense qu'il faut prudemment augmenter ce qui est déjà acquis dans le présent, et si on est socialiste, on cherche une organisation sociale différente de celle actuellement régnante.

D'où la profonde stupidité de la formule « l'idéologie dominante de la classe dominante ». Car une telle chose n'existe pas ; il y a toujours plusieurs idéologies en rivalité ; certes il peut y en avoir une qui domine les autres, parce qu'elle paraît plus plausible, comme aujourd'hui l'idéologie néolibérale, mais elle reste en concurrence avec les autres.

Qui dit idéologie dit pluralisme idéologique, qui se ramène fondamentalement à trois familles de pensée, avec toutes sortes de variantes, bien entendu, car, quand on inscrit ces grandes orientations politiques dans des discours qui se situent par rapport à des questions concrètes (l'impôt, le salaire, la propriété, les régimes juridiques, la famille, etc.), les choses se compliquent et on peut avoir un champ politique très divers, alors même que l'arrière-fond idéologique est simple.

L'idéologie est inhérente à la nature même de nos sociétés. Nous ne pouvons pas ne pas nous situer dans un espace idéologique, et nous ne pouvons pas prétendre que notre idéologie est plus « scientifique » que celle du voisin, parce que, en dernier ressort, elles reposent toutes sur des faits de croyance. Il est par conséquent vain de penser qu'on viendra à bout des idéologies : il y aura toujours des conservateurs, toujours des libéraux, toujours des gens qui pensent que l'avenir est à des sociétés très différentes de celles que nous connaissons et que nous devons dépasser.

De quand date ce fond idéologique commun aux sociétés de l'Histoire ?

Tout cela se met en place au XIXe siècle et va subsister jusqu'à nous, y compris à l'époque où les totalitarismes tiennent la vedette. Les idéologies radicales n'épuisent pas le champ intellectuel des sociétés occidentales, qui restent démocratiques et pluralistes au travers de ces vicissitudes, heureusement pour nous ! Elles continuent de vivre politiquement selon leurs idéologies ordinaires. La particularité du XXe siècle aura été le surgissement dans le champ idéologique de deux pôles extrêmes à l'enseigne du nationalisme et du révolutionnarisme. Mais il s'agit là d'un phénomène historique, cantonné à une période déterminée, en gros, celle qui va des années 1880, ou 1890, jusqu'aux années 1970 : il aura occupé un petit siècle.

Et puis cette configuration dominée par l'horizon d'une rupture radicale où, déjà, depuis 1945, la rupture ultranationaliste n'était plus tenable, s'est effacée. Nous sommes revenus à un paysage plus habituel, mais avec une nouveauté qui a accompagné le dépérissement des idéologies extrêmes : l'apparition d'un néolibéralisme. Pourquoi « néo » ? En raison simplement de sa différence avec le libéralisme classique, celui du XIXe siècle.

De manière générale, cela va de soi, les idéologies évoluent en fonction du contenu de l'expérience historique dont elles cherchent à rendre compte. Dans le cas, l'originalité du néolibéralisme tient à un changement dans la structure de nos sociétés, celui-là même qui a eu pour effet, par ailleurs, de décrédibiliser une fois pour toutes les radicalités d'extrême droite et d'extrême gauche. La dissociation de la société civile et de l'État restant inaccomplie, la persistance de la structuration religieuse continuait de prêter à l'État une prééminence par rapport à la société qui pouvait aller jusqu'à faire rêver au rétablissement de leur ancienne unité. C'est ce croyable qu'exploitaient l'ultranationalisme ou l'ultrarévolutionnarisme. Mais c'est aussi bien sur lui que se fondaient le conservatisme ordinaire ou le socialisme ordinaire, le premier pour réclamer l'ordre social par l'autorité, le second pour demander la justice sociale par la gestion collective de la production et de la répartition des richesses. Le libéralisme classique lui-même, bien qu'attaché à la liberté de la société et de ses acteurs, n'envisageait cette liberté que dans un cadre national et étatique, au service du bien de la collectivité.

La dissolution des restes de structuration religieuse, à la faveur de ce que je propose d'appeler l'« ultime tournant théologico-politique de la modernité », a liquidé cette disposition d'ensemble. Elle a rendu la société civile entièrement indépendante de l'État, sans plus aucune suprématie de celui-ci. Il est cette fois pour de bon à son service, sans plus aucune capacité de lui imposer son ordre d'en haut. C'est cette transformation structurelle qui a consacré la victoire idéologique du libéralisme, en sapant simultanément les bases tant du conservatisme que du socialisme classiques. Elle les oblige à se réinventer. Il n'y a plus d'autoritarisme conservateur possible, pas plus que d'étatisme socialiste possible. D'une certaine façon, tout le monde est devenu libéral au sens où tout le monde est contraint de prendre en compte cette donnée de la séparation de la société civile et de l'État, que les libéraux classiques ont été les premiers à défendre et à illustrer. Les conservateurs restent conservateurs mais ils sont forcés d'être dans une certaine mesure libéraux en admettant l'indépendance de la société par rapport à l'autorité publique. Les socialistes restent socialistes mais il leur faut s'adapter à cette existence irréductible de la société civile privée. Mais on voit aussi que les libéraux ne sont plus libéraux de la même façon et dans le même sens. Car cette émancipation de la société peut aller jusqu'à nourrir l'idée d'une liquidation pure et simple du cadre politique comme l'idée d'une émancipation complète des intérêts individuels de tout cadre collectif. C'est de ce côté qu'est passée la radicalité dans notre monde, et les frontières entre libéralisme ordinaire et libéralisme radical sont poreuses.

En vous écoutant, on a l'impression que le socialisme est la principale victime de ce bouleversement idéologique...

C'est vrai en un sens, pour la bonne raison que l'idéologie socialiste est par nature la plus ambitieuse puisqu'elle vise au changement de la société existante. Pour elle, le choc est énorme. Le cœur du projet socialiste depuis un siècle et demi était l'appropriation collective des moyens de production, de façon à faire rentrer la propriété privée au sein de la communauté politique et sociale et à retrouver ainsi l'unité de la collectivité. Une collectivité dotée enfin d'un gouvernement juste et rationnel grâce au pilotage public de l'économie. C'est par excellence la perspective que le tournant récent a irrémédiablement frappée de décroyance. Le projet ne parle plus à personne, pas même aux zélateurs les plus excités de la gauche de la gauche. Et surtout pas aux actuels dirigeants chinois, qui ont bien compris, eux, que le socialisme serait « de marché » ou ne serait pas.

Pourquoi donc ?

Tout simplement parce que le projet a perdu les bases qui lui donnaient son élémentaire crédibilité.

À cause du bilan des expériences ?

Non. Comme vous le savez, l'expérience, en ces domaines, n'a jamais instruit grand monde. Ce serait prêter aux peuples une sagesse dont jusqu'à présent ils n'ont pas fait beaucoup montre... L'expérience avait échoué dix fois, et ça n'a pas empêché de recommencer une onzième !

Ce ne sont pas les leçons de l'expérience qui ont changé les choses, mais la disparition des facteurs qui conféraient une sorte d'évidence collective à la supériorité de l'instance politique et qui rendaient imaginable à partir de là une extension de l'autorité publique au domaine économique, jusqu'à son absorption complète. Des facteurs dont il n'est possible de rendre compte, à mon sens, qu'à la lumière de l'héritage de la structuration religieuse.

Cette évidence s'appliquait aussi aux libéraux.

Et c'est sa disparition qui va faire toute la différence entre le libéralisme classique et le néolibéralisme. Les libéraux s'inscrivaient dans le cercle des présupposés dictés par la verticalité politique. Chose remarquable, celle-ci avait survécu au triomphe du principe représentatif. Il était entendu que les peuples élisent leurs dirigeants, d'une façon démocratique, mais il allait de soi que ces dirigeants, une fois en position de pouvoir, tout en représentant la société, étaient en position de domination vis-à-vis d'elle et en mesure d'imposer une volonté générale émanée de la collectivité à l'ensemble des activités. Il y avait un dogme de l'autorité publique, qui paraissait dans la nature des choses. Mais il n'était pas dans la nature des choses, il relevait d'une certaine organisation héritée du passé religieux, et la dissipation de ces restes d'organisation religieuse a eu pour effet de faire apparaître dans toute sa rigueur le principe libéral, à savoir : l'indépendance de la société, qui est première, le pouvoir étant second et n'ayant d'autorité que subordonnée à elle. Le pouvoir n'a plus cette fonction de surplomb autoritaire qui pouvait soutenir aussi bien l'idéal conservateur de l'ordre que l'idéal socialiste de l'organisation collective primant sur les intérêts des individus et des acteurs économiques, mais qui avait également pour effet de limiter les prétentions du libéralisme.

Encore une fois, le libéralisme classique admettait tacitement que le secteur des libertés individuelles, et notamment des libertés économiques, s'inscrivait dans l'espace de l'État-nation, qui avait autorité sur elles pour définir les lois qui encadrent les contrats, pour déterminer les conditions de la paix sociale, etc., il n'avait aucun doute sur le fait que le politique avait le dernier mot, et que c'est dans ce cadre que devait travailler un gouvernement représentatif bien compris.

Ce n'est plus comme cela que les choses se passent. La nouveauté radicale, c'est la désubordination de l'économie, comme de la société en général par rapport à l'autorité publique, et c'est de cela que le néolibéralisme, allant de pair avec la globalisation, est la théorie. L'activité économique des individus est libre, dans un espace qui n'a aucune raison de se cantonner à l'espace national. Ce qui a totalement changé, c'est le rapport du libéralisme au politique. En tendance, celui-ci n'a plus aucune autre consistance à ses yeux qu'en tant qu'annexe ou dépendance de l'économie. Le nouveau libéralisme — et c'est en ceci qu'il devient radical — est un discours de contestation de la possibilité, pour le politique, d'imposer quelque limite que ce soit aux initiatives économiques des acteurs et plus généralement à l'expression de leurs droits. En pratique il s'arrête en général avant mais il est intrinsèquement ouvert sur cette perspective de la possibilité pour les individus de développer leur action dans un espace post-politique qui échappe à la régulation des États nationaux dans toute la mesure du possible, en dehors de ce que sont minimalement les fonctions régaliennes de protection des propriétés et des biens.

Pourquoi la structuration religieuse de nos sociétés, sous sa forme résiduelle, à l'état de traces sous-estimées dans les premiers âges de la démocratie, s'efface-t-elle définitivement à ce moment précis ? Pourquoi si vite ?

C'est une question que je me pose aussi ! Je vous le disais, la bonne notion à ce propos me paraît être celle d'ultime tournant théologico-politique de la modernité. Il se situe au point de rencontre de deux phénomènes. Il y a d'abord une érosion lente, commencée de très longue date, accélérée par la période des Trente Glorieuses, la paix, la prospérité, la consommation. Il est certain, par exemple, que la montée en puissance de l'État-providence a favorisé la disparition des communautés dites « naturelles », à commencer par les familles ; tout simplement parce que l'État donne des moyens d'indépendance aux gens, qui font qu'ils n'ont plus besoin par exemple des solidarités de voisinage. Mais on pourrait prendre bien d'autres illustrations de cette dissipation dans différents registres, à commencer par le politique. Et puis il y a un phénomène conjoncturel : la crise économique des années 1970, qui a été bien plus qu'une crise, une réorientation économique majeure de nos sociétés. Elle a déterminé en particulier l'extraversion des économies, faisant passer au premier plan la compétitivité économique, ce qu'on va appeler « la contrainte extérieure », la nécessité de l'exportation, de l'innovation ; la politique se concentre désormais dans cette tâche. Auparavant, pour un de Gaulle par exemple, la tâche prioritaire était la grandeur de la France et sa défense à l'égard des menaces, tout à fait sérieuses, qui existaient à l'époque. La priorité était politique, même si on développait parallèlement la société de consommation, laquelle, du reste, allait s'avérer elle aussi un facteur de dissolution puissant des solidarités traditionnelles.

Ce renversement de priorités va avoir des conséquences énormes, par rapport à ce qu'était la primauté du cadre politique et de l'appartenance patriotique, ou par rapport aux appartenances de classes qui se logeaient dedans. Tout cela se disloque, à une vitesse stupéfiante, un peu partout dans le monde. Là, en effet, on est entré dans l'histoire globale. Car le projet de révolution politique ne s'éteint pas seulement à Saint-Germain-des-Prés, mais aussi au Bureau politique du Parti communiste chinois et au Politburo de Moscou ! En quelques années, on a littéralement changé de monde.

Changement qui ne concerne pas que l'idéologie. Pensez par exemple à l'émancipation féminine, qui avait certes ses lettres de noblesse anciennes, mais qui avançait plus que lentement : en quelques années, l'égalité hommes-femmes est devenue une évidence, du moins dans le principe — même si les conséquences concrètes se font parfois attendre. Or l'enjeu de l'émancipation féminine, pour la question de la structuration collective et de l'idéologie, n'est pas mince. L'un des réceptacles des valeurs religieuses, telles qu'elles organisaient implicitement nos sociétés jusqu'à une date récente, c'était la famille, avec l'évidence d'une double hiérarchie : du mari par rapport à la femme, et des adultes par rapport aux enfants. Double hiérarchie indispensable pour fabriquer une unité qui s'impose aux acteurs et leur impose leurs devoirs, leurs manières de se conduire, leurs rôles. Cette famille-là s'est littéralement évaporée, en faisant des femmes des individus comme les autres, et en créant pour de bon, cette fois, la société des individus. Dans la société des individus, il n'y a pas de familles au sens institutionnel, dictant leurs rôles aux partenaires. Ce qui n'empêche évidemment pas les gens de vivre en couple et d'élever des enfants, mais pas de la même façon.

Le bouleversement a touché la société du haut en bas, des sommets de l'horizon politique jusqu'au vécu quotidien des acteurs dans leurs rapports les uns avec les autres, y compris leurs rapports les plus intimes.

Comment définiriez-vous les règles de cette idéologie nouvelle qui pénètre toutes les activités humaines ?

L'essence du néolibéralisme, c'est de mettre en œuvre jusqu'au bout un principe philosophique simple, très ancien dans ses racines, mais qui devient pour la première fois la règle ultime du fonctionnement collectif : il n'y a que des individus — des individus qui sont définis par leurs droits, sur le plan abstrait, juridique, et par leurs intérêts, sur le plan concret, économique. Cette platitude apparente emporte en réalité des conséquences abyssales, impliquant la volatilisation de ce dont étaient faites jusqu'alors les sociétés, y compris les sociétés modernes : elles étaient, depuis la Révolution française, des communautés politiques de citoyens mais elles restaient des États-nations, avec tout ce que cela impliquait de cadres contraignants, et de fidélités à ces cadres pour les existences particulières. Les droits individuels s'inscrivaient à l'intérieur de réalités plus fortes, qui leur donnaient un sens politique et historique. La citoyenneté définissait un espace politique dépassant les individus isolés et donnant une cohérence aux actions privées. Les acteurs économiques, ainsi, étaient supposés ne pas travailler que pour leur profit immédiat mais s'insérer dans un mouvement visant à l'accroissement de la richesse collective et au bien-être général. D'où l'idée de progrès. Tout cela définissait un destin collectif, dont les idéologies révolutionnaires avaient radicalisé la promesse. Le moment néolibéral est celui de la volatilisation de ces repères qui paraissaient de toute éternité constitutifs de l'expérience collective. Il ne reste plus que les individus, définis par leurs droits et leurs intérêts. Le problème politique n'est plus dès lors que celui des moyens de faire coexister les droits des individus et de leur permettre de maximiser leurs intérêts.

Cette idéologie ne paraît même pas nouvelle, on croit savoir depuis longtemps ce qu'elle raconte. Elle n'a rien de subversif à première vue. Et pourtant elle est chargée d'un potentiel radical. Sans en avoir l'air, elle prétend dire le dernier mot de l'histoire humaine, qui est supposée trouver là son aboutissement. Le présent livre sa vérité, qui est notre liberté. Le passé relève d'un obscurantisme meurtrier, dont nous n'avons rien à faire. Nous sommes passés pour de bon dans quelque chose qui ne se pense pas comme une fin de l'histoire mais comme un au-delà de l'histoire. Nous sommes à la fois dans une époque post-politique — il demeure du politique, mais à l'état résiduel, et comme une nuisance — et post-historique parce que notre présent, qui croit avoir trouvé les repères de la vraie liberté, ne se pense plus du tout comme un accomplissement de l'histoire mais comme la bonne formule, enfin trouvée, des sociétés humaines.

Cette vision repose en dernier ressort sur une profonde méconnaissance de ce qu'est et de ce qui fait une société. C'est là qu'elle pose problème et que nous retrouvons le sens habituel du mot « idéologie » : aveuglement, illusion.

Vous employez l'expression « notre présent se pense ». Est-ce que cette idéologie se pense en tant que telle, et si ce n'est pas le cas, mérite-t-elle le nom d'idéologie ? Classiquement, l'idéologie est inséparable d'un surcroît de pensée. Et les idéologies antérieures, conservatrices, libérales ou totalitaires, avaient des auteurs, des porte-parole qui écrivaient des scénarios. Qui pense et qui parle pour cette nouvelle idéologie du néolibéralisme ?

Il est quelques auteurs pour l'illustrer, de rayonnement modeste : Friedrich Hayek n'est ni Karl

Marx ni Benjamin Constant. Mais c'est l'originalité de cette formation idéologique que de n'avoir pas besoin d'auteurs car elle coïncide parfaitement avec l'état de fait de nos sociétés. Les libéraux du XIXe siècle avaient à se battre, au premier chef contre les monarchistes, les réactionnaires et les contre-révolutionnaires. Ils étaient obligés d'expliciter le projet d'une société qui n'était pas encore advenue, la leur étant encore pénétrée des résidus du passé. Les idéologies révolutionnaires du XXe siècle se battent contre l'ordre établi et, de plus, elles se veulent un projet d'avenir ; elles sont donc, elles aussi, obligées de produire de la doctrine. L'insigne faiblesse intellectuelle du néolibéralisme est en même temps ce qui fait sa force : il n'a pas besoin de se définir contre un passé parce que ce passé est révolu au regard de ce que sont les mœurs, les croyances, les aspirations spontanées des individus dans le monde où nous vivons. Il n'a pas besoin de définir un futur parce que ce futur est déjà advenu dans ses bases. C'est en ce sens que je parlais de fin de l'histoire : quelle raison aurait-on d'aller au-delà de la liberté des individus et au-delà de sa traduction dans le règne du marché global ? Il s'agit simplement de mieux protéger les individus et de garantir le meilleur fonctionnement du marché global, ce qui est un problème technique, pas idéologique. On a donc besoin de législateurs, de tribunaux pour encadrer ceux-ci, et d'économistes compris non pas comme de grands théoriciens mais comme de bons bricoleurs capables de remettre de l'huile dans les rouages quand il en manque. Il n'est nul besoin de théorie. Le monde correspond aujourd'hui, en particulier du point de vue des croyances que les individus ont à l'égard de leurs droits et de leur avenir, à ce que dit le néolibéralisme. Il y a bien sûr des contradictions dans les effets de la formule, mais elles ne touchent pas ses principes de base.

C'est la première idéologie sans slogans ?

Le néolibéralisme est plus une pratique qu'une idéologie ou, plus exactement, c'est une idéologie pratique. Sa radicalité, qui existe et qui est même angoissante pour les peuples, ne s'exprime pas dans un discours radical. Le sien se contente de radicaliser ce qui existe, d'aller un peu plus loin dans les indépendances individuelles. Il ne propose pas une révolution mais des micromesures qui confortent le droit des personnes et accroissent l'indépendance des marchés. On ne va pas faire la révolution mais on va faire le traité de libre-échange transatlantique ! C'est une radicalité tranquille et modérée dans sa marche, « incrémentale », comme disent les Américains. C'est un système où il n'y a pas besoin de guides mais de techniciens, pour faire marcher une société dont l'idéal est l'autorégulation. L'idéologie néolibérale est maximaliste dans sa vision profonde et minimaliste dans sa marche. Elle se passe de grands discours, de projection globale, de doctrine développée. Il ne s'agit que de diminuer l'emprise du pouvoir sur la vie des gens, tout en maximisant la protection de leurs droits et de leurs intérêts.

Cela ne veut pas dire que tout se passe sans discussions, au contraire, même si la plupart des économistes sont d'accord sur l'essentiel, mais on discute de technique, on ne discute pas d'une vision opposée à une autre.

Une chose est stupéfiante : c'est que cette idéologie est assez puissante pour s'être imposée aux socialistes, ou à ce qu'il en reste, qui sont dans l'incapacité totale de proposer une vision alternative. Ce qui leur reste de doctrine n'est qu'une variante : un peu plus de redistribution pour plus de droits individuels. Le phénomène intellectuel est remarquable : il n'y a plus de vision utopique du monde à venir. Les seules utopies que nous avons sont de nature technique, du genre : homme augmenté, posthumain, quand les ordinateurs penseront tout seuls, etc. Aucune n'est politique. C'est extraordinaire, quand on y pense. Depuis les débuts de la modernité, l'imagination occidentale a toujours travaillé à envisager un futur différent de ce qu'on connaît. Or cela est fini. Ce mode de fonctionnement est assez puissant pour avoir laminé les capacités imaginatives de tous, y compris de ceux qui le détestent le plus ! Le néolibéralisme a sa propre utopie, elle lui est immanente : le libertarisme. Il a dévoré l'anarchisme.

Le programme écologique ne constitue-t-il pas une utopie nouvelle ?

Les écologistes sont-ils capables de nous proposer une vision de l'avenir ? Ils mettent en avant des impératifs de préservation, qui peuvent d'ailleurs être tout à fait justifiés, mais ils ne proposent pas une vision alternative de ce que pourrait être plausiblement une société moderne construite autour de la réconciliation avec la nature. Les plus sensés ont l'honnêteté de le reconnaître en se présentant comme des réformistes. Les autres ne sont que des démagogues protestataires qui avancent à coups d'oxymore : tous les avantages de la modernité sans ses inconvénients !

Cette idée de rupture plus ou moins totale portée par les anciennes idéologies ne s'est-elle pas repliée sur l'horizon de l'individu, à qui on promet de nouvelles utopies privées : s'émanciper sans limites, rompre avec ses pairs, avec la nature, et même avec son sexe ? Des promesses ambitieuses ne sont-elles pas toujours là, même si elles ne concernent plus que le petit espace du privé ?

Il n'y a plus, en effet, que des projets de vie individuels qui peuvent aller loin mais dans leurs limites, ce que résume bien le titre du livre du philosophe allemand Peter Sloterdijk, *Tu peux changer ta vie*. Oui, mais c'est tout ce que tu peux changer ! La promesse d'histoire enclose dans ton histoire individuelle, pas plus !

Une autre chose qui me paraît remarquable à relever est la géographie différentielle de ce néolibéralisme : il naît dans le monde anglo-saxon, c'est de là qu'il va rayonner sur le monde, mais ce n'est pas là qu'il a sa place forte. Le paradoxe est que, aux États-Unis, il y a une barrière naturelle qui le limite : l'idée que les citoyens américains se font de leur pays et de son rôle messianique. Pour eux, il y a une évidence absolue : c'est que les États-Unis existent, puissamment, et qu'ils sont appelés à conduire le monde, avec les moyens de puissance que cela exige.

Ce qui veut dire que, dans ce pays, la structuration ancienne des valeurs, dont vous évoquiez le stade terminal en Europe, n'a pas disparu ? Pourquoi ?

À cause de son histoire : il est resté un pays religieux, ou, en tout cas, un pays où la conscience commune est imprégnée de religiosité relativement à la place qu'il doit tenir dans le monde et au rôle éminent qu'il doit y jouer. Les libertés individuelles y occupent une place comme nulle part ailleurs, mais elles sont encore enfermées dans un cadre qui est l'identité messianique de la Terre élue par Dieu pour y réaliser la liberté dans le monde. Cela, c'est la spécificité radicale des États-Unis, et elle n'est pas destinée à dépérir demain bien qu'on voie que l'état actuel du monde met cette identité en porte-à-faux vis-à-vis de ce qui s'y passe.

En revanche, l'Europe, où l'avènement de la religion de l'individu a été très tardif, et qui est restée longtemps marquée par l'empreinte de l'univers religieux et hiérarchique, est devenue le laboratoire mondial de l'expérience néolibérale dans son extension la plus vaste et la plus brutale. Il n'y a rien pour l'arrêter dans son principe, sinon dans les faits un énorme héritage national et étatique qui ne saurait se dissoudre du jour au lendemain. Mais la conversion s'est faite sous le signe du zèle des néophytes. Précisément parce que l'offre néolibérale est arrivée à un moment où le cadre politique de la construction européenne, dont le projet explicite était le dépassement des nations existantes, était déjà bien avancé, mais dans une perspective qui était celle d'une nouvelle nation fédérale. Ce cadre a joué comme un multiplicateur vis-à-vis de l'offre néolibérale, tout en prenant lui-même un contenu nouveau, le « postnational ». Nous l'avons vu, un changement d'orientation profond de la construction européenne s'est opéré dans les années 1980. Il tient pour une bonne partie à l'irruption du néolibéralisme à l'intérieur du processus en cours. C'est en Europe qu'on va pouvoir rêver de réaliser un grand marché, pas seulement au sens technique, mais au sens d'un espace économique à la fois aussi ouvert que possible vis-à-vis de l'extérieur et aussi poussé que possible dans sa mise en concurrence des acteurs économiques, projet qui va tenir lieu de politique en marginalisant les cadres politiques hérités.

La crise du politique dont les sociétés européennes font aujourd'hui l'épreuve me paraît sortir tout droit de là : l'Europe, qui a inventé l'Histoire et la Politique, est devenue par excellence le continent post-historique et post-politique. Ce que ne sont pas les autres régions du monde, bien entendu, mais ce que n'est pas non plus notre partenaire américain. Il y a eu en Europe une rencontre non préméditée entre un chantier et une idéologie disponible. L'Europe est devenue le territoire des consommateurs et des touristes, le royaume des droits des individus et de la plus grande liberté commerciale. C'est dans le monde, idéologiquement parlant, la zone néolibérale par excellence. D'où la divergence avec les États-Unis à propos de la politique étrangère. Pour les Européens, l'idée même qu'il pourrait y avoir une politique étrangère est à peine intelligible : à quoi servirait-elle ? demandent-ils. La puissance, les rapports de force, très peu pour nous ! C'est un espace où on ne sait plus ce que veut dire *politique*. Pour les États-Unis, quelle que soit la pertinence de leur politique, qui est une autre question, c'est au centre de leur identité.

La situation historique a créé, en Europe, les conditions d'une conjonction entre le phénomène de la globalisation, à l'extérieur, et le phénomène des émancipations individuelles, à l'intérieur ; et cette conjonction réduit la vie collective aux droits des individus et aux interactions économiques entre eux. Il n'y a plus que ça qui soit audible et perceptible. Ce qui atteste qu'on est en présence d'une idéologie au plein sens du mot, c'est qu'il s'agit d'une véritable prison mentale : même quand on constate que ça ne marche pas, il n'est pas possible de sortir de ce cadre intellectuel. Il est devenu inimaginable de penser et de faire autrement.

Le néolibéralisme n'est donc pas qu'un ensemble de principes minimaliste ; comment fonctionne-t-il ?

Le néolibéralisme est d'abord fait de méconnaissance : ce qu'on ignore n'en existe pas moins.

Il repose sur ce qu'il refoule de son champ de vision. On peut ne pas voir le cadre politique, mais il est quand même là, plus que jamais là, même. Car, pour qu'il y ait des individus de droit, il faut un cadre politique qui non seulement les protège mais les fabrique. Être individu de droit sans école, sans sécurité sociale, c'est difficile à imaginer ! Il n'y a pas de société d'individus dans des communautés rurales d'analphabètes. L'école coûte. De la même manière, toutes les protections juridiques que nos sociétés entendent mettre autour de leurs membres supposent un effort collectif considérable.

Le premier aveuglement du néolibéralisme est qu'il est incapable de rendre compte du phénomène qui l'accompagne, qui est la croissance des fonctions de l'État. La théorie est que l'État doit maigrir, mais la pratique montre qu'il grossit ! On a beau faire, on a beau couper par-ci par-là, il continue de grossir. Là, on voit ce qu'est l'idéologie : les gens, du même mouvement, demandent de nouveaux droits, mais souhaitent le dépérissement de l'État qui les garantit. De nouvelles contraintes ne cessent de surgir parce que, dit-on, il y a des vides juridiques à combler ; en fait, le monde néolibéral est un monde hyperbureaucratique, car il faut tout définir, régler toutes les clauses de droit qui permettent aux individus d'exercer leur indépendance.

Deuxième zone d'aveuglement : en bonne logique néolibérale, n'existent que des actions individuelles qui composent un ensemble d'interactions réglées par un marché. Mais ces interactions produisent quand même bien quelque chose comme une histoire, un devenir collectif, qu'on peut juger comme allant dans le bon sens ou dans le mauvais, et dont il faut interpréter la nature. Or il n'y a plus personne, parmi les candidats gouvernants, pour produire un récit de notre histoire collective et en tirer des perspectives, alors que c'est ultimement leur fonction majeure. Ce qui ruine leur crédit, quels qu'ils soient, depuis trois ou quatre décennies, c'est leur incapacité à rendre compte de ce qui se passe. Leur seule réponse est : la croissance, c'est-à-dire plus de la même chose ! Mais c'est justement le problème. Et qu'allez-vous faire avec cette croissance ?

Vous dites qu'un cadre politique demeure parce qu'il reste indispensable, mais pourquoi n'est-il plus visible ?

Parce que le politique a changé de position. Il était auparavant ce qui par excellence se voit dans une société : sa superstructure, ce qui gouverne par en haut et à quoi on obéit. Il est devenu l'infrastructure : un cadre sous-jacent qui ne contraint plus les individus, mais qui rend possible leur coexistence. C'est, à l'échelle de l'histoire humaine, le changement le plus marquant de notre temps. Jamais le politique n'avait été cela dans ce que nous connaissons du passé : essentiellement le socle des libertés individuelles, le support implicite sur la base duquel celles-ci peuvent se déployer parce qu'elles vivent à l'intérieur d'un espace doté d'une sécurité qui n'a jamais existé auparavant. Et c'est pour cela qu'il coûte très cher ! C'est à cette fonction que le discours néolibéral est aveugle : il ne parvient à voir dans le politique qu'un gêneur.

La divergence entre les élites et le peuple a ici sa racine la plus profonde. Les élites, grâce à la globalisation, qui leur donne un avantage décisif, celui de pouvoir jouer sur deux tableaux, le dedans et le dehors, ne voient dans le politique qu'un obstacle archaïque à réduire au minimum ; mais les peuples, qui ont une conscience aiguë de leur fragilité dans ce monde individuel, donc concurrentiel, y voient la protection suprême : eux sentent que c'est ce qui leur permet de vivre en liberté. Du coup, ils tiennent farouchement à ce cadre collectif ; pas seulement, du reste, pour des raisons matérielles, mais parce qu'ils savent bien que leurs vies y sont suspendues. Y compris dans leur contenu moral et intellectuel.

C'est cela, de même, qui permet de comprendre le caractère explosif du problème de l'immigration. De problème empirique qu'il est — le nombre et le rythme des arrivées extérieures —, il acquiert un statut fantasmatique. D'abord parce que l'immigration est présentée par les élites comme devant échapper à l'emprise du politique et des États, au nom d'un principe non dit mais très puissant : celui de l'universalisme radical. En vertu de ce principe, il n'y a que des individus à la surface de la planète, qui doivent pouvoir s'installer où ils veulent en fonction de leurs intérêts. Ce qui implique qu'il n'existe plus de communauté politique capable de définir ses rapports avec l'extérieur. Du coup, il y a quelque chose d'angoissant dans la perspective où est placée *idéologiquement* la question de l'immigration dans nos sociétés. On s'étonne régulièrement, et naïvement, que des régions où il n'y a pas un immigré votent contre l'immigration. Mais le problème n'est pas de côtoyer ou de ne pas côtoyer des immigrés, le problème est la représentation du monde global qui est engagée dans le discours sur l'immigration. La vision idéologique du problème est génératrice d'une anxiété qui l'extrémise en conduisant les gens à se dire : tout ce sur quoi notre univers est bâti peut être demain liquidé par un principe qui a pour lui la force d'un droit universel. On est en face d'un fantasme de destruction radicale au nom de la liberté. Les immigrationnistes, quand ils entendent le peuple parler d'*invasion*, ont beau jeu de crier au fantasme. Mais derrière ce fantasme il y a la logique d'une idée mise en pratique au nom de l'idéologie néolibérale de la libre circulation des personnes et des marchandises.

Mais il y a à ce propos un autre élément d'angoisse qui s'ajoute à celui du principe de l'immigration sans limites : le mensonge sur les résultats de ce principe, la négation de ce que les gens vivent effectivement. À un autre niveau, on rejoint ce qui était le propre des sociétés totalitaires, et qui consistait à nier au nom de l'idéologie ce que les gens vivaient et voyaient dans leurs vies réelles. Mais cet exemple est contradictoire avec la logique de la politique reformatée autour de l'objectif de sécuriser des individus souverains et autonomes, car l'immi-

gration favorisée par le néolibéralisme aboutit exactement au contraire : elle insécurise les individus matériellement et intellectuellement puisqu'on leur ment...

Vous avez raison. Au niveau de la vie quotidienne, toutes les difficultés concrètes de la coexistence sont mises de côté puisque, dans le discours idéologique, l'immigration *ne peut pas* être un problème. Mais c'est parce que le politique reformaté au service de l'individu n'est pas doté d'une efficacité infaillible ! Il fait ce qu'il peut, il fait beaucoup, mais pas tout. Il n'a pas le pouvoir de faire en sorte, par exemple, que le nombre, le rythme et la variété d'immigrés qui arrivent dans un pays donné ne soulèvent pas de questions. Quand ils arrivent en très grand nombre, à un rythme rapide, et avec une grande diversité de cultures, l'État le mieux agencé est débordé.

La méconnaissance entraînée par l'idéologie ne porte pas seulement sur la présence du cadre politique ; elle porte aussi sur l'histoire, la capacité de se situer et de savoir qui on est, collectivement et individuellement. S'il n'y a pas d'histoire, qui sommes-nous ? Du côté des dirigeants, il n'y a plus aucune capacité de tenir d'autre discours que celui de l'enrichissement à venir, pour la droite, et des droits supplémentaires, pour la gauche. Si on n'a pas la capacité de dire d'où nous venons, ce qui se passe et où nous voulons aller, la politique perd toute espèce de crédibilité et même d'intérêt. Ce n'est pas que nous avons effectivement cessé de faire une histoire, bien entendu, mais le discours idéologique empêche désormais de donner un quelconque statut à cette expérience collective que nous faisons. La discordance entre l'idéologie et le réel devient donc de plus en plus intense.

La supériorité du libéralisme, par rapport au conservatisme, était de jouer la transparence et le pragmatisme. A priori, il devrait être l'idéologie la plus transparente à elle-même. Or vous faites le constat inverse.

C'est que c'est un faux pragmatisme ; c'est un discours qui revendique le pragmatisme mais qui est incapable de rendre compte de la réalité de ce qui se passe dans nos sociétés. C'est un pragmatisme de surface qui est ignorant du mécanisme profond de la vie collective. En raison de son axiome de départ : s'il n'y a que des individus de droit, ce qui est en dehors de ce cadre n'a pas lieu d'être. Cela donne des politiques plus ou moins pragmatiques, qui, lorsqu'elles sont bonnes, font autre chose que ce qu'elles disent parce que, en réalité, elles composent avec ce qu'elles ignorent. D'où l'irréalité des discours politiques, qui sont dans le meilleur des cas en porte-à-faux total avec la réalité. Les politiques ne savent pas pourquoi, dans tel cas, leur action est efficace, et pourquoi, dans tel autre cas, elle est inefficace. C'est ce qu'on appelle une navigation somnambulique.

Vous venez de résumer de manière éclairante le moment présent : l'oubli d'une histoire commune, considérée désormais comme inutile, et un manque de perspective collective au profit d'un programme court (dans tous les sens du terme !) ne s'adressant plus qu'aux individus, avec deux variantes pas si éloignées, l'une de droite — « enrichissez-vous ! » — l'autre de gauche — « c'est votre droit ! ». Vous avez associé ce moment problématique au terme de « droits-de-l'hommisme ». Mais, à l'origine, les droits de l'homme n'étaient-ils que les droits de l'individu ? L'individualisme révolutionnaire n'était pas libéral-libertaire ; la libération qu'il annonçait n'impliquait-elle pas pour chacun une part non négligeable de devoirs ? Comment cela a-t-il évolué pour que nous en soyons à nous inquiéter des effets de l'individualisme-roi sur la démocratie qui l'a fait naître ?

Non, historiquement, les droits de l'homme ne se sont pas du tout présentés de la façon dont on les entend aujourd'hui et il faut revenir sur leur évolution pour comprendre la situation présente et la façon dont ils sont devenus, à certains égards, le contraire de ce qu'ils étaient.

Il y a eu une première strate, qu'on pourrait appeler la strate anglaise. C'est la protection, essentiellement judiciaire, des individus contre l'arbitraire de l'État : l'*habeas corpus*. Il s'agit pour ainsi dire de droits *négatifs*, qui ne comportent pas une vision de l'existence collective mais seulement une conception de la dignité des personnes. On change de dimension avec la strate française de la Révolution de 1789, qui a pour ambition de tirer de cette notion un principe de légitimité politique, à savoir : la souveraineté de la nation. Dans ce cadre-là, les droits de l'homme procurent aux citoyens un droit de parole dans l'espace public à propos des décisions des dirigeants. Les droits de l'individu sont donc directement au service du collectif ; le suffrage est individuel, mais c'est une fonction que la collectivité attribue à chaque citoyen pour participer à la vie politique de la cité. On ne peut mieux marquer la corrélation intime qui unit dans ce cas les droits des individus et la vie collective : les droits de l'homme se concrétisent dans la citoyenneté, c'est-à-dire le devoir de participation à l'existence commune d'une manière réfléchie, au travers du vote et plus largement de l'implication politique. Cela va rester inchangé jusqu'à une période toute récente. Pendant longtemps, les droits de l'homme ne posent aucune question, ils sont le principe évident sur lequel repose le gouvernement moderne, représentatif, formé par la désignation des citoyens.

Cependant, il s'est introduit une brèche dans cette conception à cause des droits économiques, attachés aux droits du citoyen. Car le citoyen est aussi propriétaire et il a aussi des droits dans le registre de l'initiative économique. C'est sur cette base que va se développer ce qu'on va appeler le « capitalisme » à l'âge industriel. Cela change la lecture des droits de l'homme. Et si, comme l'exposera la critique marxiste, ces droits politiques n'étaient qu'une fiction ? On connaît la thèse par cœur : ils ne livrent que de fausses libertés, des « libertés formelles » — destinées à couvrir la réalité des droits de la propriété individuelle, droits qui permettent à une minorité de possédants d'opprimer la majorité des gens dépourvus de propriété, les prolétaires. Le prétendu gouvernement représentatif n'est que « le conseil d'administration du Capital ». Cette critique a introduit un formidable élément de doute quant au bien-fondé du principe. Mais il est à remarquer que, même dans l'interprétation marxiste visant à les dénoncer, les droits des individus restent pris dans une structure collective, en l'occurrence celle de la répartition inégale de la propriété et des moyens de production. Pour le marxisme, l'individu séparé est une illusion. La réalité solide, c'est l'organisation de la société.

Nous avons complètement changé de monde et d'interprétation des droits de l'homme quand ils sont devenus au cours de la période récente prioritairement les droits des individus privés : les droits de l'homme viennent désormais avant les droits du citoyen. Cette relecture s'est accompagnée d'une neutralisation de la critique économique de la propriété, qui, aujourd'hui, ne porte plus. Certes, on ne manque pas de protester contre des inégalités excessives, ou contre la précarité. Mais il est frappant que la question de la propriété privée ne soit plus du tout une question sensible dans l'opinion publique. Cela ne veut pas dire que le régime économique est accepté dans tous ses aspects, mais la critique marxiste qui consistait à porter le fer contre le nœud de la propriété privée ne rencontre plus d'écho. Rien n'en témoigne mieux que le changement de perception de l'héritage. Il n'y a pas d'idée plus populaire, y compris au sein du peuple de gauche, que le droit de transmettre ses biens à ses enfants. Ce qui ne va pas sans soulever un énorme problème de justice fiscale. Mais c'est une autre question. Le fait est : la propriété privée est entrée dans les mœurs, avec l'idée des droits individuels privés, détachés primordialement de la participation à la vie collective. Celle-ci n'est nullement remise en question, mais la priorité s'est inversée : les droits de l'homme, désormais, c'est ce qui protège la part privée de l'existence des individus de l'emprise de la collectivité.

De la collectivité ou de l'État ?

De l'État en tant qu'agent de la collectivité. Les droits de l'homme se réduisent au droit à une existence personnelle détachée de l'appartenance collective ; ce sont, à certains égards, des droits de désappartenance. Dans un contexte de globalisation, ces droits trouvent une expression tout à fait naturelle dans l'idée de n'appartenir à aucune nation, à aucun pays, à aucune collectivité. Les individus sont de là où ils ont envie d'être. La citoyenneté, qui était restée constitutive des droits de l'homme, s'est évaporée au profit d'une protection de l'existence privée.

Il y avait eu des amorces de cette conception chez certains théoriciens du libéralisme, comme Benjamin Constant. Avec cette restriction que, pour quelqu'un comme lui, la notion de privé n'a rien à voir avec ce que nous mettons sous ce mot : l'idée d'une désappartenance des citoyens était pour lui comme pour toute sa génération strictement impensable. Ce n'est qu'aujourd'hui qu'une pareille notion de l'indépendance personnelle a pu prendre corps. C'est à cette nouvelle signification des droits de l'homme que nous avons affaire en permanence, y compris dans la sphère politique.

Le cas le plus illustratif est certainement la problématique actuelle des identités. Qu'est-ce que la revendication d'identité ? La demande, de la part d'individus, de compter *en tant que privés* dans le processus politique et d'être reconnus comme tels. Être citoyen, dans la conception classique, cela voulait dire mettre à distance ce qu'on est privément, pour essayer de formuler un jugement engageant le bien commun. Ce n'est plus du tout de cela qu'il s'agit aujourd'hui. Au lieu de se mettre à distance de ce qu'on est privément, il s'agit de le mettre en avant pour demander : que ferez-vous de ce que je suis, dans la décision collective qui va être prise ? Je veux compter au nom de mon identité privée dans le processus politique, et m'y trouver reconnu. C'est cela qui révèle le mieux le changement d'acception du concept de droits de l'homme, identique en apparence, profondément différent en vérité, de ce qu'il était.

Ce passage d'une appartenance héritée à une appartenance choisie permet de comprendre pourquoi l'individualisme croissant va de pair avec une recherche croissante d'identités. Faut-il y voir un palliatif pathologique ou une nouvelle étape de l'histoire de la démocratie ?

C'est un phénomène ambivalent. Les identités recomposent du collectif, mais sur un mode foncièrement contradictoire, entre prise de distance vis-à-vis de la collectivité et demande de reconnaissance de sa part. Elles sont donc faites pour recréer une appartenance qui est au départ déniée. Ces appartenances qui se veulent « choisies » ne sont pas faites pour être vécues à part, entre initiés, de manière clandestine, loin de l'espace public. Au contraire, si ces appartenances sont sécessionnistes — « nous ne sommes pas comme vous » —, elles s'accompagnent d'une demande de reconnaissance par la communauté politique englobante. Cela entraîne, pour les acteurs, des contradictions inexpiables, car ils sont conduits à se séparer tout en demandant à ceux dont ils se séparent de les inclure. Ils ne veulent pas d'une citoyenneté imposée, mais en tant que ceci ou cela, ils exigent de la communauté qu'elle leur fasse une place à hauteur de la dignité qu'ils estiment être attachée aux identités qu'ils revendiquent... On est là dans un mode paradoxal de socialisation, mais efficace à sa façon.

Dans le nouveau paysage que vous décrivez, un acteur a disparu au profit de l'individu : l'institution, qui permettait au collectif de vivre au-delà des agitations individuelles. Que signifie cette disparition, souvent précédée de détestation ?

Vous touchez à un ressort crucial de l'évolution de nos sociétés politiques. L'institution était une façon de programmer la vie collective dans sa dimension de neutralité ; il y a institution quand il y a égalité de traitement des gens auxquels elle a affaire ; elle est par essence impersonnelle, et agit au nom de règles impersonnelles. Elle est destinée à encadrer la vie collective d'une manière en quelque sorte prévisionnelle et sur un mode qui fait abstraction de ce que sont les personnes singulières.

Ce qui est reproché à l'institution dans ce nouveau cadre, c'est précisément son impersonnalité. Le cas est paroxystique concernant l'institution scolaire : chaque enfant est aujourd'hui supposé avoir des besoins spécifiques et être différent des autres. L'institution est mise au défi de prendre en compte la singularité des personnes privées. Or l'effet de levier de cette revendication est très puissant parce qu'elle porte un modèle alternatif de fonctionnement collectif. Ce modèle alternatif, c'est celui de la société de marché. Une fois les institutions délégitimées et contournées au motif qu'elles méconnaissent les singularités, on ne peut aller que vers une coexistence des singularités privées, arbitrée par des règles, à nouveau impersonnelles, qui vont seulement garantir la régularité de la composition qui va résulter de cette interaction. On assiste tendanciellement à une désinstitutionnalisation au profit d'une société de marché, qui n'est pas seulement économique, mais qui s'étend à l'ensemble des rapports sociaux. Même à ceux qui ne sont pas arbitrés par un système de prix.

L'aspiration est à se rapprocher de ce modèle d'une coexistence autorégulée d'offres et de demandes singulières.

Ce nouveau modèle est-il viable ?

Il a l'inconvénient d'être en contradiction directe avec l'idéal démocratique qu'une société d'individus est par ailleurs condamnée à conserver ! L'idéal démocratique ne peut que rester celui d'un autogouvernement, c'est-à-dire d'une capacité de la collectivité à définir les orientations qui paraissent les plus souhaitables pour une grande majorité en tenant compte de l'avis de la minorité. Dans une société de marché, il y a des résultantes, des compromis, des équilibres qui se dessinent, mais sur lesquels personne n'a de pouvoir : on sort complètement de l'idée démocratique au sens profond du mot. On garde les procédures, bien entendu, on continue par exemple de voter, de désigner des gouvernants, de respecter un certain nombre de règles. Mais on abandonne l'idée de l'autogouvernement des collectivités au profit de la pure et simple résultante de la coexistence des droits individuels. À mes yeux, c'est là que réside le malaise profond de nos sociétés politiques : elles ne savent plus vraiment ce que veut dire *démocratie*, mais elles le savent encore assez pour être insatisfaites de ce qu'elles pratiquent. Il y a dans nos sociétés à la fois une nostalgie de la démocratie et une récusation des contraintes qu'elle implique. Nous sommes écartelés entre les deux.

Donc ce modèle est viable tant qu'on a les moyens d'assurer la coexistence pacifique des individus. Car, en dépit de l'indépendance qu'ils ont acquise, les individus éprouvent le sentiment croissant d'une dépossession radicale à l'égard de ce qu'est le devenir collectif de nos sociétés. Nous sommes dans des démocraties impuissantes. Or, une démocratie impuissante, c'est une contradiction dans les termes, qui la vide de son sens : les droits des individus sont conservés et protégés, mais elle ne veut plus rien dire. Cette démocratie désaffectée me paraît être le fond du fond du marasme occidental.

Perte de sens par rapport à ce que fut la démocratie au cours de son étape historique antérieure ou perte d'efficacité intrinsèque la mettant en danger ? Les théoriciens du marché dans le domaine économique le présentent comme le modèle idéal en jouant sur la comparaison avec les expériences désastreuses de ses alternatives. Si, ainsi que vous le montrez dans le cas de notre individualisme démocratique, le mode de régulation des stratégies individuelles s'aligne de plus en plus sur celui d'un marché, la même objection peut être faite : quelles sont les preuves de sa mauvaise efficacité ?

La mauvaise efficacité du système ne se mesure qu'au regard de son idéal constitutif. On peut rétorquer, et il y a d'abondants plaidoyers en ce sens, que la démocratie va très bien : il y a de plus en plus de droits pour les individus, les gens font et disent ce qu'ils veulent, que voulez-vous d'autre ? Non seulement ce discours existe, mais il est hégémonique idéologiquement. Tout devrait donc aller très bien. Sauf que la démocratie n'est pas l'économie de marché. C'est la capacité d'une collectivité qui se reconnaît comme telle de faire des choix qui s'imposent comme des contraintes à l'ensemble de ses membres et qui déterminent des orientations profondes à l'égard du mode d'existence de la collectivité. Par exemple : voulons-nous conserver un État-providence ? C'est un choix politique fondamental, d'autant plus fort que, si on l'assume vraiment, il a des conséquences considérables en termes de contraintes : des prestations sans cotisations, c'est tout simplement impossible ! Et, de fait, en Europe nos sociétés ont fait ce choix : elles veulent conserver un État-providence. Mais elles l'ont fait implicitement, de telle sorte que la plainte contre le fardeau qu'implique ce choix est lancinante. Les gouvernants préfèrent éviter le débat démocratique sur ce choix parce qu'ils espèrent ainsi pouvoir dissimuler les contraintes qui vont avec. Les choix fondamentaux sont renvoyés dans l'implicite. Du coup, la vie démocratique est en trompe-l'œil. Des individus libres, comme ceux que nous avons la chance d'être, ne peuvent pas ne pas s'apercevoir à un moment donné que la liberté n'a aucun sens quand elle s'accompagne de l'absence totale de pouvoir. Vous êtes libres, mais vous ne pouvez rien sur le monde qui vous environne : telle est la contradiction entre liberté et pouvoir qui s'installe dans notre système politique.

Je ne peux rien sur le monde qui m'entoure, mais je décide de ma propre vie !

Mais ma vie est faite de ce que le corps collectif en fait ! Que veut dire être libre d'être chômeur ?

Qui assume la contradiction ? Pourquoi la politique ne la porte-t-elle pas ?

La politique oscille depuis toujours entre le principe de réalité et le principe de plaisir. La politique démocratique est constitutivement écartelée entre la promesse et la contrainte de gérer les limites. Les hommes politiques de nos systèmes démocratiques sont des gens formés à l'idée que l'art politique consiste en une ruse faisant passer la pilule de la contrainte sous les couleurs de la promesse. Ils savent qu'ils sont obligés de tenir compte d'un certain nombre de contraintes ; tout leur art est d'essayer d'en exonérer le plus possible leurs électeurs, en leur épargnant d'y réfléchir et en les faisant passer en douceur. L'Europe a été longtemps le paravent idéal pour cet exercice de haute voltige.

Cela peut-il être une manière de fonctionner durable ?

Je ne le crois pas. Pourquoi les gens se mettent-ils à détester partout le personnel politique ? Pour cette raison. Somme toute, il vaut mieux dire la vérité et être battu que gagner en étant méprisé.

Comme nous sommes dans des sociétés riches, où le niveau de vie constitue un amortisseur extraordinaire, cette crise n'est pas violente ; elle avance en douceur. Mais elle est manifeste. On reproche en fait au personnel politique de faire ce qu'on lui demande... C'est une situation étrange, en tout cas parfaitement inédite.

Ce qui conduit à se demander qui est le plus fautif, des individus irresponsables ou du personnel politique qui fait face à une situation impossible... Mais qu'est-ce qui empêche les responsables politiques de considérer la tragédie douce de cette contradiction démocratique, d'en faire un objet de parole ? Pourquoi cette situation ne devient-elle pas un sujet de discussion politique ?

Parce qu'elle est éprouvée sans être pensable. Parce que le principe originel — la logique des droits individuels — est à ce point entré dans la tête des acteurs que ses conséquences ne sont pas dicibles. Comme s'il n'était pas possible que cela donne des résultats non conformes à ceux que nous escomptions ! Et puis, il existe une arme explicative absolue : la crise économique et le chômage. Il est entendu que si nous avions 5 % de croissance et le plein-emploi tout irait très bien ! On a donc une explication facile sous la main et on a une logique des principes au nom desquels fonctionne la vie collective qui interdit de concevoir les maux qui résultent de cette logique. Cela fait un dispositif assez efficace.

On retrouve là la puissance de l'idéologie, et sa capacité, comme toujours, à fabriquer un langage adéquat : aujourd'hui ce qu'on appelle le « politiquement correct ».

Tout à fait. C'est en effet un adjuvant à ne pas oublier. Il s'est spontanément créé un discours adéquat à la situation : un discours d'euphémisation au nom du respect inconditionnel des personnes, qui permet d'escamoter ce qui dans les faits serait susceptible de jeter le doute sur les prémisses. Un discours d'évitement qui véhicule en même temps un optimisme obligatoire. Le commencement du crime contre l'humanité, c'est le doute sur la pertinence de cette mécanique. Les choses ne peuvent qu'aller bien, et si elles vont mal c'est parce qu'il subsiste des rémanences du passé dont il s'agit de se purger au plus vite : le racisme, les discriminations, le passéisme.

Qui alimente ce discours de l'optimisme obligatoire ? Qui en est le gardien ? Qui en fait la police ?

Il n'a aucun besoin d'un office central de propagande. Il a un relais naturel dans le discours économique le plus accessible au commun des citoyens : le discours publicitaire, lequel a phagocyté le discours politique. Or c'est par nature un discours euphorique. Il est construit pour donner envie, il est la mobilisation d'un désir. Tout ce qui est négatif dans le paysage est à bannir ou à minimiser par des exemples « positifs ». L'objectif c'est la croissance, la croissance c'est la consommation, et la consommation c'est le bonheur.

Ne revenez-vous pas par ce biais du discours publicitaire à un schéma connu : la puissance manipulatrice du capital ?

Mais y a-t-il véritablement manipulation ? Les gens vont à l'hypermarché sans qu'on les y oblige.

Il y a bien plutôt orchestration, exploitation et entretien d'un consensus sur le comportement de consommation. Celui-ci est profond. Il s'enracine dans la vision optimisatrice et donc optimiste de sa condition qui est normalement celle de l'individu de droit. Le premier de ses droits est de viser ce qui peut améliorer son existence sous tous ses aspects : la richesse, la beauté, la santé, etc. Il est constitué, programmé, pour bannir les oiseaux de mauvais augure. Il a l'idée que, par définition, l'avenir qui s'offre à lui est un terrain de réalisation de ses désirs. La publicité entretient la croyance, elle l'utilise, elle l'oriente, mais elle ne la crée pas. Elle a des bases autrement plus solides.

Qui a commencé ? Est-ce le néolibéralisme contemporain qui a besoin de tels individus et qui les formate ainsi, ou bien sont-ce ces derniers qui ont favorisé l'émergence du système qui leur convient le mieux ?

Ce serait prêter beaucoup de puissance au néolibéralisme que de croire qu'il a pu fabriquer sur mesure les individus qu'il lui faut. On a affaire à une cohérence civilisationnelle ou culturelle, dans laquelle tous les éléments du dispositif social se correspondent. Les deux fonctionnent ensemble, et toute la difficulté où nous sommes justement pour décrire la société contemporaine, c'est de sortir de ces schémas qui veulent imputer la responsabilité à un secteur par rapport à d'autres. Ce qu'il faut essayer de comprendre, c'est la cohérence du fonctionnement global, où tout se tient.

Tout se tient, mais sur le mode d'une contradiction : dans cette dynamique, l'optimisme individuel dont vous parliez n'est-il pas condamné à la déception perpétuelle ?

Évidemment, ce projet constitutif des individus ne les empêche pas d'éprouver une immense frustration, une frustration permanente au regard des perspectives qu'il est de leur constitution de voir se dessiner devant eux et dont ils ne peuvent en même temps que mesurer le caractère de mirage. Ils sont pris entre une orientation qui s'impose à eux *nolens volens* et une expérience dont ils savent bien qu'elle sera décevante. Cette tension est le point d'équilibre du système. Elle fait qu'ils ne sont pas prêts à tout pour obtenir satisfaction, hors cas pathologique, puisqu'ils ne sont pas dupes de la relativité de celle-ci. C'est pourquoi la tonalité la plus fréquente dans nos sociétés est le malaise résigné plutôt que la violence.

Le malaise plutôt que la violence : dans le Livre VIII de La République, *Platon décrit la dégénérescence de la démocratie qui s'accompagne de l'invention d'un langage euphémisé — notre politiquement correct ; mais l'étape suivante est la tyrannie. Pensez-vous qu'elle nous menace ?*

C'est une issue possible. Je ne crois pas cependant qu'elle puisse être une issue solide et durable. La tyrannie est une tentation qui peut fonctionner, dans une conjoncture déterminée. Son ressort, fondamentalement, est le sentiment qu'ont les gens de ne plus savoir à quel saint se vouer. La démocratie suppose qu'on se sente capable, plus ou moins consciemment, de faire face aux situations. La tyrannie survient quand les gens se sentent débordés et sont prêts à s'en remettre à quelqu'un paraissant en mesure d'offrir le retour à une stabilité. En ce sens, la tyrannie correspond à un désespoir politique plutôt qu'elle n'exprime le désir d'un pouvoir fort. On peut concevoir des scénarios de rupture où elle s'imposerait.

En même temps, un épisode de tyrannie, dans le contexte où nous sommes, aurait à faire face dans nos sociétés au principe des libertés individuelles à ce point ancré dans les mœurs que je la vois mal s'implanter solidement. Je crois que cela restera une tentation, peut-être une tentative, mais vouée à un prompt échec. Reste qu'on sent monter cette désespérance totale sur la capacité d'action de nos sociétés, désespérance qui peut ouvrir la porte à des aventures invraisemblables. On ne voit pas, pour l'instant, de démagogue capable de remplir ce rôle, mais il peut surgir : car les tyrannies surgissent, elles ne sont pas le résultat d'un processus électoral de longue durée. Une chose est à remarquer : nous n'avons plus de militaires pour faire ce job, ils sont tous démocrates et républicains. Rappelez-vous que François Mitterrand, en 1981, avait encore peur — une peur attestée par tous ses proches — d'un coup d'État militaire !

Ce consensus sur les droits individuels, les libertés et la tolérance est-il aussi général que vous le dites ? Il y a des voix, des individus qui se distinguent du consensus actuel autour du marché, de la croissance et du politiquement correct. Ils sont marginaux, mais ils existent et sont cohérents, sous plusieurs expressions d'ailleurs. Il y a par exemple ceux qu'on appelle les « décroissants », qui souhaitent ou expérimentent un autre rapport au désir et à la consommation. Dans un autre registre, il y a au sein des élites ceux que l'on appelle les « néo-réactionnaires » parce qu'ils osent dire que les choses ne vont pas aussi bien qu'on l'affirme. Or les uns et les autres subissent une violence très forte, même si elle n'est pas physique. Le système a donc des ressorts d'intolérance très efficaces : chacun est libre de tout faire, sauf de le contester...

En effet, c'est un système caractérisé par l'intolérance douce. Il ne peut faire aucune place intellectuellement à ce qui n'est pas lui, c'est un système de croyance d'une logique très puissante, qui, tout en étant imperméable à ce qui n'entre pas dans ses prémisses, exalte la tolérance universelle et la diversité. Ce n'est pas de l'intérieur qu'il évoluera. Mais les facteurs extérieurs pourront se charger de modifier la donne.

Il n'y a plus de lettres de cachet ni de Guépéou, mais l'intimidation est puissante : les gens n'osent pas dire ce qu'ils voient et ce qu'ils pensent.

Vous avez prononcé le mot juste : « intimidation ». L'autocensure fonctionne de manière efficace. Cette efficacité tient au fait que les individus de nos sociétés sont intimidables, fragiles, vulnérables. C'est la vérification en grand d'un phénomène que Tocqueville avait discerné dès son époque à propos des États-Unis : la puissance de l'opinion. L'individu isolé se dit : qui suis-je, moi, pour penser différemment de la majorité ? Les sociétés démocratiques sont des sociétés de l'opinion. Et les individus sont hautement vulnérables à l'opinion. D'où, d'ailleurs, le besoin éperdu de reconnaissance qui caractérise les individus contemporains et qui témoigne de leur part d'un haut degré d'inscription sociale. Pensez par contraste aux individus héroïques du XIXe siècle, aux exilés, aux prophètes, que rien ne pouvait arrêter : c'étaient des individus autarciques, qui tiraient leur ressort d'eux-mêmes. Tandis que, aujourd'hui, nous sommes à ce point participants de la société qu'il nous est extrêmement difficile de nous sentir bannis. Si bien que les comportements oppositionnels ne sont licites que s'ils sont dans les cadres du système. L'indignation à la Stéphane Hessel, c'est parfait : ça ne fait de mal à personne et ça fait des audiences télévisées.

D'un autre côté, nous avons des surveillants généraux qui, eux, ne sont pas du tout intimidés et osent tout pour faire la police...

Comment pourrait-il en être autrement, puisqu'ils luttent contre le Mal absolu ! Notre époque représente le Bien incarné, ne l'oublions pas : enfin nous avons trouvé la juste norme et les règles fondamentales d'une vie en société au regard de quoi le passé, ou toute autre forme de société, représente l'abomination de la désolation. Nous sommes donc toujours dans un monde de procureurs, qui ont une certitude absolue de leur devoir quand il s'agit de débusquer le Mal.

D'où le règne perpétué de l'idéologie...

Un règne non seulement perpétué, mais renforcé. Par le passé, le discours des élites consistait dans le respect des choses établies : ou bien la tradition, ou bien la Révélation. Cette position avait ses fragilités, car il y avait toujours quelqu'un pour demander : qui t'a fait roi ? qui t'a fait propriétaire ? Il fallait donner les *raisons*. Cette idéologie que nous avons vue se mettre en place récemment a une force extraordinaire parce qu'elle a la raison pour elle. Qui, en effet, peut douter que la forme raisonnable de l'existence en société repose sur les droits reconnus aux individus, seuls membres et acteurs de cette société ? C'est l'unique manière rationnelle dont nous pouvons penser l'organisation d'une société. D'où l'extrême difficulté de combattre cette idéologie, qui a pour elle des fondements que nous sommes obligés d'avouer. On ne va pas prétendre qu'il y a autre chose à mettre à la place de ces principes, car il n'y a rien d'autre. Ce n'est pas le principe qu'il y a lieu de condamner : nous sommes bien évidemment tous pour les droits de l'homme. C'est l'usage qu'on en fait qui doit être incriminé ; l'impossibilité pour une société de se réduire à ce principe, qui est par ailleurs vrai. Nous sommes tous pour les droits de l'homme, mais... Tout est dans ce « mais », qu'il est très difficile de faire entendre aux procureurs qui pensent être dans le vrai et avoir contre eux des gens qui dénient les droits fondamentaux des individus.

À leurs yeux, mettre le doigt sur un certain nombre de dérives de nos sociétés ne peut être que criminel et nous ramener aux « pages les plus sombres de notre histoire ». Ceux qui osent poser quelques questions sur les pathologies produites par les principes fondateurs sont forcément des ennemis masqués, des représentants du Mal — des « nouveaux réactionnaires », pour reprendre la formule consacrée. Peu ou prou, des nazis ! Paradoxalement, cette société qui a consacré la « critique » au nom de ses principes fondateurs est incapable d'entendre la critique des conséquences éventuelles de ses principes fondateurs. Et elle a tous les méchants chiens de garde pour se protéger.

Ce climat d'intimidation d'une majorité par une minorité peut-il durer longtemps ?

Aussi longtemps que les circonstances extérieures ne viendront pas perturber le jeu. Mais la force de la démocratie est de fournir des portes de sortie à ce genre d'impasses. De ce point de vue, la France, où la tension est particulièrement élevée, met peut-être le pays dans une position privilégiée pour amorcer la sortie de crise grâce au suffrage universel. Car l'intérêt des gouvernants, *in fine*, est de ressembler aux populations et de répondre à leurs aspirations parce que c'est là qu'est la recette du succès. Des entrepreneurs politiques capables de comprendre cette situation finiront par apparaître, et ils sauront renouveler l'offre politique. Cela peut prendre du temps parce que le barrage à l'entrée est massif, mais le besoin de correspondance entre les gouvernants et les citoyens finit toujours par avoir raison en démocratie. Le regroupement des frustrations autour du Front national devrait faire réfléchir tous ceux qui ne sont pas des imbéciles. Le phénomène appelle autre chose que des anathèmes. Jusqu'où Marine Le Pen devra-t-elle monter pour que les partis dits de gouvernement prennent en compte la dépossession démocratique qui s'exprime au travers de ce vote de rupture et pour qu'ils se préoccupent d'y apporter des réponses ?

Conclusion

LA FRANCE NE SERA JAMAIS PLUS UNE GRANDE PUISSANCE ? ET ALORS ?

J'emprunte pour partie ce titre à un livre intéressant de Guillaume Duval, paru à la rentrée dernière[1]. Il permet de bien résumer le problème qui nous est collectivement posé. Au constat en forme d'interrogation que je reprends à mon compte, *la France ne sera jamais plus une grande puissance*, lui ajoute une affirmation catégorique, en claironnant : *tant mieux !* Je lui substitue une question : *et alors ?* Le dilemme qui est devant nous se concentre dans cette nuance.

Sur le constat, il n'est pas difficile de s'accorder. Encore faudrait-il s'entendre sur ce que recouvre le concept de « puissance », sur ce qu'il a signifié et sur la place qu'il est destiné à tenir dans le monde qui vient. Il ne se réduit pas, au passé, dans « la guerre et le colonialisme » auquel Guillaume Duval l'assimile tranquillement, avec la désinvolture caractéristique de la vision économique du monde. Et l'une des données majeures

---

1. Guillaume Duval, *La France ne sera jamais plus une grande puissance ? Tant mieux !*, Paris, La Découverte, 2015.

du moment où nous sommes est que la puissance est en train de connaître une métamorphose qui la décroche de ce qu'elle a millénairement représenté : la capacité d'une entité politique d'imposer sa volonté aux autres par la force armée. Nous basculons dans une autre ère où l'essentiel se joue sur un autre terrain. La « puissance » de la première puissance du monde, les États-Unis, tient beaucoup moins à ses surcapacités militaires, partout mises en échec par des va-nu-pieds, qu'à son dynamisme économique, qu'à son inventivité technologique, qu'à sa créativité culturelle. C'est de là que la puissance américaine tire son pouvoir d'inspirer, voire de dicter les règles du jeu général, sans qu'il lui soit besoin d'user de la contrainte. Il est acquis qu'à l'échelle du globe la France est rentrée dans le rang des petits pays. Elle ne rivalisera jamais plus avec le PIB de la Chine, de l'Inde et des autres mastodontes démographiques en train d'émerger. Elle n'aura jamais plus une armée de taille à rivaliser avec les géants militaires de demain. Les illusions qu'il était encore possible d'entretenir à ce sujet à l'époque de la guerre froide sont définitivement enterrées.

Et alors ?

Est-ce à dire qu'il ne lui reste qu'à bazarder au plus vite les vestiges encombrants d'un passé glorieux, mais révolu, pour se convertir enfin sans état d'âme aux recettes de la réussite économique, afin de se consoler de sa vaine grandeur perdue dans les bras d'une prospérité tangible ? C'est ce que lui serinent experts et responsables de tout bord, Guillaume Duval avec plus de franchise que les autres, il faut lui en savoir gré, et dans une perspective plus sympathique que beaucoup d'autres, ajouterai-je, puisque chez lui l'économisme reste un humanisme, préoccupé de justice sociale au-delà des résultats financiers. Mais c'est tout de même l'économisme pour tout programme, une vision du fonctionnement collectif entièrement subordonnée à la recherche de l'optimum économique, avec les recettes prévisibles qui en découlent. En l'occurrence plutôt sur le modèle de la Suède que sur celui du Royaume-Uni, mais c'est secondaire. Que les recettes soient d'inspiration néolibérale ou d'inspiration néo-sociale-démocrate, elles partagent les mêmes prémisses, et ce sont ces prémisses qui font question.

Car manifestement cette proposition économiciste est ce qui ne passe pas dans la France d'aujourd'hui, ce qui alimente le malheur français, ce qui soulève la révolte contre les élites. On ne manquera pas de me dire : les mauvais résultats de notre économie en sont la cause et ils tiennent en bonne partie au blocage provoqué par cette attitude réfractaire. Trouvons le moyen de les corriger, en force ou en douceur, et on n'en parlera plus. Je n'en crois rien, sans mésestimer le poids de cette conjoncture difficile. Le problème touche bien plus profond. À deux titres. D'abord, parce que la coupure avec le passé préconisée par les adeptes du grand saut dans le bain économique est impossible ; elle est impossible en général, et elle l'est spécialement en France. Ensuite, parce que cet économisme est le problème, un problème posé à toutes les sociétés par le moment historique. Les Français ont des raisons de le ressentir spécialement ; il n'est pas absurde de leur prêter une vocation particulière pour le résoudre.

On ne change une société que sur la base de ce qu'elle est en fonction de ce qu'elle a été : tel est le principe élémentaire qu'ignorent ces remèdes à la dépression collective qui ne font qu'aggraver le mal. La France ne sera jamais plus une grande puissance, c'est entendu, mais elle n'en fera son deuil et ne retrouvera son assiette qu'en renouant avec ce qui en a fait jadis une grande puissance pour s'en donner une version appropriée à ses moyens et à sa situation d'aujourd'hui. Elle a été pendant plusieurs siècles dans le peloton de tête de l'invention européenne de la modernité. Une invention qui ne s'est pas réduite à la guerre et au colonialisme, pas plus qu'elle ne se réduit au présent à la « création de richesses » et à la fécondité technique. Cette invention s'est élargie et démultipliée, elle a trouvé d'autres foyers, les Européens en ont perdu le monopole. Mais elle reste à poursuivre. Elle se nourrit aujourd'hui comme hier des défis imprévus que font naître ses avancées mêmes. Le défi par excellence d'aujourd'hui, c'est précisément de dépasser cet économisme en folie qui entraîne l'humanité dans une impuissance suicidaire. Rien n'interdit aux Européens, forts de leur expérience, de sortir du suivisme qu'ils ont adopté par rapport à ce cours et de retrouver leur inventivité de naguère face à ce défi. C'est même ce qui serait susceptible de réinsuffler du sens à leur aventure commune, enlisée dans une voie où les peuples se reconnaissent de moins en moins.

Dans ce concert, les Français ont leur partition à jouer, pour peu qu'ils retrouvent la continuité d'inspiration de leur histoire.

Ce qui a façonné la singularité française au sein du parcours moderne, c'est la primauté donnée à la dimension politique. La France s'y est définie comme l'État-nation par excellence, le pays où l'enchaînement des circonstances a conduit à une clarification plus poussée que chez ses voisins de cette invention européenne par excellence, désormais généralisée à l'échelle de la planète. L'histoire de France des deux derniers siècles, avec ses tensions spectaculaires, a tourné autour de la difficulté de la mise au point et de la mise en place de cette forme. Car il n'a pas été simple et il demeure compliqué d'ajuster la pureté des principes de droit et les contraintes de la réalité politique, les exigences de la nation des citoyens et les impératifs de l'autorité publique.

Contrairement à ce que suggère la vision économique du monde, pour laquelle ces agitations relèvent d'une enfance troublée, désormais reléguée loin dans le passé au profit des affaires sérieuses de l'âge adulte, cette histoire n'est nullement terminée. Elle se poursuit. Elle est même relancée en grand par la mondialisation qui associe la généralisation de la forme État-nation et l'obligation d'en redéfinir en profondeur la nature et les attributs. Les questions majeures qui sont devant nous, la question écologique, la question migratoire, la question des dérèglements du capitalisme financier, la question de la confrontation des cultures, la question du régime démocratique en mesure de faire face à ces urgences, signent toutes, de manière convergente, la fin de l'économisme triomphant ; elles supposent toutes de repenser et de renforcer ce cadre sans lequel il n'est ni action collective pertinente, ni coopération internationale efficace. C'est dans ce contexte que la France peut avoir encore quelque chose d'intéressant à faire et à dire. L'ère de la vieille puissance est derrière nous, celle de l'exemplarité commence.

On conçoit en tout cas le choc qu'a représenté pour elle l'entrée dans la mondialisation sous le signe du néolibéralisme économique. Elle qui venait de régler à peu près le problème institutionnel qui la déchirait depuis la Révolution et le problème de son retard industriel s'est vue projetée d'un seul coup dans un monde démentant en tout point les équilibres qui venaient d'être trouvés. Elle s'y est faite, dans la douleur, car les dégâts ont été immenses, elle ne s'en tire pas si mal, mais beaucoup de ses citoyens en ont conçu un malheur qui ne cesse de s'aggraver. C'est que le nouveau cours a eu pour effet de décoller les élites, enthousiasmées par ses perspectives, d'un peuple ancré dans sa tradition historique. Il a réveillé ainsi un divorce endémique depuis la Révolution. L'erreur européenne, l'erreur sur la forme à donner à une communauté politique d'États-nations soudée par l'histoire, une erreur dictée par la vision économique du monde et consistant à vouloir substituer un marché réglé par le droit à une organisation qui ne pouvait être enracinée que dans le politique et dans l'histoire, cette erreur fatale a achevé d'instiller dans des couches de plus en plus larges une désespérance à l'égard de l'avenir collectif dont les effets menacent aujourd'hui de faire sortir pour de bon le pays de la route.

Du coup, les réformes « modernisatrices » destinées à « adapter » le pays à l'Europe et à l'économie mondialisée, réformes conduites le plus souvent dans l'ignorance et au mépris d'un modèle historique parmi les plus puissants, au lieu d'en proposer la refonte, ont suscité un rejet de plus en plus systématique. Elles ont été faites à demi, au tiers, de travers, elles ont été retirées aussitôt qu'annoncées, elles n'ont été promulguées que pour rester inappliquées, dans un climat de guerre de positions entre des gouvernants tétanisés par la crainte des réactions populaires et des populations effectivement oppositionnelles par principe. Sans un minimum de confiance envers le souci de l'intérêt collectif de la part des dirigeants, la défense obtuse et inconditionnelle des intérêts catégoriels devient la règle. Elle engendre l'immobilisme agité dont nous sommes quotidiennement témoins. Le résultat, au bout de deux décennies de pareil régime — on peut en faire remonter l'inauguration au grand mouvement de grève, très représentatif, de 1995 —, est celui dont nous sommes partis : un sentiment déprimant de délabrement du paysage institutionnel qui se traduit dans le jugement injuste, mais significatif, qui revient comme un leitmotiv dans la conversation civique : « Décidément, plus rien ne marche dans ce pays. »

Je comprends l'abattement des réformateurs de

bonne volonté — le pire est qu'il en existe de nombreux — devant ce blocage qui nullifie d'avance les idées, souvent excellentes, dont ils sont porteurs. Mais il faut qu'ils dirigent leur attention, en amont, sur l'obstacle qui leur interdit de se faire entendre. Il ne suffit pas de proposer des réformes, si pertinentes soient-elles. Il faut commencer par les rendre possibles en faisant sauter le verrou qui les promet à l'échec.

La seule ambition de ce livre était de mettre ce verrou en évidence. Il n'a pas un plan de réformes de plus à proposer. Il n'avait pour objectif que d'éclairer ce qui empêche les réformes, que de cerner les facteurs de ce marasme générateur de paralysie. La démarche conduit cependant à identifier une réforme préalable à toute réforme, si l'on peut dire, dont il faut bien définir les termes. Sauf justement qu'il ne s'agit pas d'une « réforme » au sens ordinaire du mot, mais d'une réorientation politique de beaucoup plus grande ampleur, par rapport aux choix qui se sont imposés de fait dans les années 1980, à l'entrée dans le grand cycle de la mondialisation néolibérale. Une réorientation qui transcende le clivage droite-gauche, il n'est pas inutile de le préciser. Elle admet une version de droite et une version de gauche ; mieux, elle les appelle.

Telle qu'elle se dégage du diagnostic suggéré, cette réorientation tient en trois principes.

Rien ne sera possible, pour commencer, sans un réajustement du rapport à l'Europe. Le propos n'est pas de « sortir de l'Europe », il est de la repenser de fond en comble, sur la base d'un bilan froid de ses acquis et de ses impasses. Celles-ci sont tous les jours sur le devant de la scène, les européistes grand teint concèdent eux-mêmes désormais qu'il y a sans doute pas mal de choses à revoir. À quand le moment d'en tirer les conséquences ? La France a été à l'origine du projet européen, l'Union européenne n'aurait plus de sens sans elle, et elle n'y pèse plus rien. Est-elle devenue incapable de reformuler un programme qui a dégénéré, au lieu de subir honteusement le joug de bureaucrates aberrants et de juges égarés ?

La réorientation qui commande les réformes consiste, à l'évidence, à commencer les réformes par le haut. Si le blocage français tient à l'abîme qui s'est creusé entre la base et le sommet, alors la mise en mouvement du pays demande d'aller vers la résorption de la fracture morale qui sépare le peuple des élites. L'objection vient aussitôt : les chargés de réforme ne se réforment pas eux-mêmes. Mais notre histoire comporte un contre-exemple : il nous faut une nuit du 4 août de la nomenklatura française — s'il y a, par parenthèse, une faute gravissime à reprocher aux socialistes depuis Mitterrand, c'est d'avoir conforté le règne de cette nomenklatura au lieu de le réduire. D'innombrables propositions judicieuses ont déjà été faites en ce sens ; il n'est que de puiser dans un stock abondamment garni. J'ajouterai simplement que, au-delà des mesures destinées à remédier aux abus les plus criants du système de distribution des places en vigueur, c'est tout le système de formation des dites élites qui est à reconsidérer, avec ses effets de castification d'une méritocratie héréditaire coupée du sort commun.

Pas plus qu'on ne réforme une société par décret, enfin, on ne réforme un pays contre son histoire. Si la leçon avait besoin d'être administrée, elle est acquise. C'est un principe de méthode qui vaut au quotidien pour les gouvernants, mais plus largement un principe qui s'applique à la définition des projets collectifs. Comment exploiter au mieux nos « avantages compétitifs », dirait la vulgate économiciste ambiante ? C'est ce qui a été perdu de vue dans la période récente, à notre grand dommage. Compte tenu de ce que nous savons historiquement faire, sur quels fronts tirer notre épingle du jeu dans la conjoncture qui s'impose à nous, au lieu de nous échiner à suivre un troupeau où nous n'excellerons jamais ? La sagesse allemande eût pu nous instruire sur ce chapitre. Il n'est que temps de se mettre à son école, non pour l'imiter servilement, mais pour ressaisir au contraire notre manière propre. Il se trouve que la conjoncture est en train de nous redevenir favorable. L'expérience néolibérale touche à ses limites, sur tous les plans. La vision économique du monde laisse apparaître ses insuffisances béantes, au regard des problèmes qu'elle crée et vis-à-vis desquels elle ne comporte pas de solution. L'idée de la société qui marche toute seule, grâce aux marchés, en nous dispensant de réfléchir, se révèle pour ce qu'elle est : une chimère autodestructrice. Les sociétés ne peuvent pas se dispenser de se gouverner. Il va falloir refaire de la politique, au sens plein du terme : décider collectivement de notre sort. Cette inflexion nous ramène en terrain familier. À nous de savoir exploiter cette opportunité en retrouvant le fil de notre histoire au sein de l'histoire européenne.

La France ne sera jamais plus une grande puissance, c'est entendu, et il n'y a effectivement rien à regretter de ce côté-là. Toutefois, elle peut avoir encore son mot à dire, modestement, dans une invention moderne qui est loin d'être terminée. Il y a tout lieu de penser, même, qu'elle entre dans une phase critique. Crise de la démocratie, crise de l'Europe, crise de l'intégration, crise écologique, les chantiers ne manquent pas où la liberté d'esprit et la capacité d'imagination qui ont été le meilleur de notre histoire ne demandent qu'à trouver un emploi. Au-delà de la puissance, il y a mieux : l'ambition collective d'apporter une bonne réponse, à l'échelle de ses moyens et dans l'échange avec les autres expériences exemplaires, aux questions qui se posent à tous.

Introduction. *Pourquoi ce livre ?*	9
Chapitre I. *Le pessimisme français*	13
Chapitre II. *La France et son histoire*	41
Chapitre III. *La France gaullienne*	77
Chapitre IV. *Les années de crise*	120
Chapitre V. *La France changée par Mitterrand (et imposée à ses successeurs)*	137
Chapitre VI. *Le piège européen*	192
Chapitre VII. *Le modèle français, de sa naissance à sa crise*	239
Chapitre VIII. *Le système politique et les élites*	329
Chapitre IX. *Nous sommes toujours dans l'idéologie*	373
Conclusion. *La France ne sera jamais plus une grande puissance ? Et alors ?*	427

DU MÊME AUTEUR

Aux Éditions Gallimard

LA PRATIQUE DE L'ESPRIT HUMAIN. L'institution asilaire et la révolution démocratique, en collaboration avec Gladys Swain, coll. Bibliothèque des Sciences humaines, 1980 ; réédition coll. Tel, n° 349, 2007.

LE DÉSENCHANTEMENT DU MONDE. Une histoire politique de la religion, coll. Bibliothèque des Sciences humaines, 1985 ; réédition coll. Folio Essais, n° 466, 2005.

LA RÉVOLUTION DES DROITS DE L'HOMME, coll. Bibliothèque des Histoires, 1989.

LA RÉVOLUTION DES POUVOIRS. La souveraineté, le peuple et la représentation (1789-1799), coll. Bibliothèque des Histoires, 1995.

Benjamin Constant, ÉCRITS POLITIQUES (éd.), coll. Folio Essais, n° 307, 1997.

LA RELIGION DANS LA DÉMOCRATIE. Parcours de la laïcité, coll. Le Débat, 1998 ; réédition coll. Folio Essais, n° 394, 2001.

LA DÉMOCRATIE CONTRE ELLE-MÊME, coll. Tel, n° 317, 2002.

LA CONDITION HISTORIQUE. Entretiens avec François Azouvi et Sylvain Piron, Paris, Stock, 2003 ; réédition Gallimard, coll. Folio Essais, n° 465, 2005.

LA CONDITION POLITIQUE, coll. Tel, n° 337, 2005.

LA RÉVOLUTION MODERNE (L'AVÈNEMENT DE LA DÉMOCRATIE I), coll. Bibliothèque des Sciences humaines, 2007 ; coll. Folio Essais, n° 577, 2013.

LA CRISE DU LIBÉRALISME. 1880-1914 (L'AVÈNEMENT DE LA DÉMOCRATIE II), coll. Bibliothèque des Sciences humaines, 2007 ; coll. Folio Essais, n° 590, 2014.

À L'ÉPREUVE DES TOTALITARISMES. 1914-1974 (L'AVÈNEMENT DE LA DÉMOCRATIE III), coll. Bibliothèque des Sciences humaines, 2010 ; coll. Folio Essais, n° 623, 2017.

LE NOUVEAU MONDE (L'AVÈNEMENT DE LA DÉMOCRATIE IV), coll. Bibliothèque des Sciences humaines, janvier 2017.

QUE FAIRE ? Dialogue sur le communisme, le capitalisme et l'avenir de la démocratie, avec Alain Badiou, Philosophie éditions, 2014 ; réédition Gallimard, coll. Folio Le Forum, 2016.

ROBESPIERRE. L'HOMME QUI NOUS DIVISE LE PLUS, 2018.

Chez d'autres éditeurs

L'INCONSCIENT CÉRÉBRAL, Éditions du Seuil, coll. La librairie du XXe siècle, 1992 ; Calmann-Lévy, 1997.

LE VRAI CHARCOT. Les chemins imprévus de l'inconscient, en collaboration avec Gladys Swain, Calmann-Lévy, 1997.

POUR UNE PHILOSOPHIE POLITIQUE DE L'ÉDUCATION, en collaboration avec Marie-Claude Blais et Dominique Ottavi, Bayard, 2002 ; nouvelle édition Stock, coll. Pluriel, 2013.

LE RELIGIEUX APRÈS LA RELIGION, avec Luc Ferry, Grasset, 2004.

UN MONDE DÉSENCHANTÉ ?, Éditions de l'Atelier, 2004.

LA DÉMOCRATIE D'UNE CRISE À L'AUTRE, Éditions Cécile Defaut, 2007.

CONDITIONS DE L'ÉDUCATION, en collaboration avec Marie-Claude Blais et Dominique Ottavi, Stock, coll. Pluriel, 2008.

LA RELIGION EST-ELLE ENCORE L'OPIUM DU PEUPLE ?, avec Olivier Roy et Paul Thibaud, Alain Houziaux (dir.), Éditions de l'Atelier, 2008.

HISTOIRE DU SUJET ET THÉORIE DE LA PERSONNE. La rencontre Marcel Gauchet-Jean Gagnepain, Marcel Gauchet et Jean-Claude Quentel (dir.), Presses universitaires de Rennes, 2009.

*Composition Nord Compo
Impression Novoprint
à Barcelone, le 14 janvier 2019
Dépôt légal : janvier 2019
1er dépôt légal dans la collection : mars 2017*

ISBN 978-2-07-270789-6./Imprimé en Espagne.

349213